FILHO Rico FILHO Vencedor

FILHO Rico
FILHO Vencedor

Como preparar seu filho para ganhar dinheiro

O Guia do PAI Rico

Rich Kid Smart Kid

ROBERT T. KIYOSAKI
SHARON L. LECHTER

dos mesmos autores de
PAI Rico, PAI Pobre

Tradução
Ana Beatriz Rodrigues

Revisão Técnica
Maria José Cyhlar Monteiro
Economista e Professora da Universidade
Federal do Rio de Janeiro

EDITORA
CAMPUS

Do original
Rich dad's rich kid smart kid
Tradução autorizada da edição publicada por Warner Books, Inc.

Copidesque
Claudia Amorim

Editoração Eletrônica
DTPhoenix Editorial

Revisão Gráfica
Mariflor Brenlla Rial Rocha
Edna Rocha

Projeto Gráfico
Editora Campus Ltda.
A Qualidade da Informação
Rua Sete de Setembro, 111 — 16º andar
20050-002 Rio de Janeiro RJ Brasil
Telefone: (21) 3970-9300 Fax (21) 2507-1991
E-mail: info@campus.com.br
ISBN 85-352-0893-3
(Edição original: ISBN 0-446-67748-5)

CIP-Brasil. Catalogação-na-fonte.
Sindicato Nacional dos Editores de Livros, RJ

K68g Kiyosaki, Robert T., 1947-
O guia do pai rico: filho rico, filho vencedor: como preparar seu filho para ganhar dinheiro / Robert T. Kiyosaki, Sharon L. Lechter; tradução de Ana Beatriz Rodrigues. — Rio de Janeiro: Campus, 2001.

Tradução de: Rich dad's rich kid smart kid
Apêndices
ISBN: 85-352-0893-3

1. Finanças pessoais. 2. Investimentos. 3. Segurança financeira. 4. Riqueza. 5. Aposentadoria. I. Lechter, Sharon L. II. Título.

CDD – 332.02401
01-1278 CDU – 336.76

01 02 03 04 5 4 3 2 1

Este livro é dedicado aos pais e professores.
Vocês têm o trabalho mais importante do mundo,
pois as crianças são nosso futuro!

Este livro é dedicado aos pais e professores —
vocês têm o trabalho mais importante do mundo,
pois as crianças são nosso futuro.

Sumário

INTRODUÇÃO

Por que o gerente do banco não pede seu boletim escolar?

A educação é mais importante hoje do que em qualquer outro período da história. Saímos da Era Industrial e ingressamos na Era da Informação, e a importância da educação continua crescendo. A questão hoje é saber se a educação que você ou seu filho recebem na escola é adequada para enfrentar os desafios desse admirável mundo no qual entramos.

Na Era Industrial, bastava freqüentar a escola, se formar e iniciar a carreira. Em geral, não era necessária educação adicional para se ter sucesso, simplesmente porque as coisas não mudavam com tanta rapidez. Em outras palavras, o que se aprendia na escola era o bastante para a vida inteira.

No entanto, atualmente, à medida que milhões de *baby boomers** se aproximam da aposentadoria, muitos percebem que não tiveram a educação adequada ao novo mundo que enfrentam. Pela primeira vez na história, muitas pessoas de nível mais alto de escolaridade enfrentam as mesmas dificuldades financeiras das que têm menos escolaridade. Em várias circunstâncias, são obrigadas a procurar educação e treinamento adicionais para satisfazer as atuais exigências do mercado.

* Pessoas nascidas nos Estados Unidos durante o aumento da taxa de natalidade (*baby boom*), nos anos após a Segunda Guerra Mundial. (N.T.)

QUANDO VOCÊ AVALIA O SUCESSO DE SUA EDUCAÇÃO?

Quando você avalia o sucesso de sua educação? Com o boletim escolar final ao terminar a faculdade, por volta dos 25 anos ou na época da aposentaria, por volta dos 65 anos?

No exemplar de domingo, 16 de julho de 2000, do jornal de minha cidade, o *Arizona Republic*, um artigo mencionou a seguinte estatística: "De acordo com pesquisa divulgada no início do mês pela Associação Americana de Planos de Saúde, cerca de 700.000 idosos terão o direito ao Medicare* cancelado."

O artigo prosseguia, declarando que oferecer assistência médica aos idosos envolvia muitas despesas e poucos lucros, portanto, essas pessoas deixariam de ter direito à assistência médica suplementar. Nos próximos dez anos, o problema da assistência médica para idosos só aumentará quando 75 milhões de *baby boomers* atingirem essa faixa etária.

ESTATÍSTICAS SOBRE SAÚDE, EDUCAÇÃO E BEM-ESTAR

Com base em estudo realizado pelo Departamento de Saúde, Educação e Bem-estar, uma em cada cem pessoas com 65 anos é rica, quatro vivem em uma situação confortável, cinco ainda trabalham, 66 necessitam de auxílio do governo ou da família e o resto já morreu.

O objetivo deste livro não é enriquecê-lo. Estou preocupado com as 66 pessoas que ainda precisam que alguém as auxilie. Não quero que você ou seu filho acabem fazendo parte dessa estatística.

Costumo ouvir: "Não vou precisar de muito dinheiro quando me aposentar, pois com a aposentadoria meus gastos diminuem." Embora seja verdade que os gastos diminuem após a aposentadoria, há um item que costuma aumentar drasticamente: as despesas com a saúde. E é por isso que as organizações de manutenção de saúde, no artigo mencionado, estão eliminando os idosos da cobertura médica suplementar. Custa muito dar proteção aos cidadãos idosos. Nos próximos anos ficará claro que a assistência médica será literalmente uma questão de vida ou morte para milhões de pessoas idosas. Falando claramente, quem tiver dinheiro, vive; quem não tiver, morre.

* Medicare é um programa de saúde americano voltado para os idosos. (N.T.)

A pergunta é a seguinte: a educação que esses idosos receberam os preparou para os desafios financeiros que encontrariam no fim de suas vidas?

A próxima pergunta é: o que a difícil situação desses idosos tem a ver com a educação de seus filhos?

Há duas respostas para essas duas perguntas.

A primeira resposta é que, no final, são os filhos que pagarão pela assistência médica desses milhões de idosos, se eles não puderem arcar com tal despesa.

A segunda resposta é outra pergunta: a educação que seus filhos tiveram os deixa financeiramente seguros para dispensarem a ajuda médica e financeira do governo quando se aposentarem?

AS REGRAS MUDARAM

Na Era Industrial, as regras eram estudar, encontrar um emprego seguro com benefícios e permanecer nele a vida inteira. Depois de mais ou menos vinte anos, chegava a hora de se aposentar e a empresa e o governo tomam conta de você até o final da vida.

Na Era da Informação, as regras mudaram. Agora, as regras são estudar, tirar boas notas, encontrar um emprego e depois se preparar para esse emprego. Encontrar uma nova empresa e um novo emprego e tornar a se preparar. Encontrar uma nova empresa e um novo emprego e se preparar mais uma vez e esperar e rezar para conseguir economizar uma quantia que dure até depois dos seus 65 anos, pois você viverá mais do que isso.

A teoria que definia a Era Industrial era a $E=mc^2$ de Einstein. A teoria que define a Era da Informação é a lei de Moore, que reproduz a ideologia atual de que a quantidade de informações duplica a cada 18 meses. Em outras palavras: para se acompanhar as mudanças, é necessário reaprender tudo a cada 18 meses.

Na Era Industrial, as mudanças eram mais lentas. O que aprendíamos na escola valia para um período mais longo. Na Era da Informação, o que sabemos torna-se obsoleto com muita rapidez. O que aprendemos é importante, mas não tão importante quanto a rapidez com que se consegue aprender, mudar e se adaptar a uma nova informação.

Meus pais foram criados durante a época da Grande Depressão. Para eles, ter um emprego seguro era tudo e por isso eles sempre demonstravam certo pânico ao dizerem: "Você precisa estudar para conseguir um emprego seguro." Caso não tenha percebido, hoje há muitos empregos. O desafio está em não ser deixado para trás por ter ficado obsoleto em seu emprego atual.

Outras mudanças sutis, porém significativas, entre as duas eras são:

Na Era Industrial, o empregador era responsável por seu plano de aposentadoria.

Na Era da Informação, o empregado é o responsável. Se você ficar sem dinheiro depois dos 65 anos, é problema seu, não da empresa.

Na Era Industrial, você era mais valorizado à medida que envelhecia.

Na Era da Informação, você perde seu valor à medida que envelhece.

Na Era Industrial, as pessoas passavam a vida como empregados.

Na Era da Informação, mais pessoas trabalham por conta própria.

Na Era Industrial, as crianças instruídas tornavam-se médicos e advogados. Eram elas que ficavam ricas.

Na Era da Informação, as pessoas que ficam ricas são os atletas, os artistas e os músicos. Muitos médicos e outros profissionais estão realmente ganhando menos do que ganhavam na Era Industrial.

Na Era Industrial, você podia contar com o auxílio do governo caso você e sua família enfrentassem problemas financeiros.

Hoje, no começo da Era da Informação, ouvimos um número cada vez maior de políticos prometendo salvar a Previdência Social e outros programas da rede de seguridade social. Você e eu somos bastante inteligentes para saber que, quando os políticos começam a fazer promessas para salvar alguma coisa, é provável que aquilo que prometem salvar já não tenha mais solução.

Quando a mudança acontece, há a resistência habitual. Nos últimos anos, há muitos exemplos de pessoas que reconhecem as oportunidades que surgem durante um período de mudança.

1. Bill Gates tornou-se o homem mais rico do mundo porque os veteranos da IBM deixaram de perceber as mudanças no mercado e em suas regras. Por causa desse erro dos executivos veteranos, os investidores da IBM perderam literalmente bilhões de dólares.

2. Hoje em dia, empresas da Era da Informação, criadas por pessoas de 20 anos de idade, compram empresas da Era Industrial administradas por pessoas de 45 anos (a AOL e a Time Warner são dois exemplos).
3. Hoje em dia, pessoas de 20 anos ficam bilionárias porque executivos de 45 anos não enxergaram as oportunidades que as de 20 enxergam.
4. Hoje em dia, há pessoas de 20 anos que ficaram bilionárias por conta própria, sem ter emprego fixo e, ao mesmo tempo, pessoas de 45 anos que estão começando de novo, preparando-se mais uma vez para um outro emprego.
5. Diz-se que em um futuro próximo as pessoas entrarão na Internet e se oferecerão para trabalhar em vez de procurar emprego. Diz-se que as pessoas que querem um emprego que dure mais de um ano (grande segurança) terão de aceitar remuneração menor em troca dessa segurança.
6. Em vez de esperar para encontrar um bom emprego em uma grande empresa, um número cada vez maior de estudantes está abrindo seu próprio negócio em seus alojamentos. Em Harvard, já existe um escritório especial que ajuda os alunos a desenvolverem incubadoras de negócios — uma maneira de ajudá-los a montar o negócio, mas, principalmente, um incentivo para mantê-los na faculdade.
7. Ao mesmo tempo, metade dos funcionários de um dos maiores empregadores dos Estados Unidos ganha tão pouco que precisa receber auxílio-alimentação (food stamps, vales fornecidos pelo governo americano). O que acontecerá com esses funcionários quando ficarem velhos demais para trabalhar? A educação que receberam terá sido suficiente?
8. A educação domiciliar não é mais alternativa. Hoje, o número de crianças que estão sendo educadas em casa aumenta cerca de 15 por cento ao ano.
9. Um número crescente de pais está procurando outros sistemas educacionais, como o sistema de escolas católicas, a pedagogia Waldorf e o método montessoriano, apenas para afastar os filhos do sistema educacional antiquado, adotado pelo governo, que não supre a necessidade de seus filhos. Um número cada vez maior de pais percebe que a educação fundamental dos filhos é

tão importante para o desenvolvimento da criança quanto a universitária.

O Super Camp é um ambiente de aprendizado intensivo de curto prazo que utiliza as mais modernas técnicas de ensino para melhorar as notas dos alunos e aumentar a autoconfiança dos adolescentes. É patrocinado pelo Learning Forum e pode ser encontrado no endereço www.supercamp.com.

10. Em suma, a Era da Informação trará mudanças econômicas que aumentarão bastante a diferença entre quem tem e quem não tem. Para algumas pessoas essas mudanças serão uma bênção; para outras, serão uma maldição; e para outras, ainda, essas mudanças não farão diferença alguma. Como dizia meu pai rico: "Há pessoas que fazem as coisas acontecerem; há pessoas que assistem as coisas que acontecem; e há pessoas que dizem: 'O que foi que aconteceu?'"

A EDUCAÇÃO NUNCA FOI TÃO IMPORTANTE

A educação nunca foi tão importante porque hoje as coisas mudam mais rapidamente do que antes. Pela primeira vez na história, os bons alunos talvez tenham de enfrentar os mesmos desafios econômicos que os maus. Todos precisamos prestar atenção quando nossos gerentes pedem nossas demonstrações financeiras, em vez de nossos boletins escolares. O gerente de banco está tentando nos dizer alguma coisa. Este livro é sobre o que seus filhos precisam aprender para ter sucesso pessoal e financeiro no mundo real.

Será que a atual educação dos filhos os prepara adequadamente para o futuro que enfrentarão?

O sistema educacional supre as necessidades especiais de seus filhos?

As boas notas asseguram sucesso profissional e financeiro no longo prazo?

Seus filhos ainda precisam freqüentar uma escola tradicional para receber a educação de que necessitam?

A QUEM ESTE LIVRO SE DESTINA?

Este livro destina-se aos pais que percebem que o mundo mudou e suspeitam que nosso atual sistema educacional pode não estar suprindo adequadamente as necessidades especiais de seus filhos. Destina-se aos pais que estão dispostos a assumir papel mais ativo na educação dos filhos, em vez de deixar a responsabilidade inteiramente nas mãos da escola.

Foi escrito para ajudar os pais na preparação dos filhos para o mundo real... o mundo que terão de enfrentar depois de saírem da escola. É dirigido especificamente para os pais que:

querem oferecer aos filhos vantagem financeira na vida que não lhes custe muito caro.
desejam proteger o talento natural e o estilo de aprendizado dos filhos, e que eles saiam da escola felizes por precisarem aprender a vida toda.
talvez tenham um filho que não gosta de estudar ou tenha dificuldade de aprender na escola.
Todas as alternativas acima.

COMO ESTE LIVRO ESTÁ ORGANIZADO

O livro é dividido em três partes.

A Parte I apresenta uma visão geral tanto da educação acadêmica quanto da financeira. Quem leu meus outros livros já sabe que tive duas figuras paternas em minha vida. O homem a quem chamei de pai rico era o pai de Mike, meu melhor amigo; o homem a quem chamei de pai pobre era meu pai verdadeiro. Tive um benefício: ambos eram gênios à sua maneira. Em minha opinião, aquele a quem chamei de pai pobre era um gênio acadêmico e muito instruído. Depois dos nove anos, comecei a ter problemas sérios na escola. Não gostava do que aprendia e da maneira como era ensinado. Não via relevância entre o que era obrigado a aprender e o que podia aplicar no mundo real.

A Parte I deste livro mostra como meu pai instruído, mas pobre, guiou-me nessa fase dificílima de minha vida. Se não fosse por ele, eu teria largado a escola ou sido expulso e nunca teria conseguido me formar na faculdade.

A Parte I do livro também trata do processo educacional a que meu outro pai, o pai rico, me submeteu. Eu diria que meu pai rico era um gênio financeiro e também um ótimo professor. Na Parte I deste livro, explico como o pai rico começou a preparar minha jovem mente para pensar como uma pessoa rica. Entre os 9 e 12 anos de idade, devido à orientação de meu pai rico, tive absoluta certeza de que ficaria muito rico, independentemente de ir bem ou mal na escola ou de conseguir um bom emprego, com um ótimo salário. Antes dos 12 anos, já sabia que enriquecer tinha pouco a ver com o que aprendia na escola. Saber que eu iria ficar rico, independentemente de meu desempenho escolar, fez com que eu enfrentasse alguns problemas específicos de comportamento enquanto ainda era estudante. A Parte II deste livro mostra como meus dois pais conseguiram resolver meu problema de comportamento e me guiar até que completasse meus estudos universitários.

A Parte II aborda alguns passos simples nas esferas financeira e acadêmica que os pais podem adotar para começar a preparar seus filhos para o mundo real. Começo a Parte II com uma história de como quase não completei o ensino médio por causa de minha mudança de atitude em relação à escola. Na Parte II, ofereço outras dicas sobre como meu pai instruído e meu pai rico me mantinham na escola e como meu pai rico utilizava meus erros acadêmicos para me preparar para ser rico.

Na Parte II, meu pai rico me explica por que o gerente nunca lhe pediu o boletim escolar. Meu pai rico dizia: “Meu gerente nunca perguntou se eu tirava boas notas. Para ele, bastava minha demonstração financeira. O problema é que a maioria das pessoas sai da faculdade sem saber o que é uma demonstração financeira e lucros.” Meu pai rico também diria: “Entender o funcionamento de uma demonstração financeira é essencial para qualquer um que deseje construir uma vida de segurança financeira.” E no mundo atual, no qual a estabilidade do emprego é cada vez menor, é essencial que seus filhos tenham habilidades que lhes garantam uma vida de segurança financeira.

Quando analisamos o atual sistema educacional, fica óbvio que o sistema concentra-se em duas áreas principais:

Educação acadêmica: a capacidade de ler, escrever e fazer contas.
Educação profissional: a educação necessária para se tornar um médico, advogado, encanador, secretária, ou qualquer coisa que você deseje fazer para ganhar dinheiro depois de se formar.

Os Estados Unidos e muitos países ocidentais fizeram um trabalho excelente ao tornar esses dois tipos fundamentais de educação disponíveis para os cidadãos. Essa educação contribuiu bastante para a atual vantagem do Ocidente no mundo de hoje. O problema, como já foi dito, é que as regras mudaram. Na Era da Informação, precisamos de uma educação mais atualizada e não do mesmo tipo de educação. Atualmente, todos os estudantes precisam de alguma coisa da educação básica que recebi de meu pai rico:

> *Educação financeira*: a educação necessária para transformar o dinheiro que você ganhou trabalhando em riqueza e segurança financeira para a vida inteira. A educação financeira que aqueles 700.000 cidadãos idosos não receberam. A educação financeira que ajudará a assegurar que seus filhos não acabem com problemas financeiros no final da vida ou completamente falidos e solitários, depois de uma vida inteira sustentando uma família e trabalhando duro.

Seu gerente de banco não quer ver seu boletim escolar porque não está interessado em saber o que você aprendeu na escola. O que lhe interessa é seu talento financeiro, não seu talento acadêmico. Sua demonstração financeira é uma medida muito melhor de seu talento financeiro do que seu boletim escolar.

A Parte II apresenta alguns exemplos simples e concretos do que os pais podem fazer para proporcionar aos filhos vantagem financeira no mundo real de empregos e dinheiro.

A Parte III apresenta alguns dos últimos avanços tecnológicos na educação que aumentarão a capacidade dos pais em descobrir a capacidade de aprendizado e o talento naturais dos filhos. A Parte III trata de como dar a seus filhos uma vantagem acadêmica.

No passado, um dos professores de Albert Einstein disse, zombando: "Ele nunca será nada." Muitos professores o achavam limitado por sua incapacidade de aprender por memorização e repetição.

Um ano depois, quando disseram a Einstein que um famoso inventor declarara que o conhecimento factual era de importância vital, ele discordou. Afirmou: "Uma pessoa não precisa ir para a faculdade para aprender os fatos. Pode aprendê-los nos livros. O valor da educação liberal de uma universidade de artes é que ela treina a mente a pensar." Disse também: "A imaginação é mais importante do que o conhecimento."

Ao ser questionado por um grupo de jornalistas, um deles perguntou:

— O que é a velocidade do som?

Einstein respondeu:

— Eu não sei. Não tenho em minha mente informações que possam ser facilmente encontradas nos livros.

Quase todos os pais que conheci estão certos de que seus filhos são inteligentes e talentosos. No entanto, quando esses filhos entram na escola, seu talento natural muitas vezes é deixado de lado ou ocupa um papel secundário diante do talento único e do estilo de aprendizado único enfatizados pelo sistema educacional como sendo o modo correto de se aprender. Meu pai instruído e muitos outros educadores percebem que o atual sistema educacional não está preparado para os diferentes tipos de talentos com que as crianças nascem.

Infelizmente, nosso atual sistema educacional está repleto de controvérsias e idéias obsoletas. Embora nosso atual sistema conheça muitos desses avanços educacionais, os políticos e a burocracia que cercam a educação impedem que muitos desses novos métodos inovadores de classificação do talento das crianças passem a fazer parte do sistema.

Meu pai instruído fazia parte da cúpula do sistema educacional do Havaí. Ele fez o que pôde para mudar o sistema, mas acabou esmagado por ele. Mais tarde, disse-me: "Há três tipos diferentes de professores e administradores no sistema. Há um grupo que trabalha com afinco para mudar o sistema. Há outro grupo que trabalha com afinco contra qualquer tipo de mudança. E o há o terceiro grupo que não liga se o sistema muda ou não. Todos esses grupos querem ter um emprego seguro e receber seus salários. E é por isso que o sistema permanece o mesmo durante anos."

CONCLUSÃO

Meu pai instruído costumava dizer: "Os professores mais importantes de uma criança são os pais. Muitos pais dizem aos filhos: 'Vá para a escola e estude com afinco. Uma boa educação é importante.' O problema é que muitos pais que proferem essas palavras não dão continuidade a sua educação e a seus estudos." Meu pai instruído também costumava dizer: "Os pais são os professores mais importantes dos filhos... mas os alunos aprendem mais observando do que ouvindo. As crianças têm a capacidade de perceber discrepâncias entre as palavras e as ações." Elas adoram pegar os pais dizendo uma coisa e fazendo outra. Meu pai rico costumava dizer: "Suas ações falam mais alto do que suas palavras." Dizia também: "Se quiser ser um bom pai, precisa ser coerente com o que diz."

Se você tem filhos, agradeço por se interessar por um livro sobre educação e por se interessar pela educação de seus filhos. A maioria dos pais diz que a educação dos filhos é importante, mas poucos escolhem livros sobre esse tema.

Grátis!

Download de arquivos de áudio

Em cada um de nossos livros, gostamos de oferecer uma entrevista em áudio como bônus, o que poderá lhe proporcionar *insights* adicionais. Como um agradecimento por você ter lido este livro, vá até o site www.richdad.com/richkid na Internet e faça um download de um áudio de minha discussão com Kathy Kolbe intitulada "Find Out How Your Child Learns Best... Because All Children Learn Differently".

Obrigado por seu interesse na educação financeira de seu filho.

Parte I

"O dinheiro é uma idéia"

Quando eu era pequeno, meu pai rico costumava dizer: "O dinheiro é uma idéia." Ele continuava dizendo: "O dinheiro pode ser qualquer coisa que você quiser que seja. Se você diz: 'Eu nunca serei rico', é provável que isso aconteça. Se disser: 'Eu não vou conseguir isso', é provável que não consiga."

Meu pai instruído dizia quase a mesma coisa sobre educação.

É possível que toda criança nasça com o potencial para ser rica e esperta? Algumas pessoas acreditam que sim... e outras acreditam que não. A primeira parte deste livro é dedicada a proteger a possibilidade do "sim" para seus filhos.

CAPÍTULO 1

Toda criança nasce rica e inteligente

Meus dois pais eram excelentes professores. Os dois eram instruídos. Mas não entendiam dos mesmos assuntos e não ensinavam as mesmas coisas. Apesar das diferenças, os dois acreditavam nas mesmas coisas com relação às crianças. Os dois acreditavam que todas as crianças nascem inteligentes e ricas. Acreditavam que uma criança aprende a ser pobre e aprende a acreditar que é menos esperta do que as outras. Os dois pais eram excelentes professores, pois achavam possível despertar a inteligência inerente a cada criança. Em outras palavras, não acreditavam em *inserir* conhecimento na cabeça da criança, mas, sim, em *despertar* a inteligência da criança.

A palavra *educação* se origina do latim *educare*, que significa "extrair". Infelizmente, para muitos, educação é sinônimo de longas e penosas sessões durante as quais temos de captar as informações, decorálas para as provas e, logo depois, esquecer tudo. Os dois pais eram excelentes professores porque raramente tentavam abarrotar minha cabeça com suas idéias. Em geral, falavam muito pouco, esperando que eu perguntasse quando quisesse saber algo. Ou *faziam-me* perguntas, na tentativa de descobrir o que eu sabia, em vez de simplesmente *falar* o que sabiam. Meus dois pais eram excelentes professores e os considero uma das maiores bênçãos de minha vida.

E não posso me esquecer das mães. Minha mãe era uma excelente professora e também um modelo de mãe. Foi minha mestra do amor e da bondade incondicionais, e da importância de cuidar de outras pessoas. Infelizmente, minha mãe morreu prematuramente aos 48 anos. Lutou a vida inteira contra as seqüelas no coração de uma febre reumática que tivera na infância. Foi sua capacidade de ser gentil e amável com os outros, apesar de sua dor, que me ensinou uma lição vital. Muitas vezes, quando estou magoado e quero agredir os outros, simplesmente penso em minha mãe e me lembro de ser mais gentil... e não me zangar ainda mais. Para mim, essa é uma lição importante da qual preciso lembrar-me diariamente.

Certa vez, ouvi dizer que o homem procura mulheres parecidas com a mãe; eu diria que isso vale para meu caso. Minha esposa, Kim, também é uma pessoa extremamente gentil e amável. Lamento que ela e minha mãe não tenham se conhecido. Acredito que teriam sido muito amigas, assim como Kim é de sua mãe. Queria ter uma esposa que também fosse minha parceira nos negócios, pois os melhores dias do casamento de meus pais foram quando trabalharam juntos no Peace Corps.* Lembro-me quando o presidente Kennedy anunciou a criação do Peace Corps. Tanto minha mãe quanto meu pai estavam entusiasmados com a idéia e mal podiam esperar para fazer parte da organização. Quando ofereceram a meu pai o cargo de diretor de treinamento para o Sudeste da Ásia, ele aceitou e pediu que minha mãe fosse a enfermeira da equipe. Acredito que esses foram os dois melhores anos de seu casamento.

Não conhecia muito bem a mãe de meu melhor amigo Mike. Encontrava-a quando ia lá jantar, o que era freqüente, mas não posso dizer que a conhecia bem. Passava muito tempo com seus outros filhos, enquanto Mike e eu passávamos a maior parte de nosso tempo com o pai dele no trabalho. Contudo, quando estava na casa deles, a mãe de Mike também era muito gentil e atenciosa com o que estávamos fazendo. Poderia dizer que ela era uma excelente parceira na vida do pai de Mike. Eram carinhosos, gentis e interessados em tudo o que acontecia com o outro. Embora fosse uma pessoa bastante reservada,

---

* O Peace Corps é uma organização voluntária americana criada em 1960, pelo presidente John F. Kennedy, com a finalidade de levar jovens americanos a trabalhar em projetos de desenvolvimento em países subdesenvolvidos. Estima-se que em seus 40 anos de existência, o Peace Corps tenha levado mais de 163 mil americanos a viver um período de sua vida nos países em que esses projetos se desenvolvem. (N.R.T.)

estava sempre interessada no que Mike e eu estávamos aprendendo na escola e nos negócios. Assim, apesar de não a conhecer muito bem, aprendi com ela a importância de ouvir os outros, permitir que os outros expressem sua opinião e respeitá-la, mesmo que contrárias às suas idéias. Era uma excelente comunicadora, embora de uma maneira bastante reservada.

LIÇÕES DE MAMÃE E PAPAI

Hoje, o número de famílias nas quais os filhos são criados só pela mãe ou só pelo pai me preocupa. Ter tanto a mãe quanto o pai como professores foi importante para meu desenvolvimento. Por exemplo, eu era maior e mais pesado que a maior parte dos meninos, e minha mãe tinha receio de que eu pudesse usar a vantagem de meu tamanho e me tornar implicante, portanto, insistia em que eu desenvolvesse o que as pessoas chamariam hoje de "meu lado feminino". Como disse, ela era uma pessoa muito gentil e amável e queria que eu também fosse gentil e amável. E eu era. Certo dia, voltei da escola, na minha primeira série, com meu boletim, no qual a professora havia escrito: "Robert precisa aprender a se impor mais. Ele me lembra Ferdinando, o Touro (da história sobre um grande touro que, em vez de combater o matador, sentou-se na arena e ficou cheirando as flores atiradas pelos fãs... coincidentemente uma de minhas histórias favoritas, contadas por minha mãe na hora de dormir). Todos os outros meninos o ficam provocando e empurrando, embora Robert seja muito maior do que eles".

Minha mãe se emocionou ao ler o boletim. Quando meu pai chegou em casa e leu o mesmo boletim, transformou-se em um touro indomável, que certamente não estava ali para cheirar flores.

— Como assim "empurram"? Por que você deixa que eles o empurrem? Está virando um fracote? — perguntou, observando o comentário sobre meu comportamento e não minhas notas. Quando expliquei a meu pai que só estava escutando as instruções de mamãe, ele virou-se para ela e disse:

— Meninos pequenos gostam de provocar. É importante que todos os meninos aprendam a lidar com provocadores. Se não aprenderem a lidar com provocadores desde cedo na vida, crescem deixando-se ser provocados. Aprender a ser gentil é uma das maneiras de lidar com provocadores, mas, nesse caso a gentileza não funciona.

Virando-se para mim, meu pai perguntou:

— E como se sente quando os outros meninos o provocam?

Respondi, sem conseguir prender o choro:

— Péssimo. Fico sem defesa e assustado. Não quero ir para a escola. Quero revidar, mas também quero ser uma boa pessoa e fazer o que você e minha mãe querem que eu faça. Detesto ser chamado de "gorducho" e "Dumbo" e ser empurrado. O que mais detesto é simplesmente ter de suportar isso. Sinto-me um maricas e fracote. Até as meninas riem de mim porque só fico lá, chorando.

Meu pai virou-se para minha mãe e olhou-a com raiva durante algum tempo, demonstrando que não gostou do que ouviu.

— Então, o que quer fazer? — perguntou.

— Gostaria de revidar — eu disse. — Sei que posso derrotá-los. São só provocadores que gostam de me irritar porque sou o maior da sala. Todos dizem "não bata neles porque você é maior", mas simplesmente detesto ficar aturando isso tudo. Gostaria de poder tomar uma atitude. Sabem que não farei nada, por isso ficam me provocando na frente dos outros. Adoraria poder agarrá-los e socá-los.

— Não bata neles — disse meu pai com calma. — Mas mostre-lhes da forma que puder que você não será mais provocado. Você está aprendendo uma lição muito importante sobre auto-respeito e defender seus direitos. Simplesmente não bata neles. Use a cabeça para descobrir uma maneira de lhes mostrar que não admitirá mais provocação.

Parei de chorar. Ao enxugar as lágrimas, senti-me bem melhor e descobri a volta de uma certa coragem e auto-estima. Agora, estava pronto para voltar à escola.

No dia seguinte, meus pais foram chamados na escola. A professora e o diretor estavam aborrecidíssimos. Quando meus pais entraram na sala, eu estava sentado em uma cadeira no canto da sala, sujo de lama.

— O que houve? — meu pai perguntou ao se sentar.

— Bem, não posso dizer que os meninos não tenham recebido a devida lição — disse a professora — mas, depois que escrevi no boletim de Robert, sabia que algo mudaria.

— Ele bateu neles? — perguntou meu pai, visivelmente preocupado.

— Não, não bateu — disse o diretor. — Assisti tudo. Os meninos começaram a provocá-lo. Dessa vez, porém, Robert pediu que parassem em vez de ficar parado, suportando as provocações... mas eles continuaram. Pacientemente, ele pediu-lhes que parassem três vezes, mas eles só o provocavam ainda mais. De repente, Robert voltou para a sala, pegou as lancheiras dos meninos e esvaziou-as naquela grande poça de lama. Quando corri pelo gramado até lá, os meninos estavam atacando Robert. Começaram a bater nele, mas ele não revidou.

— O que ele fez? — perguntou meu pai.

— Antes que eu pudesse chegar lá para apartar, Robert agarrou os dois meninos e os empurrou para a mesma poça de lama. E foi assim que ele ficou sujo de lama. Mandei os outros meninos para casa para mudar de roupa, pois estavam ensopados.

— Mas não bati neles — eu disse, do meu canto.

Meu pai lançou-me um olhar penetrante, colocou o indicador na frente dos lábios, fazendo sinal para eu calar a boca, e depois virou-se para o diretor e para a professora e disse:

— Cuidaremos disso em casa.

O diretor e a professora aprovaram, balançando a cabeça, e a professora acrescentou:

— Estou satisfeita com o desenrolar dos acontecimentos dos dois últimos meses. Se não soubesse da história por trás do episódio da poça de lama, teria repreendido Robert. Mas pode ter certeza de que chamarei os pais dos outros dois meninos, além dos próprios, para uma conversa. Não perdoarei o fato de Robert ter jogado os meninos e seus lanches na lama, mas espero que agora tenhamos colocado um ponto final em toda essa história de provocação entre eles.

No dia seguinte, os dois meninos e eu nos reunimos. Discutimos nossas diferenças e nos cumprimentamos. No recreio, outros meninos se aproximaram de mim e me cumprimentaram. Estavam me parabenizando pela minha coragem de enfrentar os dois provocadores que também os provocavam. Agradeci, mas disse: "Vocês devem aprender a lutar suas próprias batalhas. Se não o fizerem, serão covardes a vida toda, permitindo que os provocadores do mundo os importunem." Meu pai ficaria orgulhoso ao me ouvir repetir o discurso original que fez para mim. Depois daquele dia, o primeiro ano foi muito mais agradável. Ganhei uma valiosa auto-estima, o respeito de minha turma e a menina mais bonita da turma tornou-se minha namorada, porém, o mais interessante foi que os dois provocadores acabaram se tornando meus amigos. Aprendi a fazer a paz sendo forte, em vez de deixar o terror e o medo persistirem por ser fraco.

Durante a semana seguinte, aprendi várias lições de vida valiosas tanto com minha mãe quanto com meu pai, a partir desse incidente da poça de lama. Este foi o assunto do dia discutido à mesa de jantar. Aprendi que na vida tendemos a fazer escolhas, e cada escolha tem uma conseqüência. Se não gostamos de nossa escolha e da conseqüência, devemos buscar uma nova escolha com um novo resultado. Com esse incidente, aprendi a importância de ser tanto gentil e amável, como minha mãe ensinou, quanto de ser forte e preparado para se defender, como me ensinou meu pai. Aprendi que o excesso de um ou de outro, ou apenas um e não o outro, pode nos limitar. Assim como o excesso de água pode afogar uma planta que ficou sem água durante muito tempo, nós, seres humanos, muitas vezes podemos ir longe demais em uma ou outra direção. Meu pai me disse na tarde em que voltamos da sala do diretor: "Muitas pessoas vivem em um mundo de preto-e-branco, do certo ou errado." Mas muitas outras teriam aconselhado: "Jamais revide", e outras ainda: "Revide sempre", porém, o segredo para o sucesso na vida é o seguinte: para revidar, é preciso saber exatamente a força que se deve exercer. Saber exatamente a intensidade da força requer muito mais inteligência do que simplesmente dizer: "Não revide", ou "Revide".

Meu pai costumava afirmar: "A verdadeira inteligência é saber o que é *adequado*, em vez de simplesmente dizer o que é *certo* ou *errado.*" Aos seis anos de idade, aprendi com minha mãe que precisava ser gentil... mas também aprendi que poderia ser gentil *demais*. Com meu pai, aprendi a ser forte, mas também que precisava usar minha força de forma inteligente e adequada. Digo sempre que uma moeda tem dois lados. Nunca vi uma moeda de um só lado, porém, muitas vezes nos esquecemos disso. Acreditamos que o lado em que estamos é o *único* lado ou o lado certo. Ao fazermos isso, podemos estar sendo inteligentes, podemos conhecer os fatos, mas também podemos estar limitando nossa inteligência.

Tive um professor que me disse: "Deus nos deu um pé direito e um pé esquerdo. Não nos deu um pé direito e um pé *errado*. Para andar para a frente, os seres humanos cometem primeiro um erro para a direita e depois outro erro para a esquerda. Pessoas que acreditam que *sempre devem estar certas* são como pessoas com apenas o pé direito. Acham que estão progredindo, mas normalmente caminham em círculos."

Acredito que, como sociedade, precisamos ser mais inteligentes com nossos pontos fortes e fracos. É preciso aprender a equilibrar o lado feminino com o lado masculino. Lembro-me que, na infância, quando estava zangado com outro garoto na escola, às vezes íamos para trás do ginásio e lutávamos. Depois de um ou dois socos, começávamos a nos atracar e, quando nos cansávamos, a luta terminava. O pior que acontecia era uma camisa rasgada de vez em quando ou um nariz sangrando. Muitas vezes, acabávamos amigos depois que a luta terminava. Hoje, os meninos ficam zangados, começam a pensar em termos de "certo ou errado", pegam logo nas armas e atiram uns nos outros... e isso ocorre tanto com meninos quanto com meninas. Podemos estar na Era da Informação e os meninos podem ser mais "sofisticados" do que seus pais, mas todos nós poderíamos aprender a ser mais inteligentes com nossas informações e emoções. Como disse, precisamos aprender tanto com nossas mães quanto com nossos pais, pois, com tantas informações, é preciso ser mais inteligente.

Este livro é dedicado aos pais que queiram educar filhos mais espertos, mais ricos e também financeiramente mais inteligentes.

Capítulo 2

Seu filho é um gênio?

"Quais são as novidades?" perguntei a um amigo que não via há muitos anos. Imediatamente, puxou a carteira e me mostrou uma foto da filha de 11 anos. Sorrindo, orgulhosamente, disse: "Ela é tão inteligente! É incrível como aprende as coisas com rapidez." Durante os 20 minutos seguintes, esse pai orgulhoso relatou, com riqueza de detalhes, todas as coisas que sua filha brilhante estava aprendendo. Finalmente, percebeu que não havia parado de falar e se desculpou: "Desculpa. É que tenho tanto orgulho de minha filha! Fico simplesmente admirado com sua esperteza e rapidez para aprender as coisas. Tenho certeza de que ela é um gênio."

Será que todo esse orgulho só se limita a alguns pais? Acredito que não. Pelo menos por experiência pessoal. Se há algo que percebi ao observar todos os pais é o fato de se admirarem com a rapidez com que os filhos aprendem. Todo pai que conheci tem certeza de que seu filho é o mais esperto do mundo, talvez até um gênio. E concordo com eles. Acredito que todas as crianças nascem gênios, porém, em muitas crianças algo acontece com essa inteligência durante seu crescimento. Em algumas crianças, essa inteligência parece desaparecer, é empurrada para baixo ou desviada para outras direções.

Embora eu e minha esposa, Kim, não tenhamos filhos, os recém-nascidos sempre me fascinam. Adoro olhar em seus olhos. Ao observar seus olhos, vejo o ser mais curioso e perguntador observando-me atentamente. É fácil perceber que as crianças estão aprendendo em grandes saltos, ou seja, exponencialmente. Sua base de conhecimentos deve dobrar a cada segundo. Tudo o que podem absorver com os olhos é novo, é uma maravilha, e está sendo acrescentado a seu banco de dados não editado, qualificado ou sem muito preconceito. Estão absorvendo essa nova experiência chamada vida.

Outro dia, fui à casa de outro amigo. Estava na piscina com a filha de três anos de idade. Quando acenei e caminhei até a piscina, ele gritou: "Veja minha garotinha. Será uma atleta olímpica da natação." Observei a menininha agitando bravamente a água, quase se afogando, mas mesmo assim avançando na direção do orgulhoso pai. Segurei minha respiração enquanto essa menininha, que estava sem bóia e mal colocava a cabeça para fora para respirar, batia os pés na direção do pai, que esperava no lado fundo da piscina. Finalmente, respirei aliviado quando o pai a segurou nos braços e disse: "Essa é minha pequena nadadora corajosa. Um dia, você será uma estrela olímpica da natação." E acredito que ela será.

O que me deixou admirado foi o fato de essa mesma menininha, apenas uma semana antes, ter pavor de água. Apenas uma semana antes, tinha tanto medo da água que gritava quando o pai a carregava dentro da piscina. Agora, ele a chamava de futura campeã olímpica de natação. Isso, na minha opinião, é o tipo de aprendizado veloz do qual apenas um gênio é capaz... e todas as crianças nascem capazes de aprender nesse nível.

MEU PAI ACREDITAVA QUE TODAS AS CRIANÇAS NASCEM GÊNIOS

Como descrevi em um livro anterior, *Pai rico, pai pobre*, meu pai verdadeiro era superintendente de educação do estado do Havaí no final da década de 1960 e início da década de 1970. Acabou renunciando para disputar o cargo de vice-governador do estado como republicano, o que não foi uma decisão das mais inteligentes. Escolheu concorrer pela consciência moral. Estava muito aborrecido com os níveis de corrupção que encontrou no governo e queria mudar o sistema educacional. Acreditava que, se concorresse ao cargo, poderia fazer algo para reformar o sistema. Mesmo sabendo que provavelmente não ganharia, concorreu e utilizou sua campanha para esclarecer os erros que poderiam ser corrigidos. Mas, como todos sabemos, o público nem sempre vota nos candidatos mais honestos e verdadeiros.

Ainda acredito que meu pai era um gênio acadêmico. Era um leitor voraz, um grande orador e um excelente professor. Foi um dos melhores alunos na escola e foi representante de turma. Graduou-se pela Universidade do Havaí bem antes de sua turma e tornou-se um dos diretores de escola mais jovens da história do Havaí. Foi convidado a fazer pós-graduação na Stanford University, na Universidade de Chicago e na Northwestern University. No final da década de 1980, foi escolhido pelos colegas um dos dois principais educadores da história de 150 anos da educação pública do Havaí e recebeu o grau de doutor honorário. Embora o chame de pai pobre, por estar sempre falido, independentemente de quanto ganhasse, eu tinha muito orgulho dele. Muitas vezes, dizia: "Dinheiro não me interessa." E também: "Nunca serei rico." E suas palavras tornaram-se profecias que se realizaram.

Depois de ler *Pai rico, pai pobre*, muitas pessoas comentam: "Gostaria de ter lido esse livro há 20 anos." Algumas perguntam: "Por que você não o escreveu antes?" Minha resposta é: "Porque esperei meu pai morrer para escrevê-lo." Esperei cinco anos em respeito a sua memória. Sei que o livro o teria magoado se o lesse em vida... mas, em forma de espírito, acredito que ele apóie as lições que todos podemos tirar de sua vida.

Neste livro, muitas idéias de como os filhos aprendem e por que todos eles nascem inteligentes vêm de meu pai. A história a seguir fala de um colega meu de turma que foi considerado gênio quando jovem. Fala também de como todos nós somos gênios de uma forma ou outra.

SEU FILHO TEM UM QI FINANCEIRO ALTO?

Quando dizemos que alguém tem um QI alto, o que isso significa? O que seu QI mede? Ter um QI alto é garantia de sucesso na vida? Ter um QI alto significa que você será rico?

Quando eu estava na quarta série, minha professora anunciou à turma: "Alunos, temos a honra de ter um gênio em nosso meio. É uma criança muito talentosa e tem um QI muito alto." Depois, continuou anunciando que um de meus melhores amigos, Andrew, era um dos alunos mais brilhantes para o qual tivera o privilégio de ensinar. Até esse momento, "Andy, o Formiga", como todos o chamávamos, era apenas uma das crianças da turma. Nós o chamávamos de "Andy, o Formiga", por ele ser pequenininho e usar óculos de fundo de garrafa, que o deixavam parecido com um inseto. Agora, tínhamos de chamá-lo de "Andy, a formiga com cérebro".

Como não sabia o que era QI, levantei o dedo e perguntei à professora:

— O que significa QI?

A professora se atrapalhou um pouco e respondeu:

— QI significa quociente de inteligência. — Em seguida, lançou-me um daqueles olhares penetrantes e disse calmamente:

— Agora você sabe o que quer dizer QI?

O problema era que eu ainda não tinha a menor noção do que significava QI, por isso, levantei o dedo novamente. A professora fez de tudo para me ignorar, mas finalmente virou-se e disse, com impaciência:

— Sim. Qual é sua pergunta desta vez?

— Bem, a senhora disse que QI representa quociente de inteligência, mas o que isso significa?

Mais uma vez, demonstrou sua impaciência.

— Eu lhe disse que se você não soubesse a definição de algo, deveria fazer uma consulta. Agora pegue o dicionário e consulte você mesmo.

— Tudo bem — respondi com um sorriso, percebendo que ela também não sabia a definição. Se soubesse, teria falado orgulhosamente para toda a turma. Sabíamos que, se não soubesse uma coisa, jamais o admitiria e nos pediria para fazer uma consulta.

Depois de finalmente localizar "quociente de inteligência" no dicionário, li a definição em voz alta:

— Substantivo: número usado para expressar a inteligência relativa de uma pessoa determinada pela divisão de sua idade mental, obtida a partir de um teste padronizado, por sua idade cronológica, e multiplicada por 100.

Quando terminei de ler a definição, olhei para cima e disse:

— Ainda não entendi o que significa QI.

Frustrada, a professora elevou a voz e disse:

— Você não entende porque não quer entender. Se não entendeu, precisa fazer sua própria pesquisa.

— Mas foi a senhora que disse que isso era importante — mandei de volta — se a senhora considera importante, pelo menos pode nos dizer o que significa e por que é importante.

Nesse momento, Andy, o Formiga, levantou-se e disse:

— Vou explicar.

Levantou-se da carteira de madeira, caminhou até o quadro-negro, na frente da sala, e escreveu:

$$\frac{18 \text{ (idade mental)}}{10 \text{ (idade cronológica)}} \times 100 = 180 \text{ QI}$$

— Algumas pessoas afirmam que sou um gênio porque tenho dez anos de idade mas uma pontuação no teste de uma pessoa que tem 18 anos de idade.

Por um instante, a turma ficou em silêncio para digerir as informações que Andy havia acabado de colocar no quadro.

— Em outras palavras, se você não aumentar sua capacidade de aprender à medida que envelhece, seu QI pode cair — eu disse.

— É minha interpretação também — disse Andy. — Posso ser um gênio hoje, mas se não aumentar o que sei, meu QI diminuirá a cada ano. Pelo menos, é isso que a equação representa.

— Então você pode ser um gênio hoje, mas um burro amanhã — eu disse, com uma risada.

— Muito engraçado — afirmou Andy. — Mas é isso mesmo. Contudo, sei que não tenho de me preocupar com a possibilidade de ser derrotado por você.

— Vamos acertar contas depois da escola — berrei, respondendo. — Encontro você no campo de beisebol e, aí, veremos quem tem o QI mais alto — falando isso, eu ri, assim como os outros alunos da turma. Andy, o Formiga, era um de meus melhores amigos. Todos sabíamos que era inteligente, e sabíamos que nunca seria um grande atleta. Contudo, embora soubéssemos que ele não conseguia bater ou pegar a bola, significava bastante para nossa equipe. Afinal, é para isso que servem os amigos.

QUAL É SEU QI FINANCEIRO?

Portanto, como medir o QI financeiro das pessoas? Pelo contracheque, seu patrimônio líquido, o tipo de carro que dirigem ou o tamanho de sua casa?

Muitos anos depois, bem depois da discussão sobre a genialidade de Andy, o Formiga, perguntei a meu pai rico o que era QI financeiro para ele. Rapidamente, respondeu: "A inteligência financeira não diz respeito a quanto você ganha, mas, sim, a quanto você guarda e como esse dinheiro trabalha a seu favor."

Porém, com o passar do tempo, aperfeiçoou sua definição de inteligência financeira. Afirmou, certa vez: "Sabemos que a inteligência financeira está aumentando se, à medida que envelhecemos, nosso dinheiro compra mais liberdade, felicidade, saúde e opções na vida."

E continuou, explicando que muitas pessoas ganham mais à medida que envelhecem, mas seu dinheiro simplesmente comprou menos liberdade para elas — menos liberdade porque têm contas mais altas para pagar. Ter contas mais altas significa que a pessoa tinha de trabalhar muito mais para pagá-las. Para o pai rico, isso não era financeiramente inteligente. Explicou também que viu muitas pessoas ganhando muito dinheiro, mas que o dinheiro não as tornava mais felizes. Para ele, isso não era financeiramente inteligente. "Para que trabalhar apenas por dinheiro e ser infeliz?", disse. "Se você precisa trabalhar por dinheiro, encontre uma maneira de trabalhar e ser feliz. Isso é inteligência financeira."

Quanto à saúde, ele dizia: "Muitas pessoas trabalham muito pelo dinheiro e, nesse processo, vão se matando lentamente. Para que trabalhar demais e sacrificar o bem-estar físico e mental, seu e de sua família? Isso não é financeiramente inteligente."

Costuma dizer também a respeito do assunto saúde: "Não existem ataques cardíacos repentinos. Ataques cardíacos e outras doenças como câncer levam tempo para se desenvolver. São causadas pela falta de exercícios, alimentação inadequada e falta de alegria de viver durante períodos prolongados. Dos três, acho que a falta de alegria de viver é a principal causa dos ataques cardíacos e das doenças", disse. "Muitas pessoas pensam mais em trabalhar muito e não em se divertir mais e aproveitar essa grande dádiva que é a vida."

Quanto às escolhas, observava ele: "Sei que o tempo da viagem na primeira classe de um avião é igualzinho ao da classe econômica. Essa não é a questão. A questão é: você pode escolher entre voar na primeira classe ou voar na classe econômica? A maior parte das pessoas que voa na classe econômica não tem escolha." Meu pai rico prosseguia explicando que a inteligência financeira proporciona à pessoa mais escolhas na vida ao afirmar: "Dinheiro é poder, pois lhe proporciona mais opções." Mas era sua lição sobre felicidade que enfatizava cada vez mais, à medida que envelhecia. Quando se aproximou do fim da vida e tinha mais dinheiro do que sonhara ser possível, reafirmava repetidas vezes: "Dinheiro não traz felicidade. Jamais pense que será feliz ao enriquecer. Se você não for feliz enquanto estiver enriquecendo, provavelmente não será feliz quando estiver rico. Assim, rico ou pobre, o importante é ser feliz."

Quem já leu meus outros livros percebe que meu pai rico não mede seu QI financeiro segundo os parâmetros financeiros tradicionais. Em outras palavras, ele nunca se fixou em quanto tinha, em seu patrimônio líquido nem no tamanho de sua carteira de ações. Se tivesse que definir o que a inteligência financeira comprou para ele, diria que foi "liberdade".

Ele adorava ter a liberdade de trabalhar ou não trabalhar ou a liberdade para escolher com quem trabalhar. Adorava a liberdade de comprar o que bem quisesse, sem se preocupar com o preço. Adorava a saúde, a felicidade e as opções que a liberdade lhe proporcionava. Adorava a liberdade e a capacidade financeira que tinha para doar às instituições de caridade, ajudando causas em que acreditava. E, em vez de reclamar de políticos e se sentir impotente para mudar o sistema, os políticos vinham até ele em busca de conselhos (e de contribuições para a campanha). Adorava ter poder sobre eles. "Eles me telefonam, eu não telefono para eles. Todos os políticos querem o voto do pobre, mas não escutam o pobre. Eles não podem se dar a esse luxo... e isso é trágico", dizia.

Contudo, o que mais adorava era o tempo livre que o dinheiro lhe havia comprado. Adorava ter tempo para ver os filhos crescerem e trabalharem em projetos que lhe interessavam, independentemente de ganhar dinheiro com eles ou não, portanto, meu pai rico media seu QI financeiro mais em tempo do que em dinheiro. Os últimos anos de sua vida foram os mais felizes, pois passou a maior parte de seu tempo doando seu dinheiro em vez de tentar conservá-lo e se prender a ele. Parecia se divertir tanto doando o dinheiro como filantropo, quanto dava como capitalista. Teve uma vida rica, feliz e generosa. E o mais importante: teve uma vida de liberdade sem limites, e assim é que media seu QI financeiro.

O QUE É INTELIGÊNCIA?

Foi meu pai verdadeiro, superintendente de educação e talentoso professor, que acabou se tornando tutor pessoal de Andy, o Formiga.

Andy era tão inteligente que deveria estar no último ano do segundo grau, e não na quinta série. Seus pais foram pressionados para que ele pulasse várias séries, mas eles queriam que ele continuasse em grupos da mesma faixa etária. Como também era um gênio acadêmico, meu pai verdadeiro, que completou o curso universitário de quatro anos em dois, compreendia o que Andy estava passando e respeitava os desejos de seus pais. Em diversos aspectos, concordava com eles, percebendo que a idade acadêmica não é tão importante quanto o desenvolvimento emocional e físico. Concordava que Andy deveria amadurecer emocional e fisicamente, em vez de cursar o ensino médio ou a faculdade ao lado de colegas com o dobro de sua idade. Assim, depois de assistir às aulas com outras crianças normais, Andy procurava meu pai, superintendente de educação, e passava as tardes estudando com ele. Eu, por outro lado, ia para o escritório de meu pai rico e começava minha educação em inteligência financeira.

É interessante refletir novamente sobre o fato de diferentes pais começarem a investir o tempo ensinando os filhos de outros pais. É bom ver que isso ainda acontece hoje, quando muitos pais ensinam voluntariamente esportes, artes, música, dança, artesanato, habilidades comerciais e assim por diante. Em última instância, todos os adultos são professores de uma maneira ou de outra... e, como adultos, somos mais professores pelas nossas ações do que por nossas palavras. Quando a professora anunciou que Andy era um gênio com um QI alto, no fundo, estava dizendo também que nós, o resto da turma, não éramos gênios. Fui para casa e perguntei a meu pai qual era sua definição de inteligência. Sua resposta foi simples. Tudo o que disse foi: "Inteligência é a capacidade de fazer distinções mais refinadas."

Parei por um instante, sem entender o que ele dissera. Assim, esperei que ele explicasse melhor, sabendo que, por ser professor, ele não poderia deixar-me parado com expressão de quem não entendeu. Finalmente, percebeu que eu não havia entendido sua explicação, e começou a falar na linguagem de um menino de dez anos de idade.

— Você sabe o significado da palavra *esportes*? — perguntou meu pai.

— É claro — eu disse. — Adoro esportes.

— Bom — respondeu. — Existe uma diferença entre futebol, golfe e surfe?

— É claro que sim — eu disse, animado. — Existem enormes diferenças entre esses esportes.

— Muito bem — continuou meu pai com seu modo didático. — Essas diferenças são chamadas "distinções".

— Quer dizer que distinções são o mesmo que diferenças? — perguntei.

Meu pai concordou.

— Então, quanto mais eu conseguir estabelecer diferenças, mais inteligente sou? — perguntei.

— Está certo — respondeu meu pai. — Assim, você tem um QI de esportes mais alto que o de Andy... mas ele tem um QI acadêmico mais alto que o seu. Isso quer dizer que Andy aprende melhor lendo e você aprende melhor fazendo, portanto, Andy tem mais facilidade de aprender na sala de aula e você tem mais facilidade de aprender na quadra de esportes. Andy aprenderá história e ciências rapidamente e você aprenderá beisebol e futebol rapidamente.

Fiquei calado por um tempo. Meu pai, por ser um bom mestre, deixou-me assim até que eu entendesse as distinções. Finalmente, voltei de meu estado mediúnico e disse:

— Então, eu aprendo participando de jogos e Andy aprende lendo.

Mais uma vez, meu pai concordou. Fez uma pausa e disse:

— Nosso sistema educacional dá grande importância à inteligência acadêmica ou escolástica, portanto, quando dizem que alguém tem um QI alto, querem dizer um QI escolástico ou acadêmico alto. O atual teste de QI mede basicamente o QI verbal de uma pessoa, ou sua capacidade de ler e escrever, portanto, tecnicamente, uma pessoa com QI alto é alguém que aprende rapidamente pela leitura. O teste não mede a inteligência da pessoa como um todo. Assim, o QI não é uma medida do QI artístico de uma pessoa, seu QI físico, ou até sua inteligência matemática, que são todas inteligências legítimas.

Continuando, eu disse:

— Assim, quando a professora disser que Andy é um gênio, significa que ele é melhor para aprender lendo do que eu. E sou melhor para aprender fazendo.

— Sim — disse meu pai.

Mais uma vez, parei, refletindo por um momento. Lentamente, comecei a entender como essa nova informação se aplicava a mim.

— Então, preciso encontrar formas de aprender as coisas mais adequadas a meu estilo de aprendizado — disse eu, finalmente.

Meu pai concordou.

— Você ainda precisa aprender a ler, mas parece que aprenderá mais rápido fazendo do que lendo. De muitas maneiras, o problema de Andy é que ele consegue ler, mas não consegue fazer. Ele pode considerar o mundo real um lugar mais difícil de se adaptar do que você. Ele se dá bem, contanto que permaneça no mundo acadêmico ou científico. E esse é o motivo pelo qual tem dificuldade no campo de beisebol ou no relacionamento com o resto dos meninos. Por isso, acho ótimo que você e seus amigos deixem que ele faça parte de sua equipe esportiva. Você está lhe ensinando coisas que um livro escolar nunca poderia ensinar... assuntos e habilidades que são muito importantes para o sucesso no mundo real.

— Andy é um grande amigo — eu disse. — Mas é melhor que ele leia do que jogue beisebol. E eu prefiro jogar beisebol do que ler. Isso significa que ele é mais esperto em sala de aula porque aprende melhor lá. Mas não significa que seja mais inteligente do que eu. Seu QI alto significa que é um gênio para aprender pela leitura. Então, preciso encontrar uma forma de fazer distinções mais refinadas mais rápido para poder aprender mais rápido... de uma maneira que funcione melhor no meu caso.

MULTIPLICAR DIVIDINDO

Meu pai educador sorriu.

— Isso mesmo, filho. Encontre uma forma de fazer distinções com rapidez, e aprenderá rapidamente. Lembre-se sempre de que a natureza multiplica dividindo. Assim como uma célula aumenta dividindo-se... o mesmo ocorre com a inteligência. No momento em que dividimos uma matéria em duas partes, aumentamos nossa inteligência. Se repartimos as duas em duas, obtemos quatro, e nossa inteligência está se multiplicando agora... multiplicando-se pela divisão. Isso se chama "aprendizado rápido" e não "aprendizado linear".

Concordei, compreendendo como o aprendizado poderia ficar mais rápido depois que decifrei como aprendia melhor.

— Quando comecei a jogar beisebol, não sabia muito — eu disse. — Porém, logo descobri a diferença entre as diversas jogadas. É isso que você quer dizer ao afirmar que minha inteligência aumenta dividindo ou fazendo mais distinções?

— Isso mesmo — respondeu meu pai. — E quanto mais você joga esse jogo, mais continuará descobrindo diferenças novas e maiores. Você não melhora à medida que aprende mais?

— Melhoro — respondi. — Quando comecei a jogar beisebol, mal conseguia tocar na bola. Agora sei rebatê-la, batê-la, fazer *line drives* ou tentar chegar na grade com um *home run*. Sabia que esse ano fiz três *home runs*? — perguntei, orgulhoso.

— Eu sei — disse meu pai. — E estou muito orgulhoso de você. E você percebe que existem muitas pessoas que não conhecem a diferença entre rebater a bola e fazer um *home run*? Elas não têm noção do que você está falando, e certamente não são capazes de fazê-lo.

— Então, meu QI de beisebol é alto mesmo — comentei, com um sorriso.

— Muito alto — confirmou meu pai. — Exatamente como o QI de Andy é realmente alto... mas ele não consegue bater em uma bola de beisebol.

— Você está me dizendo que Andy sabe a diferença entre rebater na bola e um *home run*, mas não conseguiria executar nenhum deles se a vida dele dependesse disso?

— E aí que está o problema ao julgarmos uma pessoa apenas por seu QI acadêmico — disse meu pai educador. — Muitas vezes, pessoas com um QI acadêmico alto não sabem lidar muito bem com o mundo real.

— Por quê? — perguntei.

— É uma boa pergunta, para a qual não tenho resposta. Acredito que seja porque os educadores se concentram basicamente em capacidades mentais e não em converter o conhecimento mental em conhecimento físico. Acredito também que nós, educadores, punimos as pessoas por cometerem erros e, se você tiver medo de errar, não desejará fazer nada. Nós, do meio da educação, enfatizamos muito a necessidade de estar certo e o medo de estar errado. É o medo de cometer erros e depois parecer tolo que imobiliza as pessoas... e, em último caso, todos nós aprendemos na prática. Todos sabemos que aprendemos cometendo erros; contudo, em nosso sistema educacional, punimos as pessoas por cometerem muitos erros. O mundo da educação está repleto de pessoas que podem lhe dizer tudo o que você precisa saber sobre o jogo de beisebol, mas que não conseguem jogar beisebol.

— Então, quando a professora afirma que Andy é um gênio, isso não significa que ele seja melhor do que eu? — perguntei.

— Não — respondeu meu pai. — Porém, na escola, ele terá mais facilidade para aprender do que você, pois as habilidades de leitura dele estão no nível de um gênio, entretanto, na área dos esportes, você aprende mais rápido do que ele. O sentido é esse.

— Então, ter um QI alto pode simplesmente significar que ele aprende melhor lendo... mas não significa que eu não possa aprender tanto quanto ele — respondi, buscando um maior esclarecimento. — Em outras palavras, posso aprender algo se quiser aprender. Não é mesmo?

— É isso aí — disse meu pai. — A educação é uma atitude... e se você tiver esse tipo de atitude positiva com relação ao aprendizado, conseguirá fazê-lo bem. Mas se tiver a atitude de um perdedor, ou uma atitude derrotista com relação ao aprendizado, nunca aprenderá coisa alguma.

Puxei minha revista de beisebol do bolso de trás da calça. Estava amassada e rasgada.

— Adoro ler essa revista. Posso dizer-lhe os pontos, as médias de jogadas e os salários de todos os jogadores. Mas quando leio essa revista na sala de aula, a professora a tira de mim.

— Ela está certa — disse meu pai. — Mas deveria incentivá-lo a ler a revista depois da escola.

Concordei. Finalmente, entendi por que Andy tinha um QI mais alto, porém, o mais importante era que aprendi como se aprendia melhor. Naquele dia, soube que aprendo melhor primeiro fazendo e depois lendo sobre o assunto. Por exemplo, no caso do beisebol, quanto mais eu jogava, mais queria ler sobre ele. Mas, se não jogasse, não teria interesse em ler sobre ele. Era a forma de aprendizado que funcionava melhor no meu caso. Era a maneira pela qual aprenderia pelo resto da vida. Se experimentasse algo primeiro e depois o considerasse interessante, ficaria mais animado ao ler sobre ele, porém, se não estivesse envolvido fisicamente no início, ou se só pudesse ler sobre algum assunto, raramente ficaria interessado e, por esse motivo, não desejaria ler sobre ele. Com apenas dez anos de idade, havia aprendido bastante naquele dia. Estava exausto. Segurando minha luva e meu bastão de beisebol, caminhei na direção da porta para fazer distinções mais refinadas a respeito do jogo de beisebol. Tinha algum QI de beisebol para aperfeiçoar, e a melhor maneira de fazê-lo, no meu caso, era praticando. Além disso, sabia que, se não praticasse, Andy, o Formiga poderia me substituir na equipe.

Essa explicação de meu pai educador foi o motivo pelo qual concluí o ensino médio e continuei até sobreviver a uma academia militar dificílima, com um rigoroso currículo acadêmico. Devido a essa explicação, sabia que o fato de não ter um QI acadêmico alto não significava que eu não era inteligente. Significava simplesmente que teria de encontrar uma forma de aprendizado que funcionasse melhor em meu caso. Sem esse valioso conhecimento, eu poderia ter pulado fora do ensino médio bem antes de me formar. Pessoalmente, considero a escola muito lenta, chata e desinteressante. Não me interessava pela maior parte dos assuntos que precisava estudar, mas descobri uma maneira de aprender essas matérias e passar nas provas. O que me motivou foi saber que, depois de me formar na faculdade, começaria minha verdadeira educação.

QUANTOS TIPOS DE INTELIGÊNCIA EXISTEM?

No início da década de 1980, um homem chamado Howard Gardner escreveu um livro chamado *Estruturas da mente — A teoria das inteligências*. No livro, identificou sete dons ou inteligências diferentes. São elas:

1. ***Lingüística e verbal***: É a inteligência utilizada normalmente por nosso sistema educacional para medir o QI de uma pessoa. É a capacidade natural que alguém tem de ler e escrever palavras. É um tipo de inteligência muito importante, pois é uma das principais maneiras pelas quais os seres humanos coletam e compartilham informações. Jornalistas, escritores, advogados e professores muitas vezes são abençoados por essa inteligência.
2. ***Numérica:*** É a inteligência que lida com dados medidos em números. Obviamente, um matemático é abençoado por essa inteligência. Um engenheiro com treinamento formal precisaria ser eficiente tanto na inteligência lingüística quanto na numérica.
3. ***Espacial***: É a inteligência de muitas pessoas criativas — artistas e *designers*. Um arquiteto teria de ser bom em todas essas três primeiras inteligências, pois a profissão necessitaria de palavras, números e capacidade criativa.
4. ***Física***: É a inteligência que muitos grandes atletas e bailarinos possuem. Existem também muitas pessoas que não vão bem na escola e que são talentosas fisicamente. Muitas vezes, são indiví-

duos que aprendem fazendo, o que conhecemos também como aprendizado "prático". Muitas vezes, as pessoas com esse tipo de inteligência acabam trabalhando na área de mecânica ou construção. Provavelmente, gostam de carpintaria e culinária. Em outras palavras, seu talento está em observar, tocar e fazer as coisas. Um projetista de carros de corrida precisaria das quatro primeiras inteligências.

5. ***Intrapessoal***: É a inteligência que muitas vezes chamamos de "inteligência emocional". É o que dizemos para nós mesmos, por exemplo, quando estamos com medo ou com raiva. Em geral, as pessoas não são bem-sucedidas em alguma coisa não pela falta de conhecimento mental, mas pelo medo do fracasso. Por exemplo, conheço muitas pessoas inteligentes, que tiram notas boas, e que são menos bem-sucedidas do que poderiam só porque vivem com medo de cometer erros ou de fracassar. Muitas vezes, as pessoas não ganham dinheiro só porque o medo de perder dinheiro é maior do que o prazer de ganhá-lo.

   Daniel Goleman escreveu um livro, *Inteligência emocional*, cuja leitura recomendo a todos que estiverem prontos para fazer mudanças significativas na vida. Nele, Goleman cita o humanista do século XVI Erasmo de Rotterdam, que afirma que o raciocínio emocional pode ser 24 vezes mais poderoso do que o raciocínio racional. Em outras palavras, a proporção seria a seguinte:

   24 : 1
   cérebro emocional : cérebro racional

   Tenho certeza de que a maior parte das pessoas já teve a oportunidade de constatar o maior poder do cérebro emocional sobre o cérebro racional, sobretudo quando o medo se sobrepõe à racionalidade ou quando dizemos algo que sabemos que nunca deveríamos ter dito.

   Concordo com Goleman quando afirma que a inteligência intrapessoal é a mais importante de todas. Digo isso porque a inteligência intrapessoal é nosso controle do que dizemos a nós mesmos. Sou eu falando comigo mesmo e você falando consigo mesmo.

6. ***Interpessoal***: É a inteligência encontrada em pessoas que conseguem se comunicar facilmente com outras. Pessoas com esse tipo

de inteligência muitas vezes são comunicadores carismáticos, excelentes cantores, pregadores, políticos, atores, vendedores e palestrantes.

7. *Ambiental*: É a inteligência que emana dos seres humanos para tudo ao seu redor. São pessoas com um talento natural para lidar com árvores, plantas, peixes, mar, animais e terra. É a inteligência de grandes fazendeiros, treinadores de animais, oceanógrafos e guias florestais.

Desde que a distinção entre essas diferentes inteligências foi feita, foram identificados os outros 30 tipos de inteligência... portanto, nossa inteligência sobre a questão da inteligência continua a aumentar, porque continuamos a fazer distinções mais refinadas.

OS QUE SE SAEM MAL NA ESCOLA

Pessoas que não têm um bom desempenho na escola, mesmo que tentem arduamente, muitas vezes não têm uma inteligência lingüística forte. Elas não aprendem sentadas na carteira, assistindo palestras, ou mesmo pela leitura. Aprendem ou são talentosas em outras áreas.

Meu pai verdadeiro definitivamente era talentoso lingüisticamente, motivo pelo qual lia bem, escrevia bem e tinha um QI alto. Era também um excelente comunicador, o que significava que também tinha uma forte inteligência interpessoal.

Meu pai rico, por outro lado, era talentoso no segundo tipo de inteligência da lista... a inteligência matemática. Estava abaixo da média nas habilidades lingüísticas, motivo pelo qual acredito que ele nunca tenha voltado para a escola. Redigia mal e lia pouco. Contudo, era ótimo orador, e suas habilidades interpessoais eram excelentes. Tinha centenas de funcionários que adoravam trabalhar para ele. Também não tinha medo de se arriscar, o que significava que sua inteligência intrapessoal era muito forte. Em outras palavras, tinha a capacidade de prestar enorme atenção aos detalhes numéricos, combinada com uma capacidade de correr riscos em investimentos, e também era capaz de construir empresas para as quais as pessoas adoravam trabalhar.

Meu pai verdadeiro tinha basicamente todos os outros tipos de inteligência, mas seu medo de perder dinheiro era seu ponto fraco. Quando tentava montar seu próprio negócio e ficava sem dinheiro, entrava em pânico e voltava a procurar um emprego tradicional. O grande empreendedor deve ter inteligência intrapessoal, sobretudo quando começa a desenvolver um negócio sem dinheiro.

Quem cai e se levanta novamente está apelando para a inteligência intrapessoal, ou inteligência emocional. Muitas vezes as pessoas chamam essa inteligência de "perseverança" ou "determinação". Quando fazem coisas que têm pavor de fazer, as pessoas estão apelando para a inteligência intrapessoal. É o que chamamos de "ousadia" ou "coragem". Quando alguém comete um erro e tem a inteligência intrapessoal de admiti-lo e pedir desculpas, essa inteligência muitas vezes é chamada de "humildade".

POR QUE ALGUMAS PESSOAS OBTÊM MAIS SUCESSO DO QUE OUTRAS

Estudando a vida de Tiger Woods, entendo facilmente os motivos de seu sucesso. Para ser um excelente aluno, aceito em Stanford, provavelmente o melhor jogador de golfe de todos os tempos e um astro da mídia tão influente como é, teve de ser um gênio em todas as sete inteligências mencionadas. Como qualquer jogador pode nos dizer, o jogo de golfe requer uma enorme inteligência física, porém, mais importante, requer uma enorme inteligência intrapessoal. Por isso, muitas pessoas afirmam que o golfe é um jogo interior, que ocorre dentro do jogador. Quando assistimos Tiger na televisão, sabemos por que ganha tanto dinheiro para anunciar produtos. Ganha muito, porque é um ótimo comunicador, o que significa que sua inteligência interpessoal é muito forte. É muito carismático e convincente como astro da mídia. É herói para milhões de pessoas em todo o mundo, motivo pelo qual as empresas adoram tê-lo anunciando seus produtos.

No final da década de 1930, o Carnegie Institute realizou uma pesquisa sobre pessoas bem-sucedidas que demonstrou que o conhecimento técnico constituía menos de 15% do motivo para seu sucesso. Em outras palavras, alguns médicos são mais bem-sucedidos do que outros não necessariamente devido à universidade que freqüentaram ou à sua inteligência. Todos nós conhecemos pessoas que se saíram muito bem na escola e são muito inteligentes, mas que não se saem muito bem no mundo real. A análise dos sete tipos de inteligência nos permite identificar alguns dos outros motivos para o sucesso e insucesso de alguém. Em outras palavras, podemos fazer distinções mais refinadas, a base da inteligência.

A pesquisa do Carnegie Institute relatou que 85% do sucesso de uma pessoa na vida deveu-se à "habilidade em engenharia humana". A capacidade de se comunicar e lidar com pessoas foi muito mais importante do que o conhecimento técnico.

Um estudo realizado pelo Escritório do Censo dos Estados Unidos* enfatizou a questão abordada pelo Carnegie. Perguntou-se a três mil empregadores: "Quais as duas principais habilidades que você procura ao contratar pessoas?" As seis principais habilidades eram:

1. atitude positiva
2. boa capacidade de comunicação
3. experiência profissional anterior
4. opinião de um empregador anterior sobre o funcionário
5. o treinamento que o funcionário teve
6. quantos anos de estudo o funcionário completou

Mais uma vez, as habilidades de atitude e comunicação foram mais importantes do que a competência técnica.

DESCUBRA SEUS TALENTOS E TORNE-SE UM GÊNIO

Meu pai, superintendente de educação, sabia que eu não me sairia bem na escola. Sabia que sentar em uma sala, assistir palestras, ler livros e estudar matérias sem qualquer parte física não era minha melhor forma de aprendizado. Na verdade, ele costumava dizer: "Duvido que algum filho meu se saia bem na escola." Sabia que nem todos aprendem da mesma maneira. Uma de minhas irmãs é uma grande artista, brilhante nas cores e no *design*. Hoje, trabalha como artista gráfica. Minha outra irmã é freira e tem grande sintonia com o meio ambiente. Adora estar em harmonia com todas as criaturas e criações. Meu irmão é um artesão bastante físico. Adora fazer e aprender com as mãos. Dê-lhe uma chave de parafuso e ele vai direto consertar as coisas. É também um excelente comunicador, motivo pelo qual adora

* Órgão do governo dos Estados Unidos semelhante ao IBGE no Brasil. (N.R.T.)

falar com as pessoas e ajudá-las a ajudar os outros. Por isso, acredito que adora trabalhar no Banco de Sangue. Gosta de acalmar pessoas nervosas e pedir-lhes que doem sangue para ajudar outros. Diria que tenho boas habilidades intrapessoais, o que me permite superar o medo pessoal e agir. Esse é o motivo pelo qual adoro ser empreendedor e investidor ou pelo qual gostava de ser marinheiro e voar em um helicóptero de guerra no Vietnã. Aprendi a transformar meu medo em estímulo.

Meu pai foi inteligente o bastante para incentivar os filhos a descobrir suas próprias inteligências e suas próprias formas de aprendizado. Sabia que cada um deles era diferente, cada um tinha um tipo de inteligência e aprendia de forma diferente... embora fossem todos filhos dos mesmos pais. Ao descobrir que eu realmente me interessava por dinheiro e capitalismo, temas pelos quais ele não se interessava, incentivou-me a procurar professores que pudessem me ensinar esses assuntos. Por isso, aos nove anos, comecei a aprender com meu pai rico. Embora meu pai verdadeiro respeitasse meu pai rico, os dois discordavam em muitos assuntos. Por ser um excelente educador, meu pai sabia que, se estava interessada em uma matéria, a criança teria mais chance de descobrir suas inteligências naturais. Embora não gostasse particularmente das matérias de meu interesse, meu pai permitiu que eu as estudasse, e, quando eu não tirava boas notas na escola, não ficava chateado, apesar de ser o diretor do sistema educacional. Sabia que, mesmo que a escola fosse importante, não seria o lugar onde eu descobriria minha inteligência. Sabia que se as crianças estudassem coisas de seu próprio interesse, descobririam seus tipos de inteligência e seriam bem-sucedidas. Sabia que seus filhos eram inteligentes. Dizia-nos que éramos inteligentes, mesmo quando tirávamos notas baixas na escola. Por ser um excelente professor, sabia que a verdadeira definição de educação era trazer à tona a inteligência do aluno, não apenas abarrotá-lo de informações.

COMO PROTEGER A INTELIGÊNCIA DE SEU FILHO

No que dizia respeito a proteger a inteligência de todos os filhos, meu pai era inflexível. Sabia que o sistema escolar reconhecia basicamente um tipo de inteligência, a lingüística e verbal. Sabia também que a inteligência de uma criança poderia ser esmagada na escola, sobretudo se ela tivesse um fraco desempenho na inteligência considerada tradicional e usada como base para medir o QI. Preocupava-se comigo por eu ser uma criança muito ativa e detestar matérias enfadonhas e chatas. Sabia que eu não conseguia me concentrar por muito tempo e que teria problemas na escola. Por esses motivos, incentivou-me a praticar esportes e estudar com meu pai rico. Queria que eu continuasse ativo e estudasse um assunto de meu interesse, para, assim, preservar a auto-estima, que está diretamente ligada à inteligência. Fez o mesmo com meus irmãos e irmãs.

Hoje, eu seria diagnosticado com a síndrome do déficit da atenção, e provavelmente teria de tomar remédios para ficar quieto na cadeira e para me forçar a estudar matérias pelas quais não me interessava. Quando as pessoas me perguntam o que é a síndrome do déficit da atenção ou querem saber se sofrem do mesmo problema, digo-lhes que muitas pessoas têm essa síndrome. Se não tivéssemos, haveria apenas um canal de televisão e todos o assistiríamos sem pensar. Hoje, a síndrome pode ser chamada também de "síndrome do controle remoto". Quando ficamos entediados, simplesmente apertamos o botão e procuramos algo que nos interesse. Infelizmente, nossos filhos não têm esse luxo na escola.

A TARTARUGA E A LEBRE

Meu pai adorava a fábula clássica da tartaruga e da lebre. Costumava contar para os filhos: "Existem garotos que são mais espertos que vocês de algumas maneiras. Mas lembrem-se sempre da história da tartaruga e da lebre." E continuava: "Existem crianças que aprendem mais rápido do que vocês. Mas isso não significa que estejam na frente de vocês. Se você estuda em seu próprio ritmo e continua aprendendo, acaba passando a frente das pessoas que aprendem rápido, mas que param de aprender." Dizia também: "O fato de uma criança não ter boas notas na escola não significa que ela não se sairá bem na vida. Lembre-se, a verdadeira educação começa depois de concluídos os estudos." Essa era a maneira de meu pai incentivar os filhos a aprenderem eternamente, pelo resto da vida, como ele fazia.

SEU QI PODE DIMINUIR

Está óbvio para mim que a vida é uma experiência de aprendizado vitalícia. Exatamente como a lebre sentou-se e pegou no sono, muitas pessoas se deitam e pegam no sono depois que terminam os estudos. No mundo atual, de rápidas mudanças, esse tipo de comportamento pode custar caro. Reexamine a definição de QI:

$$\frac{\text{Idade mental}}{\text{Idade cronológica}} \times 100 = \text{QI}$$

Por definição, seu QI diminui quanto mais aumenta a sua idade. Por isso, a história da tartaruga e da lebre é verdadeira. Nas reuniões de ex-colegas de turma, é fácil apontar as lebres que pegaram no sono ao lado da estrada. Muitas vezes, eram os alunos considerados "os alunos com maior probabilidade de sucesso"..., mas que não tiveram. Esqueceram-se de que a educação da vida prossegue bem depois de terminados os estudos.

DESCUBRA O TALENTO DE SEU FILHO

"Seu filho é um gênio?" Acredito que sim, e espero que você também acredite. Na verdade, seu filho provavelmente tem inteligências múltiplas. O problema é que o atual sistema educacional reconhece apenas um tipo de inteligência. Se a inteligência de seu filho não for a inteligência reconhecida pelo sistema, ele pode aprender na escola a se sentir burro, e não inteligente. E o pior: a inteligência de seu filho pode ser ignorada ou prejudicada no sistema. Sei que muitas crianças acabam se sentindo burras por serem comparadas com outras. Em vez de reconhecer o tipo de inteligência peculiar a cada um, o sistema as avalia todas segundo um padrão de QI. As crianças partem da escola sentindo que não são inteligentes. As crianças acreditam mental e emocionalmente que não são tão inteligentes quanto as outras e saem da escola com uma enorme desvantagem na vida. É vital que os pais identifiquem as inteligências naturais da criança desde cedo, incentivem o desenvolvimento dessas inteligências e protejam-nas contra um sistema educacional que considera apenas um tipo de inteligência. Como meu pai dizia para os filhos: "Nosso sistema educacional foi concebido para ensinar algumas crianças, mas infelizmente não é planejado para ensinar *todas* as crianças."

Quando as pessoas me perguntam se acredito que todas as crianças são inteligentes, respondo: "Nunca vi um bebê que não fosse curioso e não se entusiasmasse pelo aprendizado. Nunca vi alguém falar para um bebê que ele teria de aprender a falar ou andar. Nunca vi um bebê que, ao levar um tombo, aprendendo a andar, se recusasse a levantar novamente e dizer, do chão: 'Fracassei novamente. Acho que nunca aprenderei a andar.' Só vejo bebês se levantarem e caírem várias vezes até finalmente começarem a andar e, depois, correr. Os bebês são criaturas recém-nascidas que anseiam naturalmente pelo aprendizado. Por outro lado, conheci diversas crianças que se aborrecem na escola ou que têm raiva da escola, ou saem de lá se sentindo fracassadas ou juram que nunca voltarão para a escola novamente."

Obviamente, entre o nascimento e o término da escola, algo aconteceu ao amor natural que essas crianças tinham pelo aprendizado. Meu pai costumava dizer: "A função mais importante dos pais é manter a inteligência dos filhos e manter vivo seu amor pelo aprendizado, sobretudo se as crianças não gostarem da escola." Se ele não tivesse feito isso por mim, eu teria largado a escola muito antes de me formar. Grande parte deste livro explica como meu pai instruído manteve vivo meu amor pelo aprendizado. Continuei na escola, embora a detestasse. Ele manteve vivo meu amor pelo aprendizado, incentivando-me a desenvolver minha inteligência, mesmo que eu não fosse um gênio acadêmico no colégio.

CAPÍTULO 3

Dê poder a seu filho — antes de lhe dar dinheiro

Certo dia, meu colega de turma Richie convidou-me para passar o fim de semana na casa de praia de sua família. Fiquei animadíssimo. Richie era um dos garotos mais legais da escola e todos queriam ser amigos dele. Agora, eu tinha sido convidado para sua casa de praia, localizada em uma propriedade particular, a uns 50 quilômetros de minha casa.

Minha mãe ajudou-me a arrumar a mala e agradeceu aos pais de Richie quando vieram me buscar. Foi maravilhoso. Richie tinha seu próprio barco e muitos outros brinquedos legais. Brincamos de manhã à noite. Quando seus pais me deixaram de volta em casa, eu estava queimado de sol, exausto e alvoroçado.

Nos dias seguintes, contei, em casa e na escola, como foi meu fim de semana na casa de praia de Richie. Falei da diversão, dos brinquedos, do barco, da boa comida e da bonita casa de praia. Na quarta-feira, minha família estava cansada de tanto ouvir falar do fim de semana na praia. Na quinta-feira à noite, perguntei a meus pais se poderíamos comprar uma casa de praia perto da casa de Richie. Foi, então, que meu pai explodiu. Havia ouvido o bastante.

— Há quatro dias, toda a família vem ouvindo você falar sobre seu fim de semana na casa de praia de Richie. Estou cansado disso. Agora, quer que nós compremos uma casa de praia! Isso foi a gota d'água. De que você pensa que sou feito... de dinheiro? Não temos uma casa de praia porque não tenho condições de ter. Mal consigo pagar as contas e colocar comida na mesa. Canso-me de trabalhar o dia inteiro, venho para casa e vejo contas que não consigo pagar e, agora, você quer que eu compre uma casa de praia. Que compre um barco para você. Filho, não tenho condições. Não sou rico como o pai de Richie. Mal consigo alimentar e vestir todos vocês. Se quer viver como Richie, por que não se muda para a casa deles?

Mais tarde, naquela noite, minha mãe foi a meu quarto e silenciosamente fechou a porta atrás de si. Trazia vários envelopes. Sentandose a meu lado na cama, disse:

— Seu pai está sob enorme pressão financeira.

Fiquei ali naquele quarto escuro, em meio a um turbilhão de emoções, olhando para minha mãe. Por ter nove anos de idade, estava triste, chateado, com raiva e decepcionado. Não tivera a intenção de aborrecer meu pai. Sabia que estávamos passando por dificuldades financeiras. Só queria compartilhar com a família um pouco de felicidade e uma imagem da boa vida... uma vida que o dinheiro poderia comprar... uma vida à qual poderíamos aspirar.

Minha mãe começou a me mostrar as contas, muitas com números impressos em vermelho.

— Nossa conta bancária está sem fundos e ainda temos de pagar essas contas. Algumas estão vencidas há dois meses.

— Eu sei, mãe. Eu sei — eu disse.— Não queria aborrecê-lo. Só queria trazer alguma diversão e felicidade para nossa família. Só queria compartilhar com a família como poderia ser a vida com dinheiro.

Minha mãe me acariciou na testa mexendo em meu cabelo.

— Sei que você tinha boas intenções. Sei que as coisas não têm sido muito agradáveis em nossa família ultimamente, mas, no momento, estamos com problemas financeiros. Não somos pessoas ricas e provavelmente nunca seremos.

— Por quê? — perguntei, quase implorando algum tipo de explicação.

— Simplesmente temos muitas contas e seu pai não ganha o bastante. E o pior é que a mãe dele, sua avó, acabou de perguntar se ele poderia mandar dinheiro para ajudá-los lá. Seu pai acabou de receber a carta hoje, e está preocupado porque a família dele também está passando por um momento difícil. Simplesmente não temos condições de ter as coisas que os pais de Richie têm.

— Mas por quê? — insisti.

— Não sei — disse minha mãe. — Só sei que não temos as mesmas condições que eles têm. Não somos pessoas ricas como eles. Agora feche os olhos e durma. Você tem de ir para a escola de manhã e precisa ter uma boa educação, se quiser ser alguém na vida. Se tiver uma boa educação, talvez possa ser rico como os pais de Richie.

— Mas papai tem uma boa educação e você tem uma boa educação — retruquei. — Então, por que não somos ricos? Tudo o que temos é um monte de contas. Não entendo — disse baixinho. — Eu não entendo.

— Não se aflija, filho. Não se preocupe com dinheiro. Seu pai e eu resolveremos nossos problemas financeiros. Você tem aula amanhã de manhã, precisa dormir bem.

No final da década de 1950, meu pai teve de abandonar seu programa de pós-graduação da Universidade do Havaí porque tinha muitas contas para pagar. Havia planejado continuar os estudos e terminar o doutorado em educação, porém, com esposa e quatro filhos, as contas aumentavam. Foi, então, que minha mãe ficou doente, eu fiquei doente, minhas duas irmãs também e meu irmão caiu de um muro e precisou ser hospitalizado. O único que não estava hospitalizado nem precisava de cuidados médicos era meu pai. Largou o programa de pós-graduação, mudou-se com a família para outra ilha e começou a trabalhar como assistente do superintendente de educação da ilha do Havaí. Acabou assumindo esse cargo e depois se mudou novamente para Honolulu para se tornar superintendente de educação de todo o estado do Havaí.

Por isso, nossa família tinha tantas contas a pagar. Demorou anos para conseguirmos pagá-las, mas logo depois de quitarmos uma série de contas, contraíamos outras dívidas.

Na época em que tinha nove anos e conhecia colegas de turma como Richie, sabia que havia uma grande diferença entre minha família e as famílias de muitos colegas meus. Em *Pai rico, pai pobre* descrevi como, por um golpe de sorte, freqüentei a escola fundamental de crianças ricas e não a escola fundamental de crianças pobres e de classe média. Ter amigos ricos, enquanto pertencia a uma família endividada, na tenra idade de nove anos, foi fundamental para o rumo que minha vida iria tomar.

NÃO É PRECISO TER DINHEIRO PARA GANHAR DINHEIRO?

Uma das perguntas que mais me fazem é: "Não é preciso ter dinheiro para ganhar dinheiro?"

Minha resposta é: "Não, não é." E prossigo: "O dinheiro vem de suas idéias simplesmente porque é apenas um conceito."

Outra pergunta que me fazem é: "Como investir se não tenho dinheiro para investir? Como posso investir se nem mesmo tenho condições de pagar minhas contas?"

Minha resposta é: "A primeira coisa que eu recomendaria é parar de dizer 'Não tenho condições para isso'."

Sei que, para muitas pessoas, minhas respostas não são satisfatórias, pois, muitas vezes, as pessoas querem saber imediatamente como ganhar algum dinheiro com rapidez, para poder investir e progredir na vida. Quero que as pessoas saibam que elas têm o poder e a capacidade de ter todo o dinheiro que desejam... é só querer. E esse poder não está no dinheiro. O poder não está fora delas. O poder está em suas idéias. Não tem relação alguma com dinheiro. Tem com o poder... o poder das idéias. A boa notícia é que não é preciso dinheiro... é preciso apenas disposição para mudar algumas idéias. Mude algumas idéias e você poderá dominar o dinheiro e não permitir que ele tenha poder sobre você.

Meu pai rico muitas vezes dizia: "As pessoas pobres são pobres simplesmente porque têm idéias pobres." Dizia também: "A maior parte das pessoas aprende com os pais noções sobre dinheiro e vida. Como não aprendemos coisa alguma sobre dinheiro na escola, as noções de dinheiro são passadas de pai para filho, de geração em geração."

Em *Pai rico, pai pobre*, a lição número um do pai rico era: "Os ricos não trabalham pelo dinheiro." Meu pai rico ensinou-me a fazer o dinheiro trabalhar a meu favor. Embora aos nove anos eu não entendesse por que a família de Richie tinha mais dinheiro do que a nossa, anos depois entendi por quê. A família de Richie sabia como fazer o dinheiro trabalhar a seu favor e passou esse conhecimento para os filhos. Richie ainda é um homem muito rico e continua enriquecendo. Hoje ainda somos bons amigos e, quando nos encontramos, mantemos a mesma amizade de mais de 40 anos. Podem se passar cinco anos entre nossos encontros, mas é como se tivéssemos nos encontrado no dia anterior. Hoje, entendo por que a família dele era mais rica do que a minha; vejo-o transmitindo esse conhecimento aos filhos; porém, vejo-o passar adiante lições sobre algo além de "como lidar" com o dinheiro. Observo-o transmitir o poder sobre o dinheiro. E é esse poder sobre o dinheiro que torna as pessoas ricas... não apenas o dinheiro. É esse poder sobre o dinheiro que desejo transmitir neste livro para você, para que você o transmita a seus filhos.

Em *Pai rico, pai pobre*, a história de meu pai rico tirando-me meus dez centavos por hora provocou uma forte reação dos leitores. Em outras palavras, eu trabalhava para ele de graça. Um amigo, que é médico, ligou-me depois de ler o livro e disse: "Quando li que seu pai rico fez você empilhar latas de alimentos na loja dele de graça, meu sangue ferveu. Compreendo qual é sua mensagem, mas não concordo. Isso foi cruel. Você tem que pagar às pessoas. Não podemos esperar que alguém trabalhe de graça, sobretudo se a outra pessoa está ganhando dinheiro."

RICO NÃO PRECISA DE DINHEIRO

Ao tirar meus dez centavos por hora, meu pai rico o fez para que eu pudesse descobrir meu poder sobre o dinheiro. Queria que eu soubesse que eu conseguiria ganhar dinheiro sem dinheiro. Queria que eu descobrisse o poder de *gerar* dinheiro, em vez de aprender a *trabalhar* por dinheiro. Meu pai rico disse: "Se você não precisar de dinheiro, ganhará bastante dinheiro. Quem precisa de dinheiro jamais fica rico de verdade. É essa necessidade que lhe tira o poder. É preciso trabalhar arduamente e aprender a nunca precisar de dinheiro."

Embora ele desse mesada a seus outros filhos, não dava mesada a seu filho Mike, e não nos pagava por trabalharmos para ele. Dizia: "Ao dar mesada para uma criança, você lhe ensina a trabalhar por dinheiro e não aprender a gerar dinheiro."

Veja bem, *não estou dizendo* que você deve fazer seus filhos trabalharem de graça. E não estou dizendo para você não dar mesada para seu filho. Seria tolice lhe dizer o que você deve falar com seu próprio filho, pois cada criança é única e cada situação é diferente. O que estou dizendo é que o dinheiro vem das idéias e, se você quiser realmente dar a seu filho uma vantagem financeira na vida, fique atento a suas idéias e às idéias de seu filho. Há um ditado bastante conhecido que afirma: "Uma jornada de milhares de quilômetros começa com um único passo." Um ditado mais preciso seria "Uma jornada de milhares de quilômetros começa com a idéia de fazer a jornada." Quando falamos em dinheiro, muitas pessoas começam a jornada de sua vida com idéias pobres ou idéias que as limitarão mais adiante na vida.

QUAL O MELHOR MOMENTO PARA ENSINAR A SEU FILHO O QUE É DINHEIRO?

Muitas vezes me perguntam: "Com que idade devo começar a ensinar a meu filho o que é dinheiro?"

Minha resposta é: "Quando seu filho se interessar por dinheiro." Depois digo: "Tenho um amigo com um filho de cinco anos de idade. Se fosse segurar uma nota de cinco dólares e uma nota de vinte dólares e perguntar à criança 'Qual delas você quer?' qual das duas a criança escolheria?" A pessoa que me faz a pergunta diz, muitas vezes sem hesitar: "A nota de vinte dólares". Respondo: "Exatamente, até uma criança de cinco anos compreende a diferença entre a nota de cinco e de vinte dólares."

Meu pai rico suspendeu os dez centavos por hora porque pedi-lhe que me ensinasse a ser rico. Ele não o fez apenas para me ensinar algo sobre dinheiro. Pedi para aprender a ser rico. Não quis apenas aprender sobre dinheiro — e há uma diferença. Se a criança não quer necessariamente aprender a ser rica, obviamente as lições serão diferentes. Um dos motivos pelos quais pai rico dava mesada aos outros filhos foi que os outros filhos não estavam interessados em ficar ricos, assim, ensinou-lhes outras lições sobre dinheiro. Embora as lições fossem diferentes, ainda lhes ensinou a ter poder sobre o dinheiro e não passar a vida inteira precisando de dinheiro. Como dizia meu pai rico: "Quanto mais você precisa de dinheiro, menos poder terá."

ENTRE 9 E 15 ANOS DE IDADE

Vários psicopedagogos disseram-me que a faixa etária dos 9 aos 15 anos é fundamental para o desenvolvimento da criança. Isso não é uma ciência exata, e diferentes especialistas darão opiniões diferentes. Não sou especialista em desenvolvimento infantil, portanto, considere o que estou dizendo uma orientação geral e não fruto de minha experiência profissional. Um especialista com quem falei disse que, aproximadamente aos nove anos, as crianças começam a se desprender da identidade dos pais e passam a buscar sua própria identidade. Sei que isso valeu no meu caso, pois, aos nove anos, comecei a trabalhar com meu pai rico. Queria me separar da realidade do mundo de meus pais; assim, precisava de uma nova identidade.

Outro especialista disse que, nessa faixa etária, as crianças desenvolvem o que eles chamam de "fórmula para o sucesso". Esse especialista descreveu essa fórmula como a idéia que a criança tinha para sobreviver melhor e vencer. Eu sabia, aos nove anos, que a escola não fazia parte de minha fórmula para o sucesso, sobretudo depois que meu amigo Andy foi rotulado de gênio e eu não. Acreditava que tinha mais chance de ser um astro dos esportes ou de ser rico do que um acadêmico como Andy e meu pai. Em outras palavras, se uma criança acha que é boa na escola, sua fórmula pode ser continuar na escola e se formar com honras. Se não vai bem na escola ou não gosta desta, a criança pode procurar uma fórmula diferente.

Esse especialista também tinha algumas outras observações notáveis sobre as fórmulas para o sucesso. Segundo ele, os conflitos entre os pais e o filho começam quando a fórmula para o sucesso do filho não é a mesma dos pais. Afirma também que problemas familiares começam quando os pais começam a impor à criança sua fórmula para o sucesso sem respeitar a fórmula dela.

Apresento um pouco mais de informações sobre a importância da fórmula para o sucesso da criança mais adiante no livro, porém, antes de continuarmos a dar a seu filho poder sobre o dinheiro, há algo que vale a pena mencionar para os adultos.

Esse especialista disse também que muitos adultos têm problemas na vida ao perceberem que as fórmulas para o sucesso propostas por eles quando crianças já não lhes trazem mais sucesso. Por isso, muitos adultos procuram mudanças no emprego ou na carreira. Alguns continuam a tentar fazer a fórmula funcionar mesmo depois de perceberem que não está funcionando. Outros entram em depressão, acreditando ter fracassado na vida, em vez de perceberem que sua fórmula para o sucesso simplesmente não funciona mais. Em outras palavras, as pessoas geralmente são felizes quando estão satisfeitas com sua fórmula de sucesso. Tornam-se infelizes com a vida quando estão cansadas de sua fórmula ou se ela deixa de dar certo ou quando percebem que sua fórmula não as está levando ao lugar desejado.

A FÓRMULA PARA O SUCESSO DE AL BUNDY

Para ter um exemplo de pessoas que vivem com fórmulas para o sucesso que já não funcionam mais, dê uma olhada na série da TV americana *Married with Children*. Inicialmente, detestei o programa; recusei-me a assisti-lo, porém, agora percebo que posso ter detestado o programa porque se assemelha bastante a minha casa. Para quem talvez não conheça o programa, Al Bundy, o astro do show, é um ex-astro de futebol americano da escola. Ficou famoso por marcar quatro *touchdowns** para seu time no ensino médio. Sua esposa venceu na escola usando o sexo como grande parte de sua fórmula para o sucesso. Por ter sido um astro do futebol americano, fez sexo com ele e ficou grávida. Casaram-se e tiveram filhos... daí o nome do seriado. Vinte anos depois, Al é um vendedor de sapatos, vivendo da memória de seus quatro *touchdowns*. Ainda pensa, age e fala sobre coisas que fez quando era astro do futebol. Sua mulher fica em casa, assistindo televisão e ainda vestindo-se da mesma maneira sexy que costumava se vestir na época da escola. Seus dois filhos estão seguindo os passos dos pais. Observo humor no show, pois reconheço o Al Bundy dentro de mim. Fico vivendo da glória de meu passado no campo de futebol e na Marinha. Quando acho graça do programa e de minha própria vida, posso ver muitas pessoas que são Al e Peg Bundy na vida real. Essa comédia televisiva é um exemplo de que fórmulas de sucesso já não geram mais sucesso.

FÓRMULAS PARA O SUCESSO COM PODER

No que diz respeito ao dinheiro, muitas pessoas criam uma fórmula para o sucesso sem qualquer poder. Em outras palavras, elas muitas vezes utilizam uma fórmula de fracasso para o dinheiro, pois não têm poder. Por mais estranho que possa parecer, utilizam uma fórmula que as faz perder dinheiro, porque essa é a única fórmula que conhecem.

Por exemplo, conheci recentemente uma pessoa que se dedicou a uma carreira que hoje detesta. Dirige uma concessionária de carros

---

* O *touchdown* é uma jogada do futebol americano em que o jogador ultrapassa correndo a linha do gol. Vale seis pontos (número máximo de pontos possível em uma só jogada) e permite que o jogador dê um novo chute com o objetivo de fazer passar a bola pelas traves verticais do Y, o que vale um ponto adicional. (N.R.T.)

para o pai. Ganha bem, mas é infeliz. Detesta ser funcionário do pai e também ser conhecido como o filho do patrão. Contudo, continua no posto. Quando pergunto por que continua no emprego, sua única resposta é: "Sabe, acredito que não teria capacidade para construir sozinho uma concessionária como essa, por isso, penso que seria melhor ficar aqui até que o velho se aposente. Além disso, estou ganhando muito dinheiro." Sua fórmula é ganhar com o dinheiro, mas ele não consegue ver como seria poderoso se abrisse mão da segurança.

Outro exemplo de uma fórmula para o sucesso fracassada é o da esposa de um amigo que continua em um emprego que adora, mas no qual não progride financeiramente. Em vez de mudar sua fórmula, aprendendo habilidades novas, faz biscates nos fins de semana e depois reclama que não tem tempo para os filhos. Obviamente, sua fórmula é: "Trabalhar arduamente no que adoro e resistir."

COMO DESCOBRIR O PODER PARA GERAR UMA FÓRMULA PARA O SUCESSO QUE DÊ CERTO

Uma das coisas mais importantes que um pai ou mãe podem fazer é ajudar os filhos a gerar fórmulas para o sucesso que dêem certo. E é muito importante que estejam conscientes de como fazê-lo sem interferir no desenvolvimento do filho.

Recentemente, um pastor muito conhecido telefonou-me e perguntou se eu daria uma palestra em sua igreja. Quase não freqüento a igreja. Minha família ia à Igreja Metodista, mas, aos dez anos de idade, comecei a analisar outras igrejas. Fiz isso porque estava estudando a Constituição dos Estados Unidos e interessei-me pela idéia da separação da Igreja e do Estado e da liberdade de escolha religiosa; portanto, na escola, perguntava a meus colegas que igreja freqüentavam e acabava indo também. Isso não deixou minha mãe muito satisfeita, mas eu a lembrava de que a Constituição permitia-me a liberdade de escolha religiosa. Durante alguns anos, tive a experiência de ir a diferentes igrejas que meus diversos colegas de turma freqüentavam. Fui a igrejas muito ornamentadas, igrejas simples, igrejas na casa das pessoas e até uma igreja que não era nada além de quatro postes, um telhado e nenhuma parede. Foi uma experiência e tanto sentar-me e ficar ensopado de chuva. Definitivamente, senti a presença do espírito naquele dia.

Habituei-me também a visitar as casas de adoração de muitas denominações diferentes: luterana, batista, budista, judaica, católica, pentecostal, muçulmana e hindu. Teria ido a mais igrejas, mas como a cidade onde eu morava era pequena, eu já tinha ido a todas as diferentes igrejas do local. Gostei de minha experiência, porém, ao completar 15 anos, meu interesse por freqüentar igrejas diminuiu e passei a freqüentar cada vez menos.

Assim, quando o pastor Tom Anderson pediu-me para dar uma palestra em sua igreja, fiquei tão lisonjeado quanto envergonhado de minha experiência em freqüentar igrejas. Quando lhe disse que havia pessoas muito mais qualificadas para dar palestras em sua igreja, ele respondeu:

— Não estou lhe pedindo para transmitir uma mensagem religiosa. Estou pedindo que nos fale de suas lições sobre dinheiro.

Quando ele disse isso, recostei-me na cadeira e dei uma risadinha. Sem acreditar no que estava escutando, eu perguntei:

— Você quer que eu vá a sua igreja falar sobre dinheiro?

— Sim — respondeu com um sorriso indagador. — O que há de tão estranho em meu pedido?

Mais uma vez, dei uma risada. Tinha de perguntar novamente.

— Quer dizer que você quer que eu vá a sua igreja, suba ao púlpito, onde você normalmente fica, e fale para sua congregação sobre dinheiro?

E, mais uma vez, o pastor confirmou:

— Sim. O que há de estranho nisso?

Com um sorriso forçado, olhei para esse famoso homem de Deus, um pastor com uma congregação de 12 mil membros, simplesmente para verificar se ele estava certo de seu pedido.

— Porque na igreja, aprendi que o amor pelo dinheiro era algo ruim. Aprendi também que os pobres tinham mais chance de ir para o céu do que os ricos. Há uma lição sobre um camelo, um homem rico e o buraco de uma agulha. Jamais compreendi bem a lição, mas não gostava da mensagem porque definitivamente tinha planos de me tornar um homem rico, por isso, estou estranhando você querer que eu vá a sua igreja e falar sobre como ficar rico.

Dessa vez, o pastor recostou-se na cadeira e deu um largo sorriso.

— Bem, não sei que igrejas você freqüentou, mas isso certamente não é o que ensino nessa igreja.

— Mas não existem algumas religiões que pregam a idéia de que o dinheiro é nocivo? Não existem algumas pessoas que acreditam que os pobres têm mais chance de ir para o céu do que os ricos?

— Sim, é verdade — respondeu o pastor. — Igrejas diferentes ensinam coisas diferentes. Mas não é isso que ensino em minha igreja. O Deus que conheço ama igualmente ricos e pobres.

À medida que o pastor Tom Anderson prosseguia com suas considerações, refleti novamente em minha experiência das igrejas e na culpa que sentia muitas vezes, pois queria mesmo ser rico. Talvez eu tivesse interpretado a mensagem da igreja de forma inadequada. Talvez eu tivesse recebido a mensagem de forma imprecisa devido a minha culpa com relação a meu amor pelo dinheiro. Em outras palavras, sentia-me culpado, portanto, ouvia uma mensagem de culpa. Ao compartilhar essa idéia com Tom, ele disse algo que, mais uma vez, fez-me recostar na cadeira.

— Às vezes, é necessário mudar uma tonelada de educação para ter um grama de percepção.

Suas palavras de sabedoria ressoaram em meus ouvidos. Refleti sobre o que ele disse durante muito tempo. A profundidade e a exatidão de suas palavras são grandes. Três meses depois, fiz uma palestra para a congregação dele. O privilégio de falar no púlpito foi uma experiência que me ajudou a mudar um grama de percepção pessoal.

UM GRAMA VERSUS *UMA TONELADA*

Meu pai rico costumava dizer: "Jamais podemos ensinar uma pessoa pobre a ser rica. Só podemos ensinar uma pessoa rica a ser rica."

Meu pai pobre sempre dizia: "Nunca serei rico. Não me interesso por dinheiro." E: "Não posso me dar a esse luxo." Talvez meu pai tenha dito tudo isso por ter todas aquelas contas médicas para pagar ou por lutar financeiramente ao longo de grande parte da vida. Mas não penso assim. Acredito que foi seu grama de percepção que ajudou a causar a maioria de seus problemas financeiros.

Quando Sharon Lechter, a co-autora deste livro, perguntou-me se queria escrever este livro para os pais, aproveitei a oportunidade. Meu encontro com o pastor Tom Anderson aumentou meu entusiasmo pelo projeto do livro, pois são os pais que podem influenciar a percepção que uma criança tem da vida.

Como mencionei antes, minha esposa Kim e eu não temos filhos, por isso não ouso dizer aos pais como serem melhores pais. Escrevi como ajudar a moldar a percepção que a criança tem do dinheiro. A coisa mais importante que um pai pode fazer quando fala em dinheiro é influenciar a percepção do filho com relação a ele. Quero que os pais dêem aos filhos a percepção de que eles têm poder sobre o dinheiro, e não de que são um escravo deste. Como dizia meu pai rico: "Quanto mais você precisa de dinheiro, menos poder tem sobre ele."

Hoje, os jovens recebem cartões de crédito bastante cedo. Você deve estar lembrado que, em *Pai rico pai pobre,* minha co-autora e sócia, Sharon Lechter, associou-se a mim porque seu próprio filho caiu na armadilha de se endividar no cartão de crédito na faculdade, apesar do fato de ela ser formada em contabilidade e estar lhe ensinando como administrar o dinheiro de forma sensata. Mesmo aprendendo a administrar bem o dinheiro, seu filho ficou tentado e sucumbiu à "emoção" de colocar tudo em cartões de crédito. Sharon percebeu que, se o filho estava tendo problemas, milhões de outros filhos e pais também deveriam estar passando por problemas de ordem financeira desde jovens.

NÃO É PRECISO NASCER POBRE PARA SE TORNAR POBRE

Muitos pobres são pobres porque aprenderam a ser pobres em casa. As pessoas também podem desenvolver uma percepção pobre de si mesmas, embora venham de famílias ricas e de classe média. Algo lhes ocorre durante a vida e elas optam pela percepção de que serão sempre pobres. Acredito que foi isso que aconteceu com meu pai. E, como o pastor Tom Anderson afirma, muitas vezes, é preciso uma tonelada de educação para mudar essa percepção. No caso de meu pai, ele continuou a trabalhar arduamente e a ganhar mais, porém, nem uma tonelada de dinheiro nem uma tonelada de educação podem mudar esse grama de percepção.

Quando fali e perdi minha primeira empresa, o mais difícil foi preservar minha percepção de mim mesmo. Se não fossem as lições de meu pai rico sobre percepção pessoal, não sei se teria me recuperado e me tornado mais forte com a experiência.

Hoje, tenho amigos que fracassaram e, embora tenham se recuperado financeiramente, ficaram com uma percepção pessoal enfraquecida pela experiência. Por isso, começo minhas lições para os pais com a importância de estar consciente e proteger a percepção que seu filho tem de si mesmo.

Grande parte deste livro consiste em ensinar os filhos como ter uma forte percepção pessoal a fim de prepará-los para os altos e baixos da vida — no aspecto financeiro, acadêmico, nos relacionamentos, profissionalmente e em outros desafios que enfrentarão na vida. Este livro o ajudará a ensinar seu filho a se recuperar e desenvolver uma percepção financeira pessoal mais forte para enfrentar os altos e baixos. Uma das lições mais importantes que meus dois pais me ensinaram foi como proteger minha percepção pessoal. Um deles ensinou-me como me tornar academicamente mais forte quando eu encontrasse obstáculos, e o outro ensinou-me como me tornar mais forte financeiramente.

Muitas pessoas desenvolvem uma fraca percepção pessoal ao longo da vida. Sinto isso em afirmações como

- Tenho tantas dívidas que não posso parar de trabalhar.
- Não tenho condições de pedir demissão.
- Se pudesse ganhar um pouco mais...
- A vida seria bem mais fácil se eu não tivesse filhos.
- Nunca serei rico.
- Não posso me dar ao luxo de perder dinheiro.
- Gostaria de ter meu próprio negócio, mas preciso de um salário no fim do mês.
- Como posso ter condições de investir, se nem mesmo posso pagar minhas contas?
- Vou pedir um empréstimo para pagar meus cartões de crédito.
- Nem todos podem ser ricos.
- Não me importo com dinheiro. Ele não é tão importante para mim.
- Se Deus quisesse que eu fosse rico, teria me dado dinheiro.

E meu pai rico dizia: "Quanto mais você precisa de dinheiro, menos poder você tem." Existem muitas pessoas que se saem bem nos estudos e que conseguem um emprego com salários altos, porém, por não terem aprendido a fazer o dinheiro trabalhar a seu favor, trabalharam arduamente e adquirem dívidas no longo prazo. Quanto mais precisam do dinheiro e quanto maior for o tempo que precisem dele, mais incerta torna-se sua percepção pessoal.

Tenho amigos que são estudantes profissionais. Alguns estudaram a vida toda e ainda hoje não têm emprego. Tenho um amigo que tem dois mestrados e um doutorado. Ele *não* tem *uma* tonelada de educação. Tem dez toneladas de educação, e ainda luta profissional e financeiramente. Desconfio que é um daqueles gramas de percepção que ainda estão em seu caminho.

DINHEIRO NÃO TRAZ RIQUEZA

Muitas pessoas juntam dinheiro na esperança de enriquecer, enquanto outras colecionam mestrados, doutorados e boas notas, esperando ficar inteligentes. Minha batalha pessoal foi superar minha fraca percepção financeira e a percepção de que eu não era tão inteligente quanto os outros meninos — percepções que realmente não tinha até me comparar a outras crianças. Em outras palavras, não sabia que era pobre até conhecer crianças que vinham de famílias com dinheiro; e não sabia que não era tão inteligente até ser comparado a crianças com melhores notas.

E esse é o motivo do título deste livro. Acredito sinceramente que todas as crianças nascem com o potencial de ser ricas e inteligentes... desde que sua percepção pessoal seja reforçada e protegida das toneladas de educação que recebem na escola, igreja, negócios, mídia e no próprio mundo. A vida já é bastante dura, mas pode ser ainda mais dura se você acredita que não é inteligente e que nunca será rico. O papel mais importante que um pai pode ter é moldar, educar e proteger a percepção que os filhos têm de si mesmos.

COMO ENSINAR OS ADULTOS A ESQUECER O QUE APRENDERAM

Como professor de adultos, considero mais fácil ensinar uma pessoa rica a ser mais rica e uma pessoa inteligente a ser mais inteligente. É muito difícil ensinar alguém a ser rico, quando tudo o que você escuta é

- "E se eu perder meu dinheiro?"
- "Mas é preciso ter um emprego seguro."
- "O que quer dizer com trabalhar de graça? Temos de pagar às pessoas!"
- "Não fique endividado."
- "Trabalhe com afinco e economize."
- "Não corra riscos."
- "Se ficar rico, me tornarei mau e arrogante."

- "Os ricos são gananciosos."
- "Não discutimos dinheiro na mesa do jantar."
- "Não me interesso por dinheiro."
- "Não posso me dar a esse luxo."
- "É muito caro."

Perguntas ou afirmações como essas vêm de percepções pessoais profundamente arraigadas. Descobri que, quando o preço de minhas aulas subiu para a casa das centenas e milhares de dólares, muitos desses comentários desapareceram e eu pude continuar com meu conteúdo.

JAMAIS DIGA: "NÃO POSSO ME DAR ESSE LUXO"

Meu pai rico não era terapeuta, mas era inteligente o bastante para saber que o dinheiro é apenas um conceito. Proibiu seu filho e eu mesmo de dizermos: "Não tenho condições de comprar" para nos ajudar a mudar as percepções que tínhamos de nós mesmos. Por isso, dizíamos: "Como posso ter condições de comprar ou fazer isso?" Percebi que, ao afirmar constantemente "Não tenho condições de comprar ou fazer isso" estava reforçando a percepção que tinha de minha pessoa como uma pessoa pobre. Ao afirmar: "Como posso ter condições de comprar ou fazer isso?", estava reforçando a percepção que tinha de mim mesmo como uma pessoa rica. Recomendo não repetir perto de seu filho "Não tenho condições de comprar ou fazer isso". E quando seu filho lhe pedir dinheiro, poderá dizer: "Faça uma lista de dez coisas que você pode fazer, legal e moralmente, para ter condições de obter o que quer sem me pedir dinheiro."

Se examinar essas duas declarações, verá que "Como posso ter condições de comprar ou fazer isso?" abre sua mente para examinar as possibilidades de acumular riqueza. "Não tenho condições", por outro lado, fecha sua mente para qualquer possibilidade de obter o que deseja.

Como afirmei no início deste livro, a palavra *educação* deriva-se do latim *educare*, que significa "extrair". Estando consciente de nossas palavras, podemos detectar nossa própria percepção. Ao mudar nossas palavras, podemos começar a mudar nossas percepções pessoais, se quisermos; portanto, apenas lembrando de dizer "como posso ter condições de comprar ou fazer isso?", pude despertar a pessoa rica que existe dentro de mim. Ao dizer "não tenho condições de comprar ou fazer isso", estava reforçando a pessoa pobre que já estava lá.

A VIDA COMEÇA COM AS PERCEPÇÕES

Outro dia, estava sendo entrevistado por um repórter que me perguntou:

— Conte-me como ficou milionário.

Respondi:

— Abri negócios e comprei imóveis.

O repórter então respondeu:

— Bem, nem todos podem fazer isso. Sei que eu não posso fazer. Conte-me o que posso fazer para me tornar milionário.

Respondi:

— Bem, pode continuar em seu emprego e comprar imóveis.

E o repórter respondeu:

— Mas o mercado de imóveis é muito caro. Não tenho condições para isso, e não quero administrar imóveis. Diga-me outra coisa que eu possa fazer.

Então, eu disse:

— O mercado de ações está em alta no momento. Por que não investe em algumas ações?

— Porque o mercado de ações é muito arriscado. Posso quebrar de uma hora para outra. E tenho mulher, filhos e contas a pagar, de forma que não tenho condições de perder dinheiro como você — disse o repórter.

Finalmente, percebi que eu estava fazendo o que meu pai rico havia me ensinado a não fazer. Estava dando respostas a alguém que, em primeiro lugar, precisava de uma percepção diferente; portanto, parei de responder e comecei a fazer perguntas. Disse:

— Diga-me o que faria para se tornar milionário.

Ele disse:

— Bem, posso escrever um livro e vender alguns milhões de exemplares, como você fez.

— Puxa! — eu disse em voz alta — Você é um bom escritor e acredito que essa seja uma excelente idéia.

— Mas se eu não encontrasse um agente literário para representar meu livro? E se o agente romper comigo? Sabe, certa vez escrevi um livro, mas ninguém quis lê-lo — respondeu o repórter. Estava falando de outro assunto, mas sua percepção pessoal era a mesma.

A coisa mais importante pela qual um adulto pode começar é desenvolver e proteger a percepção que o filho tem de si mesmo. Todos temos percepções de outras pessoas, certas ou erradas. Podemos considerar alguém idiota, burro ou inteligente ou rico. Lembro-me de que, quando estava no segundo grau, havia uma menina que eu considerava esnobe e arrogante. Assim, por mais que ela me atraísse, a percepção que tinha a seu respeito impedia-me de convidá-la para sair comigo. Então, certo dia, resolvi conversar com ela e achei-a gentil, afetuosa e amável. Depois de mudar a percepção que tinha dela, finalmente convidei-a para sair. Sua resposta foi: "Olha, gostaria que você tivesse me convidado antes. Acabei de começar a sair com Jerry, e agora nós dois já começamos a namorar." Moral da história: assim como temos percepções de outras pessoas, muitas vezes temos percepções de nós mesmos — e exatamente como as percepções de outros podem ser mudadas, as percepções que as pessoas têm de si mesmas também podem.

RICO E INTELIGENTE SÃO APENAS PERCEPÇÕES

Meu pai verdadeiro, o professor, falou-me de um famoso estudo realizado no sistema educacional de Chicago há alguns anos. Pesquisadores educacionais pediram a ajuda de um grupo de professores. Disseram-lhes que foram escolhidos por suas capacidades pedagógicas superiores. Disseram-lhes também que apenas alunos talentosos participariam de suas turmas. Os professores também ficaram sabendo que nem as crianças nem os pais tomariam conhecimento do experimento, pois queriam saber como seria o desempenho das crianças talentosas se não soubessem que eram talentosas.

Como era de esperar, os professores relataram que as crianças tiveram um desempenho excepcional. Relataram que trabalhar com as crianças havia sido absolutamente maravilhoso, e que gostariam de trabalhar com crianças talentosas assim o tempo todo.

Mas havia algo oculto no projeto. O que os professores não sabiam era que eles não tinham habilidades excepcionais para ensinar. Foram escolhidos aleatoriamente. Além disso, as crianças não foram escolhidas por serem talentosas. Foram escolhidas também aleatoriamente, porém, o desempenho foi alto porque as expectativas eram altas. Por serem caracterizadas como inteligentes e excepcionais, as crianças e os professores tiveram um desempenho excepcional.

O que isso significa? Significa que as *percepções* que você tem de seus filhos podem afetar bastante o rumo da vida deles. Em outras palavras, se você puder observar a inteligência em seu filho, o ajudará a se tornar mais inteligente. Se vir seu filho como rico, você o ajudará a tornar-se mais rico. E se ensinar seus filhos a terem as mesmas percepções, eles terão mais chance de ter o resto do mundo observando as mesmas percepções pessoais e tratando-os dessa forma.

Para mim, é aí que a educação de seu filho começa. Por isso digo: "Dê poder a seus filhos antes de lhe dar dinheiro." Ajude-os a desenvolver uma forte percepção pessoal, e os ajudará a se tornarem crianças ricas e inteligentes. Se não tiverem isso nem toda educação ou dinheiro do mundo os ajudará. Se tiverem, será muito mais fácil ficar mais inteligente e mais rico.

PRESENTES DE MEUS DOIS PAIS

Talvez os dois melhores presentes que já recebi vieram de meus dois pais nos momentos em que tive mais problemas. Quando estava prestes a abandonar o segundo grau, meu pai professor sempre me lembrava de como eu era inteligente. Quando estava prestes a perder tudo financeiramente, meu pai rico lembrava-me de que homens verdadeiramente ricos haviam perdido mais de um negócio. Dizia também que eram as pessoas pobres que perdiam menos dinheiro e que viviam com mais medo de perder o pouco que tinham.

Assim, um pai incentivou-me a transformar meus fracassos acadêmicos em pontos fortes. E meu pai rico incentivou-me a transformar minhas perdas financeiras em ganhos financeiros. Talvez ensinassem diferentes assuntos, mas, de muitas maneiras, os dois estavam dizendo a mesma coisa.

A tarefa dos pais é enxergar apenas o melhor no momento em que as crianças vêem o pior nelas mesmas. Talvez você observe que isso não só funciona no caso de crianças pequenas, como também no caso de crianças maiores.

Quando as coisas estiverem piores na vida de seu filho, vocês, como pais, têm uma grande oportunidade — a oportunidade de serem os melhores professores e amigos que seu filho jamais terá.

CAPÍTULO 4

Se quiser ficar rico, faça o dever de casa

Tanto meus pais quanto os pais de Mike nos lembravam constantemente de fazer o dever de casa. Mais uma vez, a diferença era que eles não recomendavam o mesmo tipo de dever de casa.

— Você fez o dever de casa? — perguntou minha mãe.

— Farei assim que o jogo terminar — foi minha resposta.

— Você já jogou bastante! Pare de jogar imediatamente e pegue os livros. Se não tirar notas boas, não vai entrar para a faculdade e também não vai conseguir um bom emprego — reprovou.

— Está bem, está bem. Vou esquecer o jogo, mas depois compro outro hotel.

— Ouça sua mãe e esqueça o jogo agora. Sei que você adora o jogo, mas é hora de estudar.

Era a voz de meu pai, e ele não parecia satisfeito. Sabendo que não deveria mais protestar, parei imediatamente e deixei o jogo de lado. Magoava-me desarrumar as casinhas verdes, os hotéis vermelhos e os documentos de propriedade que tinha levado horas para juntar. Estava quase controlando um lado inteiro do tabuleiro, contudo, sabia que meus pais estavam certos. Teria uma prova no dia seguinte e nem mesmo havia começado a estudar.

Houve um período em minha vida que fiquei totalmente fascinado pelo jogo Banco Imobiliário®. Joguei-o regularmente dos 8 aos 14 anos, quando comecei a jogar futebol na escola. Desconfio que teria continuado a jogar Banco Imobiliário regularmente, se encontrasse outros meninos de minha idade para jogá-lo comigo. Porém, na época de nosso segundo grau, não é a coisa mais legal para se fazer. Embora jogasse com menos freqüência, nunca perdi meu amor por ele e, depois que havia crescido o suficiente, comecei a jogá-lo na vida real.

A HERANÇA BÁSICA DE MEU PAI RICO

Depois de uma forte e saudável percepção pessoal, uma das bases mais importantes para a riqueza é fazer o dever de casa.

Em meus livros anteriores, expliquei como aprendi sobre o dinheiro enquanto trabalhava para meu pai rico, dos nove anos até a época da faculdade. Em troca do meu trabalho, ele passava horas ensinando a Mike e eu o que deveríamos ou não fazer ao comandar um negócio, assim como as habilidades necessárias para ser investidor. Houve muitos sábados em que eu poderia estar surfando com meus amigos ou praticando algum outro esporte, mas ficava sentado no escritório de meu pai rico, aprendendo com um homem que um dia viria a se tornar um dos cidadãos mais ricos do Havaí.

Em uma dessas lições de sábado, meu pai rico nos perguntou:

— Sabem por que sempre serei mais rico do que as pessoas que trabalham para mim?

Mike e eu ficamos perplexos, buscando uma resposta adequada. Inicialmente, parecia uma pergunta boba, mas, conhecendo pai rico, sabíamos que havia algo importante a aprender com ela. Finalmente, arrisquei-me, falando o que acreditava ser a resposta óbvia.

— Porque você ganha mais dinheiro do que eles — eu disse.

— Sim — disse Mike, concordando. — Afinal, você é o dono da empresa, e determina seu salário e o salário deles.

Pai rico recostou-se na cadeira, esboçando um largo sorriso.

— Bem, é verdade que decido o salário de cada um. Mas a realidade é que ganho menos que muitos funcionários que trabalham para mim.

Mike e eu o olhamos, desconfiados.

— Se você é o dono dessa empresa, como outras pessoas podem ganhar mais do que você? — Mike perguntou.

— Bem, existem muitos motivos para isso — respondeu pai rico. — Querem que eu conte?

— Claro — respondeu Mike.

— Bem, quando estamos começando um negócio, o dinheiro é sempre apertado e o dono é, em geral, o último a receber.

— Você quer dizer que os funcionários sempre recebem antes? — perguntou Mike.

Pai rico concordou.

— É isso mesmo. E, além de receberem primeiro, muitas vezes recebem mais do que eu, quando recebo.

— Mas por que isso? — perguntei. — Por que ter uma empresa se você é pago por último e recebe menos?

— Porque é isso que um empresário muitas vezes precisa fazer inicialmente se planeja desenvolver uma empresa de sucesso.

— Não consigo entender — respondi. — Então, por que faz isso?

— Porque os funcionários trabalham por dinheiro e eu trabalho para desenvolver um ativo — disse pai rico.

— Então, à medida que desenvolver essa empresa, seu pagamento aumentará? — perguntou Mike.

— Pode ser que sim e pode ser que não. Digo isso porque quero que vocês saibam a diferença entre dinheiro e ativos — continuou pai rico. — Pode ser que mais tarde eu ganhe mais ou não, e não estou trabalhando com afinco pelo pagamento. Trabalho bastante para desenvolver um ativo que aumente de valor. Talvez um dia venda essa empresa por milhões de dólares, ou contrate um presidente para dirigi-la para mim, e continuarei desenvolvendo outra empresa.

— Portanto, para você, desenvolver uma empresa é desenvolver um ativo. E o ativo é mais importante do que o dinheiro — eu disse, fazendo o possível para entender a diferença entre dinheiro e ativo.

— É isso mesmo — disse pai rico. — E o segundo motivo pelo qual recebo menos é que já tenho outras fontes de renda.

— Você quer dizer que tem dinheiro de outros ativos? — perguntei.

E pai rico concordou.

— E por isso fiz aquela pergunta em primeiro lugar. Esse é o motivo pelo qual lhes perguntei por que sempre serei mais rico que meus funcionários, independentemente de quem tem um salário maior. Estou fazendo o máximo para lhes ensinar uma lição muito importante.

— E qual a lição? — perguntou Mike.

— A lição é: ninguém fica rico no trabalho. As pessoas ficam ricas em casa — disse pai rico, aumentando o volume da voz, para ter certeza de que entendemos bem suas palavras.

— Não entendo — comentei. — O que quer dizer com ficar rico em casa?

— Bem, é no trabalho que você ganha dinheiro e é em casa onde decide o que vai fazer com seu dinheiro. E é o que faz com seu dinheiro depois de ganhá-lo que o torna rico ou pobre — respondeu pai rico.

— É como o dever de casa — disse Mike.

— Exato — disse pai rico. — É exatamente assim que o chamo. Chamo meu dever de ficar rico.

— Mas meu pai leva muito trabalho para casa — eu disse, quase na defensiva. — E não somos ricos.

— Bem, seu pai leva trabalho para casa, mas realmente não faz o dever dele — disse pai rico. — Assim como sua mãe faz o trabalho doméstico... não é isso que quero dizer com dever de casa.

— Ou trabalho braçal — acrescentei.

Pai rico concordou.

— Sim, há uma diferença entre trabalho braçal, a tarefa escolar que trazemos para casa, o trabalho que seu pai traz do escritório para casa e o tipo de dever de casa sobre o qual estou falando. — Foi então que meu pai rico disse-me algo do qual jamais esqueci:

— A principal diferença entre o rico, o pobre e a classe média é o que eles fazem em seu tempo livre.

— No tempo livre — eu disse, com um tom de dúvida. — O que quer dizer com tempo livre?

Meu pai rico sorriu para nós dois por um momento.

— Onde vocês acham que esse negócio de restaurantes começou? — perguntou. — Acham que esse negócio surgiu do nada?

— Não — disse Mike. — Você e mamãe começaram esse negócio na nossa mesa de cozinha. Foi onde todos os negócios começaram.

— Correto — disse pai rico. — Você se lembra da primeira lojinha que abrimos há alguns anos?

Mike concordou.

— Sim, lembro — disse. — Foram dias muito difíceis para a família. Tínhamos tão pouco dinheiro.

— E quantas lojas temos agora? — perguntou pai rico.

— Temos cinco — respondeu Mike.

— E quantos restaurantes? — perguntou pai rico.

— Temos sete — disse Mike.

Fiquei escutando e comecei a entender algumas distinções novas.

— Assim, o motivo pelo qual você ganha menos com o restaurante é que você tem renda de muitos outros negócios?

— Essa é, em parte, a resposta — disse pai rico com um sorriso. — O resto da resposta se encontra nesse tabuleiro do jogo Banco Imobiliário. Entender esse jogo é o melhor tipo de dever de casa que vocês podem fazer.

— Banco Imobiliário? — perguntei com um sorriso. Ainda podia ouvir minha mãe dizendo-me para esquecer meu jogo e fazer meu dever de casa. — O que quer dizer? O Banco Imobiliário é um dever de casa?

— Deixe-me mostrar-lhes — disse pai rico, ao abrir a caixa do jogo mais conhecido do mundo. — O que acontece quando você passa pelo "Ir"? — perguntou.

— Você junta dois mil dólares — respondi.

— Assim, todas as vezes em que passar ali, é como se estivesse juntando seu pagamento. Está certo?

— Sim. Acho que sim — disse Mike.

— E, para ganhar o jogo, o que você deve fazer? — perguntou pai rico.

— Deve comprar imóveis — eu disse.

— Isso mesmo — disse pai rico. — E comprar imóveis é seu dever de casa. É isso que o torna rico. Não seu pagamento ou salário.

Mike e eu ficamos em silêncio por um bom tempo. Finalmente, arrisquei uma pergunta para pai rico.

— Então você está dizendo que um salário alto não o torna rico?

— Está certo — disse pai rico. — Um salário não o torna rico. É o que você faz com esse salário que o torna rico, pobre ou de classe média.

— Não entendo — eu disse. — Meu pai está sempre dizendo que se tivesse um grande aumento de salário, ficaria rico.

— E é isso que a maior parte das pessoas pensa — disse pai rico. — Mas a realidade é que quanto mais dinheiro as pessoas têm, mais dívidas têm, portanto, têm que trabalhar mais.

— E por que isso acontece? — perguntei.

— É devido ao que fazem em casa. É o que fazem em seu tempo livre — disse pai rico. — A maior parte das pessoas tem um plano inadequado ou uma fórmula inadequada para o dinheiro que ganham.

— Então, onde uma pessoa encontra uma boa fórmula para a riqueza? — Mike perguntou.

— Bem, uma de minhas melhores fórmulas para a riqueza encontra-se aqui, nesse tabuleiro de Banco Imobiliário — disse pai rico, apontando para o tabuleiro.

— Que fórmula? — perguntei.

— Bem, como você ganha o jogo? — indagou pai rico.

— Você compra vários imóveis, depois começa a botar casas dentro deles — respondeu Mike.

— Quantas casas? — perguntou pai rico.

— Quatro — eu disse. — Quatro casas verdes.

— Bom — disse pai rico. — E depois que você tem essas quatro casas verdes, o que faz?

— Você devolve as quatro casas e compra um hotel vermelho — eu disse.

— E essa é uma das fórmulas para uma grande riqueza — disse pai rico. — Bem aqui no tabuleiro do jogo Banco Imobiliário você tem uma das melhores fórmulas do mundo para a riqueza. É uma fórmula que muitas pessoas seguiram para se tornar mais ricas do que jamais sonharam ser.

— Você está brincando comigo — eu disse, um pouco descrente. — Não pode ser tão simples.

— Mas é — confirmou pai rico. — Durante anos, peguei o dinheiro que ganhei em meu negócio e simplesmente comprei imóveis. Então, o que faço é viver da renda de minhas propriedades e continuar a desenvolver meus negócios. Quanto mais dinheiro ganho com meu negócio, mais invisto em imóveis. Essa é a fórmula da grande riqueza para muitas pessoas.

— Então, se é tão simples, por que mais pessoas não fazem isso? — perguntou Mike.

— Porque não fazem o dever de casa — disse pai rico.

— Essa é a única fórmula para a riqueza? — perguntei.

— Não — disse pai rico. — Mas é um plano sensato que deu certo para muitas pessoas ricas durante séculos. Funcionou para reis e rainhas da antigüidade e ainda funciona hoje. A diferença é que hoje você não tem a nobreza de ser dono de propriedades.

— Então você esteve jogando Banco Imobiliário na vida real? — perguntou Mike.

Pai rico concordou.

— Há anos, quando era um menino e jogava Banco Imobiliário, decidi que meu plano para ficar muito rico seria desenvolver negócios e depois fazer com que eles comprassem meus imóveis. E é isso que tenho feito. Mesmo quando tínhamos muito pouco dinheiro, eu ainda ia para casa e procurava imóveis.

— Tem que ser imóveis? — perguntei.

— Não — disse pai rico. — Mas quando você envelhecer e começar a entender o poder das organizações e das leis tributárias entenderá por que os imóveis são um dos melhores investimentos.

— Em que mais a pessoa pode investir? — perguntou Mike.

— Muitas pessoas gostam de ações e títulos — disse pai rico.

— Você tem ações e títulos? — perguntei.

— É claro que sim — afirmou pai rico. — Mas, mesmo assim, tenho mais imóveis.

— Por quê? — perguntei.

— Bem, é porque meu gerente de banco me concede empréstimos para comprar imóveis, mas não é muito fã de me fazer um empréstimo para comprar ações, portanto, posso alavancar mais meu dinheiro com imóveis, que também são favorecidos pelas leis tributárias. Mas estamos fugindo da questão.

— E qual é a questão? — perguntei.

— A questão é: você fica rico em casa, não no trabalho — disse pai rico. — Quero muito que vocês entendam isso. Não importa se você compra imóveis, ações, títulos ou desenvolve um negócio. Quero que vocês entendam que a maior parte das pessoas não fica rica no trabalho. Ficam ricas em casa, fazendo o dever de casa.

— Entendi a lição — eu disse. — Então, quando você acabar de trabalhar aqui no restaurante, para onde vai?

— Que bom que você perguntou — disse pai rico. — Vamos. Vamos dar uma volta de carro. Vou lhes mostrar para onde vou depois do trabalho.

Alguns minutos depois, chegamos em um grande terreno com fileiras e fileiras de casas.

— São vinte acres de imóveis de primeira qualidade — disse pai rico, apontando para a terra.

— Imóveis de qualidade? — eu disse, cínico. Apesar de ter apenas 12 anos, sabia quando via um bairro de aluguel barato. — Esse lugar parece terrível.

— Bem, deixe-me explicar uma coisa — disse pai rico. — Imagine essas casas como as casas verdes do tabuleiro do Banco Imobiliário. Pode ver isso?

Aos poucos, Mike e eu concordamos, fazendo o possível para ampliar nossa imaginação. As casas não eram as casas verdes limpinhas do tabuleiro de Banco Imobiliário.

— Então, onde está o grande hotel vermelho? — perguntamos quase que simultaneamente.

— Está chegando — disse pai rico. — Está chegando. Mas não será um hotel vermelho. Nos próximos anos, nossa pequena cidade crescerá nessa direção. A cidade anunciou planos de construir o novo aeroporto no outro lado dessa propriedade.

— Então, essas casas e essa terra estarão entre a cidade e o aeroporto? — perguntei.

— Isso mesmo — disse pai rico. — Assim, quando chegar o momento certo, demolirei todas essas casas que alugo e transformarei essa terra em um pequeno parque industrial. E então controlarei uma das terras mais valiosas dessa cidade.

— E depois, o que vai fazer? — Mike perguntou.

— Seguirei a mesma fórmula — disse pai rico. — Comprarei mais casas verdes e, quando chegar o momento certo, as transformarei em hotéis vermelhos ou pequenos parques industriais ou edifícios de apartamentos ou em qualquer que seja a necessidade da cidade no momento. Não sou um homem muito rico, mas sei como seguir um plano de sucesso. Trabalho com afinco e faço meu dever de casa.

Quando Mike e eu tínhamos 12 anos, meu pai rico começou sua escalada para se tornar um dos homens mais ricos do Havaí. Não apenas havia comprado seu terreno industrial, como também comprou propriedades de primeira qualidade, de frente para o mar, utilizando a mesma fórmula. Aos 34 anos, passou de um executivo pouco conhecido a um executivo poderoso e rico. Havia feito seu dever de casa.

Em *Pai rico, pai pobre*, a lição número um do pai rico era que os ricos não trabalhavam por dinheiro. Ao contrário, concentravam-se em fazer o dinheiro trabalhar a seu favor. Escrevi também sobre Ray Kroc, fundador do McDonald's, que dizia: "Não estou no ramo de hambúrgueres. Atuo no ramo imobiliário." Como menino, sempre me lembrarei do impacto da comparação da lição do tabuleiro do Banco Imobiliário com a lição da vida real com meu pai rico e muitos outros indivíduos muito ricos. Ficaram ricos, pois, como meu pai dizia, "fizeram o dever de casa". Para mim, a idéia de ficar rico em casa e não no trabalho foi uma lição poderosa que aprendi com meu pai rico. Meu pai verdadeiro levava muito trabalho para casa, mas fazia muito pouco dever de casa.

Depois que retornei do Vietnã, em 1973, inscrevi-me imediatamente em um curso de investimento em imóveis, anunciado na televisão. O curso custava US$385. Esse único curso nos fez, a mim e a minha esposa, milionários, e a renda do imóvel que compramos utilizando a fórmula ensinada por esse curso nos comprou nossa liberdade.

Minha esposa e eu nunca mais precisamos trabalhar, graças à renda passiva dos imóveis, proveniente de nossos investimentos em imóveis, portanto, aquele curso de US$385 havia gerado frutos de uma ordem muito mais importante do que o dinheiro. As informações obtidas no curso compraram, para mim e minha mulher, algo muito mais importante do que a segurança no emprego. Comprou-nos segurança e liberdade financeira. Trabalhamos com afinco e também fizemos nosso dever de casa.

E meu pai rico dizia, enquanto jogava Banco Imobiliário comigo e Mike: "Não enriquecemos no trabalho, enriquecemos em casa."

OS MOTLEY FOOLS NÃO SÃO TOLOS

Na minha opinião, um dos melhores livros sobre investimento foi escrito por dois irmãos que se denominam os Motley Fools.* Seu livro, *The Motley Fool Investment Guide*, esteve na lista dos mais vendidos durante anos.

Recentemente, em seu site da Web, afirmaram o seguinte sobre o uso dos jogos como ferramentas educativas:

> ... além de serem divertidos e de promoverem interações sociais, os bons jogos nos deixam mais inteligentes. Bons jogos nos forçam a pensar, planejar, arriscar, às vezes apenas adivinhar ou esperar... mas sempre — e aí é que está a questão — os resultados, nosso

* Trata-se de uma empresa de assessoria de investimentos, na Internet, que se caracteriza por fornecer informações em linguagem simples e bem humorada que desmistificam o mundo das aplicações financeiras. (N.R.T.)

destino, estão relacionados a esses raciocínios e ações. Agir e ganhar ou fracassar e aprender são ações que emergem naturalmente dos jogos. Os jogos ensinam e ilustram com perfeição uma de nossas responsabilidades pessoais.

OS JOGOS EXIGEM MAIS DE UMA INTELIGÊNCIA

O sistema escolar concentra-se basicamente na inteligência verbal e lingüística. Anteriormente, discuti as dificuldades que uma criança pode ter se sua inteligência não for a inteligência lingüística, a inteligência tradicionalmente medida pelo teste de QI. Na escola, eu não era bom em leitura, escrita e em fazer provas sozinho. Sentar-me na sala de aula já era doloroso. Por ser hiperativo até hoje, aprendo melhor recorrendo às inteligências encontradas no aprendizado físico, interpessoal, intrapessoal, espacial e matemático. Em outras palavras: aprendo melhor envolvendo mais de uma inteligência. Aprendo mais fazendo, falando, trabalhando em grupo, cooperando e me divertindo. Embora saiba ler e escrever, essas são, para mim, as maneiras mais dolorosas para absorver e disseminar informações, por isso, a escola era dolorosa e eu adorava jogos quando garoto e, por isso, ainda os adoro hoje. É preciso mais de uma inteligência para aprender e vencer um jogo. Os jogos muitas vezes são melhores professores do que um professor em pé na frente de uma sala de aula, lendo.

Detesto sentar-me no espaço confinado de uma sala de aula. Até hoje ainda me recuso a ficar sentado à mesa de um escritório. Muitas vezes, escuto as pessoas dizerem: "Um dia, terei a sala do canto, com janelas nos dois lados." Nunca quis ter um escritório. Tive edifícios de escritórios, mas não tenho um escritório. Se tiver que fazer uma reunião, uso a sala de conferências da empresa ou vou a um restaurante. Detestava ficar confinado quando criança e detesto ficar confinado hoje. A melhor forma de me manter sentado em um espaço confinado é jogando, e hoje vou ao trabalho e continuo a jogar — mas dessa vez, é o jogo Banco Imobiliário com dinheiro verdadeiro. Jogo porque é assim que aprendo melhor.

Quando meu pai verdadeiro viu meu amor por jogos e esportes, percebeu que eu aprenderia melhor fazendo do que escutando. Sabia que não me sairia bem em uma faculdade convencional. Ao perceber que eu era um aprendiz ativo, começou a me incentivar a escolher uma escola que ensinasse os estudantes pela ação e não por discursos, por isso, candidatei-me e fui indicado pelo Congresso à Escola Naval e à Marinha Mercante dos Estados Unidos. Essas escolas me levariam para o mar, a bordo de navios, para estudar em todo o mundo. Aprendi a ser oficial de navio por estar em um navio. Depois que me formei, fui para a Marinha e adorei aprender a voar. Adorei aprender a bordo de um navio, e adorei aprender dentro de um avião.

Consegui suportar as aulas necessárias em salas de aula porque levavam ao aprendizado prático de navegação e vôo. Estudei em sala de aula porque queria aprender e, quando queria aprender, estudava mais, não ficava entediado, sentia-me mais inteligente e tirava notas melhores. Notas melhores significavam que poderia fazer mais coisas emocionantes, como navegar ou voar para o Taiti, Japão, Alasca, Austrália, Nova Zelândia, Europa, América do Sul, África e, obviamente, Vietnã.

Se meu pai verdadeiro não tivesse me explicado os diferentes estilos de aprendizado, eu teria desistido da escola. Provavelmente teria escolhido uma escola normal, com salas de aula, teria ficado entediado, teria feito muita bagunça e não assistiria mais às aulas. Detesto ficar confinado, entediado e assistir a palestras e detesto estudar matérias que não possa ver, tocar e sentir. Meu pai era um gênio lingüístico, contudo, era inteligente o bastante para saber que seus filhos não eram. Sabia que seus quatro filhos aprendiam de forma diferente; por isso, era raro nos criticar por não termos bom desempenho na escola, embora fosse o superintendente educacional. Em vez de nos criticar por não tirarmos boas notas, nos incentivava a descobrir as formas pelas quais aprendíamos naturalmente melhor.

Meu pai verdadeiro também compreendia que eu precisava de um incentivo, um prêmio, ao final de meus estudos. Sabia que eu era beligerante e rebelde demais para simplesmente acatar suas ordens de freqüentar a escola. Precisava de um motivo. Era inteligente o bastante para saber que me dizer “Vá para a escola, tire boas notas para ter um bom emprego e se sentar em um escritório” não me incentivaria a gostar da escola. Sabia que eu precisava estudar o que queria estudar, aprender das formas que aprendia melhor e que eu tinha de ter uma recompensa no final dos estudos. Ajudou-me a compreender isso sobre mim mesmo. Embora não gostasse da idéia de eu jogar Banco Imobiliário durante horas com meu pai rico, era um professor bastante inteligente para saber que eu estava jogando pelos prêmios que poderia ganhar com o jogo. Sabia que eu poderia ver meu futuro, por isso, dizia: “Vá para a escola e veja o mundo. Você pode jogar Banco Imobiliário em todos os lugares do mundo. Não tenho condições de mandá-lo para todas as partes do mundo, mas, se você entrar em uma escola que lhe permita estudar em todos os lugares do mundo, gostará de seus estudos.”

Meu pai não percebeu o quanto essa idéia ficaria arraigada em minha mente, mas ficou. Para ele, viajar pelo mundo para jogar Banco Imobiliário não tinha sentido, contudo, depois que me viu empolgado com a idéia de viajar pelo mundo para estudar, começou a me incentivar. Encontrou algo que me interessava. Até começou a gostar da idéia de eu jogar Banco Imobiliário, embora não compreendesse a idéia de investir em imóveis por todo o mundo, porque essa não era sua realidade; mas poderia vê-la tornando-se parte de minha realidade. Como eu já tinha um tabuleiro de Banco Imobiliário, começou a trazer-me mais livros sobre viagens marítimas pelo mundo.

Portanto, no final, meu pai, professor da escola, deixou de se importar com meu jogo Banco Imobiliário. Viu que não era apenas divertido, pois sabia que eu me interessava por ele. Conseguiu encaixar o jogo com as matérias que eu queria estudar. Encontrou a recompensa pela qual eu estudaria com afinco — e essa recompensa seria viajar pelo mundo e jogar Banco Imobiliário na vida real. Sentiu que era uma realidade infantil e imatura; contudo, era uma realidade que mexia comigo. De alguma forma, meu pai sabia que, jogando Banco Imobiliário, eu poderia ver meu futuro no final do jogo. Ele não conseguia ver, mas sabia que eu conseguia... e usava o que eu conseguia ver ou estava começando a delinear para me incentivar a permanecer na escola e estudar com afinco. Hoje, viajo pelo mundo e jogo Banco Imobiliário com dinheiro de verdade. Embora minhas habilidades de leitura e escrita não sejam fortes, leio e escrevo porque meu pai professor foi inteligente o bastante para descobrir matérias nas quais eu estava interessado, em vez de me forçar a ler e escrever sobre matérias pelas quais não me interessava.

A FÓRMULA PARA O SUCESSO

Uma das coisas mais importantes que aprendi com o Banco Imobiliário foi minha fórmula para o sucesso. Sabia que tudo o que tinha de fazer seria comprar quatro casas verdes e transformá-las em um hotel vermelho. Não sabia especificamente como iria fazê-lo, mas sabia que seria capaz... pelo menos essa era minha percepção pessoal na época. Em outras palavras, entre os 9 e 15 anos, aprendi que não era um gênio acadêmico e que meu amigo Andy, o Formiga, era. Quando descobri a fórmula no tabuleiro do Banco Imobiliário e depois fui ver, tocar e sentir as casas verdes de meu pai rico, descobri minha fórmula para o sucesso. Sabia que a fórmula de meu pai pobre, de estudar e trabalhar com afinco para ter segurança no trabalho e se sentar o dia inteiro em um escritório não servia para mim, portanto, essas eram as boas novas. Mas, como eu disse, toda moeda tem dois lados. A novidade ruim era que, aos 15 anos, a ameaça de "se você não estudar com afinco, tirar boas notas e conseguir um bom emprego, não será bem-sucedido" tinha pouco impacto sobre minha motivação para estudar matérias que eu não queria estudar.

Quando observo a queda nas notas das provas das crianças hoje, acredito que a mesma falta de motivação ou incentivo que me afetava as está afetando hoje. As crianças não são burras. Na verdade, sabem muito mais sobre a vida real do que muitos adultos. Um dos motivos pelos quais o sistema educacional está tendo dificuldade para ensinar essas crianças é que ninguém lhes dá uma razão motivadora para que estudem com afinco e permaneçam na escola. Acredito que muitas crianças estariam mais interessadas no estudo, se começassem a jogar Banco Imobiliário no primeiro grau e depois perguntassem quais delas desejariam ter o currículo "Quem quer ser um milionário depois de formado?" Se uma criança quisesse realmente ser milionária, você ainda poderia proporcionar-lhe o mesmo currículo que tive quando criança. A criança realmente estaria disposta a estudar, pois a recompensa final seria emocionante e valeria a pena estudar por ela.

A boa notícia é que, ao jogar Banco Imobiliário, descobri minha fórmula para o sucesso. Pude enxergar meu futuro no final do jogo. Depois de saber que conseguiria fazê-lo, quis tornar-me milionário. Para mim, isso era emocionante e estava disposto a estudar para chegar lá, porém, mais do que me tornar rico, podia ver que meu futuro seria estar financeiramente seguro e livre no final do jogo. Não tive a percepção pessoal de que precisava de um emprego seguro ou de uma empresa ou do governo para cuidar de mim. Aos 15 anos, sabia que seria rico. Eu não só acreditava, eu sabia. Quando soube, minha percepção pessoal voou alto. Sabia que mesmo que não tivesse boas notas, fosse para uma boa escola ou conseguisse um bom emprego, seria rico.

A má notícia era que fiquei mais inquieto. Se não fossem meu pai professor e meu pai rico incentivando-me a permanecer na escola e me formar na faculdade, teria deixado a escola antes. Sou muito grato à sabedoria de meu pai professor, meu pai rico e alguns professores do ensino médio que me orientaram em vez de me repreenderem durante um período muito difícil de minha vida. Com a ajuda deles, descobri uma maneira de querer continuar na escola e ser um bom aluno. Ajudaram-me a descobrir como eu aprenderia melhor, em vez de me forçarem a estudar da maneira imposta pelo sistema educacional.

Meu pai professor viu que eu aprendia melhor fazendo e não lendo e escutando. Despertou meus sonhos de viajar pelo mundo e encaixou-os com o jogo Banco Imobiliário. Ao saber disso, descobriu maneiras de me incentivar a ficar na escola e me ajudou a descobrir a que melhor se adaptasse a meu estilo de aprendizado. Não estava preocupado com minhas notas nem se eu estudava em uma escola de prestígio. Preocupava-se com minha permanência, minha formatura na faculdade e, o mais importante, meu aprendizado contínuo. Em outras palavras, meu pai verdadeiro havia feito seu dever de casa.

Meu pai rico ensinou-me diferentes coisas a partir do jogo Banco Imobiliário. Ensinou-me uma das fórmulas para o sucesso dos ricos. Mudou minha percepção de mim mesmo, ensinando-me que conseguiria ganhar o jogo da vida, mesmo não tendo um bom desempenho na escola nem um emprego com salário alto. Mostrou-me sua fórmula para o sucesso, uma fórmula que adotei em minha vida. Em outras palavras, meu pai rico também fez seu dever de casa. Como sempre dizia: "Você não fica rico no trabalho. Fica rico fazendo o dever de casa."

COMO ENSINAR CRIANÇAS RICAS E INTELIGENTES

No início do ano 2000, uma das principais empresas de marketing de rede* pediu-me para ensinar investimento ao que eles chamavam

* Sistema em que uma empresa vende produtos para pessoas dispostas a revendê-los a amigos e conhecidos. Além de ganhar dinheiro dessa forma cada comprador/vendedor tem de conseguir certo número de amigos que se disponham a comprar para revenda o produto, recebendo comissão pelas vendas feitas por estes que, por sua vez, procurarão amigos com o mesmo objetivo. (N.R.T.)

de "a próxima geração". Curioso para saber qual seria essa próxima geração, fiquei sabendo que eram filhos de executivos bem-sucedidos de marketing de rede. Quando perguntei por que essas "crianças" precisavam aprender sobre investimento, a resposta foi: "Porque a maior parte delas herdará negócios de milhões de dólares e, em alguns casos, bilhões de dólares. Estamos lhes ensinando as habilidades empresariais e agora precisamos que você lhes ensine habilidades de investimento." Com essa resposta, soube por que me pediram para dar as palestras sobre investimento.

Passei dois dias em um *resort* discursando para 75 jovens, com idades que variavam de 15 a 35 anos, sobre a importância de investir. Foi bom porque não houve perguntas como "Onde conseguirei o dinheiro para investir?" Como meu pai rico dizia: "Existem apenas dois tipos de problemas em relação a dinheiro. Um é não ter dinheiro bastante e outro é ter dinheiro demais." E esses jovens tinham o segundo problema.

No segundo dia do curso, pude observar como esses jovens eram diferentes. Eram diferentes da maior parte das pessoas que eu conhecera antes. Até os adolescentes sabiam manter uma conversa sobre dinheiro, negócios e investimento como um adulto falando com outro adulto. Eu tinha idade para ser pai deles e, muitas vezes, senti como se estivesse me dirigindo a um colega na mesa do conselho. Percebi, então, que esses jovens haviam sido criados nas empresas, e muitos deles lidavam com fluxos de caixa e carteiras de investimento bem mais vultosos que os meus. Foi uma experiência que me mostrou a humildade, pois, por mais que esses jovens fossem ricos, não havia a arrogância, o atrevimento ou a alienação que eu ocasionalmente observava em outros jovens. Percebi que muitos deles haviam sido criados com os pais e com as empresas dos pais. Não apenas ficavam à vontade no meio de adultos como também sentiam-se à vontade para falar com adultos sobre dinheiro e negócios. Anteriormente, havia visto alguns desses jovens, alguns com apenas 14 anos de idade, subir em um palco na frente de 40 mil pessoas e fazer um discurso que inspirava todo o público. Eu tinha 37 anos quando comecei a dar palestras, e era uma palestra chata.

Ao me dirigir ao aeroporto, percebi que meu melhor amigo, Mike, e eu, tivemos a mesma experiência. Percebi também que ele estudou muito mais na faculdade, pois sua recompensa no final dos estudos seria assumir um negócio de muitos milhões de dólares. Percebi que também fui beneficiário de um pai que trabalhou em casa e teve tempo para ensinar a mim e a seu filho as habilidades que poderiam ser transferidas para a vida real.

Quando dou palestras levando em consideração empresas domiciliares — qualquer coisa, de uma empresa de marketing de rede a uma franquia, passando pelo próprio negócio iniciante — falo sobre os jovens que conheci naquele *resort*. Uma empresa domiciliar pode trazer benefícios que vão muito além da fonte adicional de renda e das brechas tributárias, e alguns desses benefícios são imensuráveis e não têm preço. Para algumas pessoas com filhos, uma empresa domiciliar é sua forma de fazer o dever de casa e ensiná-los a fazer o mesmo. E meu pai rico dizia: "Você não fica rico no trabalho. Fica rico em casa." E isso pode incluir uma riqueza que está muito além do dinheiro.

Ao longo da história, algumas das pessoas mais ricas ficaram ricas sem sair de casa. Henry Ford começou na garagem. A Hewlett-Packard foi fundada em uma garagem. Michael Dell começou no alojamento da faculdade. Colonel Sanders só ficou rico depois que uma estrada foi construída sobre seu restaurante e ele foi forçado a se lançar nos negócios, portanto, o conselho de meu pai rico de que você não fica rico no trabalho deu certo para muitas pessoas muito ricas.

Uma observação paralela: o jogo CASHFLOW 101™ foi criado em minha mesa de jantar. *Pai rico, pai pobre*, que vendeu mais de dois milhões de cópias até o momento, foi escrito originalmente em nossa cabana nas montanhas. A CASHFLOW Technologies, Inc., com o site da Web richdad.com, é um negócio de milhões de dólares que fabrica e licencia produtos educacionais do pai rico em todo o mundo — e começou em um quarto vazio na casa de Sharon Lechter. O negócio que começou na nossa mesa de cozinha e depois foi para a casa de Sharon está hoje em um prédio de escritórios e até aluga escritórios para outras empresas. Ainda não tenho um escritório, pois até hoje não gosto de ficar confinado em um lugar pequeno. Opero com a mesma fórmula de sucesso que aprendi com a ajuda de meus dois pais — viajar pelo mundo e jogar Banco Imobiliário com dinheiro de verdade. Em outras palavras, continuo fazendo meu dever de casa.

CAPÍTULO 5

De quantas fórmulas para o sucesso seu filho precisa?

Ao analisar as vidas de meu pai rico e de meu pai pobre, percebi que um era mais bem-sucedido do que o outro apenas por ter mais *fórmulas para o sucesso*.

Há pouco tempo, uma amiga me ligou para pedir alguns conselhos. Adrian trabalhara durante muitos anos em uma grande empresa e fora demitida no início da década de 1990. Destemida e sempre querendo abrir seu próprio negócio, Adrian comprou a franquia de uma agência de viagens com suas economias e a indenização que recebera da empresa. Assim que começou a se familiarizar com o negócio, as empresas aéreas começaram a cortar as comissões que pagavam pelas passagens vendidas pelos agentes de viagem. De repente, em vez de ganhar US$800 de comissão sobre uma passagem, as empresas aéreas pagavam uma taxa invariável de menos de US$100, ou menos ainda, cerca de US$50. Ela agora enfrenta o fechamento da agência de viagens, mas dessa vez não tem mais economias e não receberá indenização da própria empresa. Sua franquia está à venda, mas seu valor foi muito reduzido pela diminuição da receita gerada pelas empresas aéreas.

Acredito que um dos motivos pelo qual Adrian está lutando no fim da vida é que ela não tinha fórmulas para o sucesso suficientes que a preparassem para o resto da vida. Adrian não é a única pessoa que conheço que luta porque possui poucas fórmulas de sucesso. Há muitas pessoas que se dão bem na escola mas não saem com fórmulas para o sucesso suficientes para lograr êxito na vida. Este capítulo foi escrito para que os pais preparem os filhos com bastantes fórmulas para o sucesso no jogo da vida.

SEUS FILHOS PRECISAM DE NO MÍNIMO TRÊS FÓRMULAS PARA O SUCESSO

Uma fórmula de *aprendizado*
Uma fórmula *profissional*
Uma fórmula *financeira*

DESCUBRA A FÓRMULA DE APRENDIZADO DE SEU FILHO

Minha amiga Adrian saiu-se bem na escola porque aprendia rápido e gostava de estudar. Adrian tinha facilidade em leitura, redação e aritmética. Adrian terminou a faculdade e recebeu um diploma de bacharel em artes. Por ter sido uma boa aluna, ela gostava da escola e essa foi uma experiência positiva. Como a experiência escolar foi positiva, recomendei que ela fechasse a agência de viagens e voltasse a estudar para aprender uma nova fórmula profissional. Hoje, aos 53 anos, ela voltou a estudar e entrou para a faculdade de direito.

Adrian é um exemplo que ilustra o ponto de vista de meu pai sobre diferentes fórmulas de aprendizado para pessoas diferentes. Embora a fórmula vencedora de aprendizado de Adrian funcionasse para ela, provavelmente não funcionaria para mim. Eu não gostava da escola e duvido que jamais volte às salas da educação formal como aluno.

DESENVOLVA UMA FÓRMULA DE APRENDIZADO

Os anos que vão do nascimento até aproximadamente os 15 anos são muito importantes. É nesse período que as crianças desenvolvem suas próprias fórmulas de aprendizado. Se uma criança está feliz na escola, aprende com facilidade e tem boas notas, ela deve desenvolver uma fórmula de aprendizado viável. Mas quando tem dificuldade para aprender os fundamentos básicos da educação (ler, escrever, fazer contas) na escola porque não domina bem a habilidade verbal-lingüística ou por outros motivos, seus anos escolares podem ser um pesadelo. Se a criança tem dificuldade escolar durante esses primeiros anos, ou se é levada a acreditar que não é tão inteligente quanto as outras, passa a ter sua auto-estima reduzida e uma atitude negativa em relação aos estudos em geral. A criança pode aprender a se sentir "burra" e a acreditar que não pode sobreviver dentro do sistema educacional. Começa a ser rotulada com palavras destinadas a revelar suas chamadas desvantagens — palavras como distúrbio do déficit de atenção ou "lenta", em vez das cobiçadas "talentosa", "brilhante" ou "genial". Como adulto, odeio ser chamado de "burro" ou que façam com que me sinta inferior. Como você pensa que uma criança de 12 anos ou menos lida com tais rótulos? Qual é o custo, intelectual, emocional e físico?

Os sistemas de avaliação acadêmicos são outro motivo pelo qual as crianças começam a se sentir menos seguras academicamente. São sistemas de avaliação em forma de sino: se houver dez crianças, duas ficarão no alto da curva, duas ficarão na base e seis ficarão no meio. Em geral, nos testes de aptidão escolar eu era classificado entre os primeiros 2% com potencial, mas quase entre os últimos 2% nas notas. Por causa desse método de avaliação dos alunos, meu pai professor sempre dizia: "O sistema educacional na verdade não é um sistema de *educação* e, sim, um sistema de *eliminação*." Sua função como pai era me manter mental e emocionalmente seguro e evitar que eu fosse eliminado do sistema.

A MUDANÇA AOS NOVE ANOS

Um educador importante e bastante controverso é Rudolf Steiner, cujas filosofias educacionais são incorporadas nas escolas que seguem o método Waldorf, sem dúvida um dos sistemas educacionais que mais crescem no mundo atualmente. Steiner escrevia e falava freqüentemente sobre o que denominava "a mudança dos nove anos". Suas descobertas indicam que, por volta dos nove anos, as crianças começam a se separar da identidade dos pais e procurar a própria identidade. Steiner descobriu que esse período muitas vezes é muito solitário para a criança, uma época de isolamento percebido. A criança começa a procurar o próprio "eu" e não o "nós" da família. Durante esse período, a criança precisa aprender habilidades práticas de sobrevivência. Por esse motivo, no sistema Waldorf nessa idade elas aprendem a plantar um jardim, construir um abrigo, fazer pão e coisas desse tipo. Elas não aprendem com o objetivo de se tornar profissionais nessas habilidades; ao contrário, as aprendem como uma reafirmação pessoal de que podem sobreviver sozinhas. As crianças precisam saber que podem sobreviver durante esse período de busca da própria identidade. Se não desenvolverem um sentido de segurança pessoal, os efeitos podem afetar profundamente a futura direção e as escolhas de vida das crianças. É claro que cada criança responde ou reage a essa crise de identidade de maneira diferente, motivo pelo qual as observações e a sensibilidade dos pais são fundamentais. Uma professora com 30 crianças em sala não pode estar ciente das diferentes escolhas e necessidades de cada uma delas nessa fase da vida.

Meu pai instruído não conhecia o trabalho de Rudolf Steiner, mas tinha conhecimento desse período no desenvolvimento da criança. Quando percebeu que eu não estava indo bem na escola e como me afetara o fato de saber que meu amigo Andy, o Formiga, era um gênio e eu não, começou a me observar e a me orientar mais de perto. Por isso, me incentivou a praticar mais esportes. Ele sabia que Andy aprendia pela leitura e que eu aprendia fazendo. Queria que eu soubesse que eu também poderia sobreviver academicamente à minha maneira. Queria que eu encontrasse uma maneira de manter minha autoconfiança na escola, mesmo que fosse pelos esportes e não academicamente.

Nossa família também enfrentava problemas financeiros nessa época de minha vida. Desconfio que meu pai instruído percebera quanto sua incapacidade de ganhar dinheiro me afetava. Ele sabia que, muitas vezes, eu voltava para casa e encontrava minha mãe chorando por causa das contas que tínhamos de pagar. Penso que ele sabia que, provavelmente, eu começaria a procurar uma identidade diferente da sua, e eu o fiz. Comecei a estudar com meu pai rico aos nove anos. Resumindo, eu estava procurando minhas próprias respostas sobre como ajudar minha família durante esse período de luta econômica. Eu estava definitivamente procurando uma identidade diferente das de meu pai e minha mãe.

A FÓRMULA DE ADRIAN CONTRA A MINHA FÓRMULA

Como a experiência escolar de Adrian fora positiva, fazia sentido ela retornar aos bancos escolares para aprender uma nova profissão. Minha fórmula de aprendizado é diferente. É a fórmula que aprendi aos nove anos, que é a de procurar um mentor e aprender na prática.

Hoje em dia, ainda procuro mentores para aprender com eles. Procuro mentores que já fizeram o que quero fazer, ou escuto fitas cassetes nas quais relatam o que fizeram. Também leio, mas apenas como último recurso. Em vez de voltar à escola para aprender sobre negócios, montei meu próprio negócio, porque aprendo fazendo, e não sentado em uma sala de aula. Procuro um mentor, faço, erro e depois procuro os livros e fitas cassetes que me dizem o que fiz de errado e o que poderia aprender com meus erros. Por exemplo, quando a campanha de marketing de um de meus negócios começou a dar errado, fiz um estudo intensivo e uma grande pesquisa para encontrar novas respostas. Atualmente, sou um profissional de marketing muito bom... mas não o seria se apenas ficasse sentado em uma sala de aula, lendo livros e ouvindo professores que poderiam ou não ser empresários.

Cada criança tem uma única e exclusiva fórmula de aprendizado. O trabalho dos pais é observar e apoiar a criança na escolha da fórmula que funcione melhor para ela. Se a criança não está indo bem na escola, acompanhe-a de perto sem asfixiá-la e ajude-a a descobrir meios que facilitem seu aprendizado.

Se seus filhos são bons alunos e gostam da escola, sinta-se abençoado. Deixe-os se destacar e desfrutar dessa experiência. Se não gostam da escola, deixe que saibam que nem por isso são menos talentosos e encoraje-os a descobrir a própria maneira de aprender em um sistema que reconhece apenas um tipo de talento. Se eles conseguirem aprender a fazer isso, ganharão excelentes habilidades de sobrevivência educacional para o mundo real, um mundo no qual a sobrevivência exige talentos múltiplos. Foi o que meu pai me estimulou a fazer. Estimulou-me a descobrir meus próprios métodos de aprendizado, apesar de eu odiar o que estava aprendendo. Foi um ótimo treinamento para a vida real.

COMO TORNAR-SE UM ESTUDANTE PROFISSIONAL

Também percebi que muitas vezes as pessoas saem-se bem na escola por medo de não serem capazes de sobreviver. As crianças aprendem que tirar notas boas é a melhor maneira de sobreviver. Assim, adquirem as habilidades de sobrevivência conhecidas como "tirar notas boas". Embora isso seja bom enquanto são jovens, os problemas surgem quando ficam mais velhas e necessitam partir e depender de outras habilidades de sobrevivência... outras habilidades de sobrevivência necessárias no mundo real.

Suspeito que as crianças que aprendem a sobreviver saindo-se bem na escola podem facilmente se tornar estudantes profissionais e talvez algumas nunca deixem o sistema — algumas fazem doutorado em busca de segurança através do status. Meu pai instruído percebeu que estava seguindo esse caminho profissional até que sua família adoeceu e o obrigou a enfrentar o mundo real. Ele disse: "É fácil ficar protegido pelos muros da educação se você precisa que esses muros o protejam do mundo real."

A EROSÃO DA PERCEPÇÃO QUE TEMOS DE NÓS MESMOS

Já disse que as dúvidas e a falta de uma noção de segurança financeira desgastam a percepção financeira que uma pessoa tem de si. Em outras palavras, se você enfrenta demasiados contratempos financeiros, ou sente-se imobilizado pela necessidade da segurança de um emprego e um salário, sua autoconfiança financeira pode sofrer um grande abalo. O mesmo acontece academicamente com as crianças, quando tudo o que ouvem é que não são tão inteligentes quanto outras. Se não fosse pelo apoio de meu pai, eu teria deixado a escola mais cedo apenas porque ninguém gosta de se sentir burro. Sei que eu não era burro. Sei que estava entediado e não me interessava pelas matérias ensinadas. No entanto, minhas notas ruins na escola começaram a desgastar a percepção acadêmica que tinha de mim mesmo. Foi meu pai instruído que me protegeu durante esse período difícil de minha vida. Mesmo tirando notas baixas na escola, mesmo sendo reprovado, ele continuava a me assegurar que eu era inteligente a minha própria maneira e que precisava descobrir meus próprios métodos de aprendizado a fim de sobreviver na escola. Se não fosse seu amor e sabedoria acadêmica, eu certamente teria largado a escola, ferido, zangado e sentindo-me inferior aos bons alunos. Em outras palavras, se não fosse pelo meu pai instruído, eu teria deixado a escola depois de aprender a fórmula de um perdedor.

Estejam seus filhos indo bem ou não nos estudos, fique atento e encoraje-os a descobrir suas próprias fórmulas de aprendizado, pois é quando saem da escola e entram no mundo real que sua educação realmente começa.

OS PROFESSORES HOJE DÃO COLA

A maioria dos pais está ciente de que as notas dos testes estão diminuindo e que a pressão sobre os educadores para aumentar essas notas está recaindo nos professores. Atualmente, a pressão sobre os professores para elevarem as notas de seus alunos nas provas os está levando a trapacear. Em um importante bairro de Maryland, a diretora de uma escola pediu demissão por causa de acusações de trapaça. O exemplar de 19 de junho de 2000 da *Newsweek* publicou um artigo intitulado: "*Quando os professores trapaceiam*".

> Essa primavera foi a estação do constrangimento para as escolas públicas dos Estados Unidos. Em um bairro residencial de Maryland, a diretora de uma escola primária demitiu-se depois que os pais queixaram-se de que seus filhos estavam recebendo "cola" para dar as respostas certas nas provas. Em Ohio, os funcionários públicos estão investigando queixas de trapaças em uma escola primária de Columbus que fora elogiada pelo presidente Clinton por ter elevado as notas dos testes. E, na cidade de Nova York, quase 50 professores e administradores de 30 colégios estão sendo acusados de incitarem seus alunos a colar em vários testes da cidade e do estado.
>
> Já é bem ruim quando as crianças são expulsas por colar. Mas no final do ano letivo, um número alarmante de professores e diretores enfrenta acusações de alterar os resultados de testes importantes que determinam tudo: desde se um aluno passará de ano até o orçamento anual de um distrito inteiro.

O artigo continua:

> O problema é que notas altas — não os padrões elevados — tornaram-se o principal objetivo.
>
> Em algumas partes dos Estados Unidos, os educadores ganham bônus de mais de US$25.000 quando conseguem elevar as notas dos alunos. Em outros lugares, os funcionários da escola podem perder o emprego, se os alunos não tirarem as notas esperadas.

E o artigo também afirma que as escolas hoje ensinam as crianças como fazer os testes, em vez de lhes dar uma educação sólida. Em outras palavras, os professores estão dando as respostas às crianças para que elas passem nos testes e tirem notas mais altas, não para lhes proporcionar uma educação melhor.

De acordo com alguns especialistas, esse tipo de "ensinar para a prova" é uma ameaça muito mais grave do que a própria cola. Renzulli chama de currículo do "calcar, lembrar, regurgitar" uma nova versão dos elementos básicos da educação. "É um monte de bobagens", comenta Linda McNeil, professora de educação na Rice University e autora do livro *Contradictions of School Reform: The Educational Costs of Standardized Tests*. No Texas, ela diz que algumas crianças passam meses sem fazer nada além de se preparar para os testes. "É como se estivessem ensinando mentalmente às crianças a apertarem a tecla de apagar", diz. "Elas estão aprendendo a esquecer. Na verdade, quem fica no prejuízo é educação acadêmica sólida."

COMO OS PROFESSORES FORAM APANHADOS?

Sempre quando digo que as crianças são mais inteligentes do que os adultos, recebo olhares de esguelha dos adultos mais inteligentes. No entanto, lembro-me de ter sido uma criança muito mais atenta ao mundo do que meus professores ou meus pais acreditavam que eu fosse capaz. Vi o primeiro exemplar da revista *Playboy* muito antes de minha mãe e suas amigas. Hoje em dia, com a Internet, as crianças têm acesso a coisas que tenho até medo de saber, no entanto, continuamos a tratar as crianças como crianças.

A reportagem da *Newsweek* continua relatando que a diretora da escola de Maryland foi pega porque as crianças sabiam que ela estava trapaceando. Em alguns exemplares da *Newsweek*, o artigo a seguir, intitulado "*Lições amargas*", contou a história inteira:

> As crianças foram as heroínas do escândalo. O que acontece quando os modelos de comportamento ensinam desonestidade?
>
> Os primeiros indícios de que alguma coisa estava errada vieram das crianças. Cochichando nos ouvidos umas das outras nos corredores e no pátio, depois contando aos pais ao chegarem em casa, alguns alunos da quinta série começaram a descrever o comportamento estranho da diretora, que supervisionava os testes de avalia-

ção estaduais em meados de maio. Algumas crianças que já haviam terminado o teste foram chamadas pela diretora e orientadas a "reverem" suas respostas. "Talvez você queira olhar essa aqui de novo", ela dizia, de acordo com as crianças. Outros alunos tiveram mais 20 a 45 minutos para completar o teste. Em dado momento durante a parte de ciências sociais do teste, disseram que ela teria segurado um mapa e apontado para o país sobre o qual os alunos tinham de responder.

As crianças estavam chateadas e confusas. "Algumas crianças diziam para as outras: 'Acho que ela não pode fazer isso', disse um aluno da quinta série para a *Newsweek*. O aluno, um menino de 10 anos, tornou a relatar que recebera um tempo adicional no teste de matemática. "Em outra parte, a seção de artes e linguagem", continuou, "a diretora me ajudou a dar a resposta certa. Nessa parte, eu realmente pensei que ela estava trapaceando, mas pensei que, se dissesse algo, teria problemas ou outra coisa parecida." A mãe de outro aluno disse ao *Washington Post* que seu filho chegara em casa dizendo: "Mãe, acho que aquilo era trapaça, mas uma diretora faria isso?"

NÃO APRENDENDO A APRENDER

Hoje, está acontecendo algo de trágico nos sistemas educacionais. No domingo, 7 de maio de 2000, meu jornal local, o *Arizona Republic*, publicou uma matéria com um título que dizia AS ESCOLAS DE L.A. RETÊM MILHARES:

> Los Angeles — O segundo maior sistema educacional do país recuou em seus planos de reprovar um grande número de alunos esse ano, mas ainda reteve mais de 13.500 alunos esse outono quando interrompeu a aprovação automática de alunos com notas baixas para a série mais adiantada.
>
> De início, os funcionários do Distrito Escolar Unificado de Los Angeles esperavam reter cerca de um terço dos 711.000 alunos do sistema, ou 237.000 alunos, mas as orientações para aprovação foram deixadas de lado devido a preocupações de que uma reprovação em massa prejudicasse as escolas.

Em outras palavras, o sistema educacional de Los Angeles não conseguiu ensinar as habilidades básicas da aprendizagem a mais de um quarto de um milhão de crianças. Em vez de ter um quarto de milhão de crianças atravancando o sistema, como um cano entupido com uma bola de cabelo, o sistema apenas reduziu seus padrões e jogou essas crianças no mundo real. Em minha opinião, é o sistema que está falhando, não as crianças.

POR QUE AS ESCOLAS PARTICULARES E A EDUCAÇÃO DOMICILIAR ESTÃO EM ALTA

As crianças não são as únicas que percebem que estão sendo prejudicadas em uma fase importante de sua educação. Durante anos, considerou-se a educação domiciliar idéia de pais radicais. Hoje em dia, um número cada vez maior de pais está tirando os filhos da escola para educá-los em casa. Relatou-se que o movimento de educação domiciliar aumenta cerca de 15% ao ano. Muitas pessoas dizem que as crianças não conseguem ter uma boa educação em casa, no entanto, esse ano, o primeiro do novo milênio, os estudantes domiciliares ganharam o concurso nacional de ortografia. Escolas licenciadas não param de surgir e o número de escolas que seguem o método montessoriano e a pedagogia Waldorf cresce cada vez mais. Em outras palavras, os pais estão retirando das mãos do governo a responsabilidade de educar seus filhos.

Um grande recurso desses pais é a página da Internet www.homeschool.com. Mantido por Rebecca Kochenderfer, esse site contém uma variedade de informações para todos os pais. Rebecca compartilha nossa missão de ajudar os pais a preparar os filhos para o mundo que enfrentarão.

AS PREOCUPAÇÕES DO MEU PAI INSTRUÍDO

Há alguns anos, meu pai professor tentou mudar o sistema. Ele estava ciente de que crianças diferentes tinham talentos diferentes. Também sabia que para o sistema do "um tamanho serve para todos", o que funcionava com cerca de 30% das crianças era horrível para todos os outros. Muitas vezes, dizia: "O sistema é pior do que um dinossauro. Pelo menos os dinossauros foram extintos... mas o sistema educacional não morre. É por isso que é pior que um dinossauro. O sistema educacional parece mais um crocodilo, um réptil que sobreviveu mesmo após a extinção dos dinossauros." E continuava dizendo: "O motivo pelo qual o sistema educacional não muda é o fato de não ser um sistema projetado para mudar. Foi projetado para sobreviver."

A maioria de nós sabe que os professores estão fazendo o máximo para educar as crianças. O problema é que estão trabalhando em um sistema feito para não mudar. É um sistema elaborado para a sobrevivência. É um sistema que "vicia" as crianças para deixá-las mais lentas, em vez de mudar para incentivá-las. Assim, depois de "drogar" as crianças ativas, eles dizem às mesmas crianças, "não tome drogas". Para mim, é um sistema insensato. É o único negócio que conheço que não consegue dar aos clientes o que eles querem e depois os culpa por seus erros. Em vez de dizer que nós, como sistema, somos chatos, dizem: "Seu filho tem uma deficiência de aprendizado." Dizem isso em vez de dizer: "Nós, como sistema, temos uma deficiência de ensino." Como eu disse, é o único negócio que culpa os clientes por suas próprias falhas.

Há alguns anos, meu pai verdadeiro percebeu que era um sistema que apresentava enormes falhas. Ele ficou muito perturbado ao descobrir que o sistema educacional adotado pela maioria dos países de língua inglesa fora criado há centenas de anos na Prússia. Ficou extremamente perturbado quando percebeu que fazia parte de um sistema que não fora criado para educar as crianças, mas sim para formar bons soldados e empregados. Certo dia, ele me disse: "O motivo de termos palavras como '*kindergarten*' em nosso sistema originou-se na Prússia há vários anos. *Kinder* é uma palavra prussiana que significa 'crianças' e *garten* significa 'jardim'. Em outras palavras, um jardim de crianças para o Estado educar. Ou 'doutrinar'. Era um sistema desenvolvido para tirar a responsabilidade da educação dos pais e educar as crianças para que atendessem melhor às necessidades e desejos do Estado."

A ORIGEM DA PALAVRA FUNDAMENTAL

Meu pai instruído também dizia: "Os primeiros anos escolares são chamados de "fundamentais" porque os educadores isolam o *assunto de interesse* do aprendizado e o dividem em fundamentos. Ao se isolar o assunto de interesse do processo de aprendizado, a educação torna-se chata." Continuava explicando: "Por exemplo, se uma criança se interessa por casas, o assunto casa é removido e dividido em fundamentos, como matemática, ciência, ortografia e arte. Assim, os bons alunos são aqueles que se interessam pela matemática, pela ortografia ou pela ciência. Mas o aluno que está interessado no assunto maior, no caso, uma casa, em geral fica chateado. Seu assunto de interesse foi removido e os fundamentos que o formam é tudo que sobra para ser estudado. É daí que vem a expressão *ensino fundamental*, ou *educação fundamental*, e é por isso que tantos alunos acham a escola chata. o assunto de interesse foi eliminado."

Na minha opinião, essa é uma das várias razões pelas quais o ensino domiciliar e a quantidade de escolas particulares estão crescendo. Elas estão retirando o poder de educar das mãos do Estado e devolvendo-o para os pais e para a criança.

DE SAMURAI A MÉDICOS E A PROFESSORES

Meu pai descende de uma classe de guerreiros, ou samurais, da época feudal do Japão. Mas assim que o comércio com o Ocidente foi iniciado pelo Comodoro Perry, o sistema feudal começou a se desgastar. Os familiares de meu pai começaram a desistir de agir como samurais e tornaram-se médicos. Meu pai deveria ter sido médico, mas, em vez disso, fugiu para o Havaí, rompendo a corrente.

Quando lhe perguntei por que ele não tinha se tornado médico, ele disse: "Enquanto estudava, comecei a imaginar por que tantos colegas sumiam da sala de aula de repente. Um dia meu amigo estava lá; no dia seguinte, desaparecia. Fiquei curioso e comecei a fazer perguntas aos administradores da escola. Logo descobri que as plantações de açúcar e abacaxi exigiam que o sistema educacional reprovasse um mínimo de 20% dos filhos de imigrantes da Ásia. Era a maneira que tinham de assegurar que teriam uma corrente constante de mão-de-obra de baixa escolaridade. Meu sangue ferveu quando descobri isso e foi então que decidi entrar para a área da educação, em vez da medicina. Queria me assegurar de que o sistema daria a todas as crianças uma chance de uma boa educação. Estava disposto a enfrentar as grandes empresas e o governo para garantir que cada criança tivesse a melhor educação possível."

Meu pai lutou toda a sua vida para mudar o sistema e, no final, foi derrotado. Perto do fim da vida, foi reconhecido como um dos dois maiores educadores dos 150 anos da história da educação pública do Havaí. Embora fosse reconhecido pelas pessoas no sistema por sua coragem, o sistema permaneceu praticamente inalterado. Isso não quer dizer que o sistema não tenha atendido bem a muitas pessoas. Fez um excelente trabalho para cerca de 30% das pessoas que se saem bem dentro dele. O problema é que o atual sistema foi criado há centenas de anos durante a Era Agrícola, uma época anterior ao carro, avião, rádio, televisão, computador e a Internet. É um sistema que não conseguiu acompanhar as mudanças tecnológicas e sociológicas. É um sistema mais forte do que um dinossauro e tão resistente quanto um crocodilo. Por isso meu pai foi cuidadoso ao orientar nossa educação em casa, dizendo muitas vezes aos filhos: "Boas notas não são tão importantes quanto descobrir seu talento." Em outras palavras, cada criança tem sua própria maneira de aprender. Cabe aos pais serem cuidadosos e observar a melhor maneira de cada criança aprender — e depois apoiar aquela criança no desenvolvimento de sua fórmula vencedora de aprendizado.

Sempre que vejo bebês, vejo jovens talentos com vontade de aprender. Alguns anos mais tarde, às vezes vejo aqueles mesmos jovens talentos entediados na escola, imaginando por que são forçados a estudar coisas que consideram irrelevantes. Muitos estudantes afirmam sentirem-se insultados quando recebem notas nas matérias pelas quais não se interessam e são rotulados como inteligentes ou não-inteligentes. Um rapaz me disse: "Não é que eu não seja inteligente. Só não estou interessado. Primeiro me diga por que devo me interessar pela matéria e como posso utilizá-la, depois, talvez, eu a estude."

O problema vai além das notas baixas. Meu pai instruído reconhecia, é claro, que as notas podem afetar o futuro de um estudante de maneira positiva ou negativa, mas ele estava igualmente preocupado com o efeito que as notas *baixas* podem ter sobre a percepção pessoal e a autoconfiança de um estudante. Muitas vezes dizia: "Muitas crianças entram na escola entusiasmadas para aprender, mas logo saem, tendo aprendido apenas a odiar o colégio." Seu conselho: "Se os pais constatam que os filhos estão aprendendo a odiar a escola, seu papel mais importante nesse estágio da vida de uma criança não é garantir que a criança tire boas notas: o papel mais importante dos pais é garantir que a criança preserve o amor, dado por Deus, pela educação. Descubra o talento natural de seu filho, descubra o que ele deseja aprender e mantenha seu entusiasmo pelo estudo, mesmo que não seja na escola."

A verdade é que a criança terá de aprender muito mais do que aprendemos. Do contrário, ficará para trás nas duas fórmulas para o sucesso que são abordadas no próximo capítulo. É por isso que, em minha opinião, desenvolver a fórmula para o sucesso de seus filhos em casa é muito mais importante do que as notas que eles receberão na escola. Como diziam meu pai instruído e meu pai rico: "A verdadeira educação começa quando você termina os estudos e entra no mundo real."

CAPÍTULO 6

Seu filho vai estar obsoleto aos 30?

Quando eu era pequeno, meus pais acreditavam que eu me formaria, conseguiria um emprego, seria um empregado leal, seria promovido dentro da empresa e ficaria lá até me aposentar. Ao me aposentar, receberia de presente um relógio de ouro, jogaria golfe em alguma comunidade para aposentados e dirigiria meu carrinho de golfe em direção ao pôr-do-sol.

QUANTO MAIS VELHOS FICAMOS, MENOS VALOR TEMOS

A idéia de um emprego para a vida inteira é um conceito da Era Industrial. Desde 1989, com a queda do muro de Berlim e a ascensão da Internet, o mundo e as regras sobre emprego mudaram. Uma das regras que mudou é a de que "quanto mais velho, mais valioso" (para a empresa). Isso pode ter sido verdadeiro na Era Industrial, mas hoje as regras são exatamente opostas. Na Era da Informação, para muitas pessoas, quanto mais velhos ficamos, *menos* valor temos.

É por isso que a fórmula de *aprendizado* de uma criança precisa estar atualizada para acompanhar as mudanças. A fórmula de aprendizado de uma criança deve ser uma fórmula de aprendizado bem ensaiada para acompanhar as mudanças em suas fórmulas *profissionais*. Em outras palavras, é provável que seu filho esteja obsoleto aos 30 anos e precise aprender uma nova fórmula profissional, apenas para acompanhar as mudanças exigidas pelo mercado. Dito de outra maneira, se seu filho tem a antiga idéia de uma profissão para a vida inteira e não está preparado para aprender e mudar rapidamente, é provável que enfrente problemas a cada ano que passa.

AS MELHORES NOTAS NÃO CONTAM

O futuro não pertence à criança que se forma com as melhores notas. Pertence à criança com a melhor fórmula de aprendizado e com as idéias técnicas mais atualizadas. Para a criança, mais importante do que aprender como responder às provas para tirar notas altas é aprender a aprender; aprender a mudar; e aprender a se adaptar com mais rapidez do que seus colegas. Por quê? Porque muitas das habilidades pelas quais os empregadores e as empresas pagarão um bom salário no futuro não são ensinadas na escola atualmente. Dê uma olhada no atual clima empresarial. Os profissionais mais procurados são aqueles que dominam a Internet, uma matéria que não era ensinada na escola há poucos anos. Os menos procurados são aqueles da minha geração, que desejam salários elevados mas não estão sintonizados com a Era da Informação.

ESCASSEZ DE TRABALHADORES

Parece estranho falar em pessoas ficarem obsoletas, quando há escassez de trabalhadores. Tenho amigos que não estão preocupados e me dizem: "E daí que eu seja mais velho e não saiba lidar muito bem com o computador? Há muitos empregos e posso escolher meu salário sempre que quiser trabalhar."

Há uma escassez de trabalhadores apenas porque a economia está crescendo. Há literalmente bilhões de dólares investidos em empresas que não estarão no mercado daqui há alguns anos. Quando muitas das frágeis empresas de nova tecnologia começarem a falir por falta de capital, o mercado mais uma vez ficará inundado com trabalhadores. E quando as empresas começarem a fechar, outros negócios também começam a fechar.

CRESCIMENTO E FRACASSO

Para entender melhor o atual crescimento e a escassez de empregos, é interessante fazer uma análise retrospectiva.

1. Em 1900, havia 485 fabricantes de automóveis. Em 1908, apenas metade continuava de pé. Hoje apenas 3 dos 485 ainda estão de pé.
2. Em 1983, havia aproximadamente 40 fabricantes de computadores nos Estados Unidos. Hoje há apenas quatro.
3. Em 1983, a Burroughs, a Coleco, a Commodore e a Zenith estavam entre os líderes na emergente tecnologia de computadores. Hoje muitos jovens que trabalham no setor de computadores nunca ouviram falar dessas empresas.
4. Atualmente, as novas empresas de Internet (chamadas "start-ups") estão gerando muito dinheiro no mercado. Mas o que acontecerá quando elas não forem mais lucrativas e o dinheiro acabar? Continuaremos a ter uma escassez de trabalhadores e um excesso de empregos com salários elevados?
5. A tecnologia cruzará os continentes. Hoje quase todos os países que visitei têm seu "Vale do Silício". As pessoas que concorrerão com seus filhos por uma vaga no mercado de trabalho talvez nem estejam disputando um emprego nesse país — e definitivamente não estarão pedindo o mesmo salário.

EM QUE IDADE FICAMOS VELHOS DEMAIS?

Recentemente, quando estive na Austrália, minha amiga Kelly Richie mostrou-me uma cópia do jornal local, o *West Australian*. "Olha aqui", disse Kelly. "Esse artigo resume o que você vem tentando dizer às pessoas há muitos anos sobre saber qual a idade em que ficamos velhos demais em uma dada profissão. Mostra que a idade agora relaciona-se com o tipo de profissão." A manchete do exemplar de 8 de abril de 2000 do jornal dizia: VOCÊ ESTÁ ULTRAPASSADO? A edição colorida tinha fotos de um jovem *designer* gráfico, de uma ginasta, de um advogado e de uma modelo. Abaixo da foto de cada uma dessas pessoas representando profissões diferentes havia um quadro:

1. *Designer* gráfico	data de validade: até os 30 anos
2. Ginasta	data de validade: até os 14 anos
3. Advogado	data de validade: até os 35 anos
4. Modelo	data de validade até os 25 anos

Em outras palavras, nessas profissões, quando você atinge essa idade, está velho demais. O artigo começa com uma história de uma modelo que não é uma supermodelo mas que ganha US$2.000 por semana. Aos 28 anos, ela não consegue mais trabalho. O artigo explicava:

> Muitas carreiras têm armadilhas que as interrompem aos 20, 25, 30 ou 40 — e onde quer que sejam colocadas, em geral, surgem bem antes da aposentadoria. Podem ser armadilhas físicas: a aparência menos atraente das modelos, os tipos esportivos cujos corpos não fazem o que costumavam fazer. Podem ser mentais: o matemático que comete mais erros com mais freqüência; o jovem prodígio da área de publicidade ou *design* cujas idéias não estão mais tão voltadas para o dinheiro. Podem relacionar-se ao entusiasmo: investidores e advogados, cansados, divorciados, acabados (ou as três opções) antes dos 40. Não significa que essas pessoas não voltarão a trabalhar no setor, mas a oportunidade de alcançar o topo terá passado. Sua hora já passou.

O artigo continuava:

> Já se foi a época em que você começava uma carreira aos 20 anos e trabalhava com afinco durante anos, galgando lentamente cada degrau até chegar a algum lugar perto do topo aos 55 anos. Hoje, a verdade é que se você não chegar lá antes dos 40, jamais conseguirá. E, em alguns setores, você já sabe antes dos 20 ou 25 anos se precisará começar a pensar em um novo começo. Há inúmeros ex-*designers* gráficos pintando um pouco, fazendo um pouco de cerâmica, ou até gerenciando padarias...
>
> A diretora do departamento de orientação vocacional da Universidade de Melbourne, dra. Rachinger, diz que essa característica moderna de ascensão precoce e queda significa que elas deveriam trabalhar sempre em busca de uma nova carreira e devotar algum tempo para voltar a aprender ou fazer contatos pela Internet com vistas à nova carreira. Ela afirma que algumas profissões, entre as quais a de *designer* gráfico, são vistas como jovens e de vanguarda, o que exclui necessariamente as pessoas acima dos 40 anos.

E o que acontece com os trabalhadores mais velhos? O artigo dizia o seguinte:

Nos setores de vanguarda, os soldados da infantaria tendem a ser como Melissa: jovens, ambiciosos e dispostos a trabalhar 12 horas por dia.

Os melhores entre os trabalhadores mais velhos são empurrados para os cargos de gerência. Os outros costumam ser demitidos. E ferir os antigos soldados da infantaria é surpreendentemente fácil. Setembro passado, uma empresa americana de computadores publicou um anúncio para contratar um profissional de suporte. Naturalmente, em todas as inscrições os candidatos terminavam destacando todas as suas habilidades nessa área.

E, é claro, todos estavam capacitados a fazer o trabalho, se ao menos tivessem a oportunidade. Sendo assim, como os entrevistadores começaram a separar o joio do trigo?

Simples: "Olhamos a data de nascimento dos candidatos e os dois grupos: acima dos 35 e abaixo dos 35", diz uma pessoa da empresa. "E colocamos os acima dos 35 na lista de rejeitados. É ilegal, mas não há uma certa simplicidade darwiniana nesse processo?"

Sobrevivência dos mais fortes, decadência dos mais velhos.

A ARMADILHA DE MEU PAI INSTRUÍDO

Quem leu meus outros livros já deve saber o quanto sou sensível à idéia das "armadilhas" de uma carreira, como aparece nesse artigo. Para quem não os leu, meu pai instruído, superintendente de educação do Havaí, enfrentou essa armadilha aos 50 anos. Ali estava um homem com uma boa instrução, honesto, trabalhador e decidido a melhorar o sistema educacional do estado do Havaí. Mas, aos 50 anos foi afastado e ficou sem emprego e sem habilidades de sobrevivência para uma vida fora dos muros da escola. Embora tivesse sido um excelente aluno, com uma ótima fórmula de aprendizado, *sua fórmula de aprendizado* não foi capaz de reeducá-lo para sobreviver no mundo real, quando sua *fórmula profissional* falhou.

DANDO DURO EM UM EMPREGO SEM FUTURO

Minha amiga Kelly Richie me mostrou o artigo VOCÊ ESTÁ ULTRAPASSADO? no jornal *West Australian* porque durante anos venho dizendo a meus alunos, "Em geral, as pessoas seguem o conselho dos pais de 'estudar, tirar boas notas e conseguir um emprego seguro'. É uma idéia antiquada. É uma idéia da Era Industrial. E o problema é que a maioria das pessoas que segue esse conselho acaba em um emprego sem futuro. Tiram boas notas e encontram um emprego seguro, ganham muito dinheiro, mas o problema é que o emprego não vem com uma escada."

Há pessoas que estão trabalhando, conseguem uma boa renda, mas a mente e o corpo estão cansados, esgotados... e não há escada para saírem e chegarem ao topo. Em algum lugar ao longo do caminho, elas tropeçaram na armadilha sem saber. No entanto, embora ainda tenham seus empregos, ou seus negócios, em algum ponto do caminho, a escada que levava ao topo desapareceu. Tenho muitos amigos que foram ótimos alunos, ingressaram na universidade e atingiram um grande sucesso antes dos 40, mas depois a mágica profissional acabou e o declínio começou. Nesses casos, creio que a *fórmula profissional* deixou de funcionar porque a *fórmula de aprendizado* também parou. Em outras palavras, meus amigos estão usando a mesma fórmula de aprendizado e, profissionalmente, aquela fórmula está impedindo a mágica de funcionar.

RICO AOS 40 E FALIDO AOS 47 ANOS

Tenho um colega que era um ótimo aluno. Estudou em uma universidade de elite na costa oeste dos Estados Unidos e depois voltou para o Havaí. Logo entrou de sócio para o mesmo clube do pai, casou-se com uma moça cujo pai era sócio do mesmo clube e teve filhos e agora os filhos estudam no mesmo colégio particular no qual estudou.

Depois de trabalhar alguns anos, ganhar uma pequena experiência profissional e jogar golfe com as pessoas certas, ele se envolveu em algumas transações imobiliárias de porte. Seu rosto sorridente ilustrava a capa das revistas de negócios locais e era aclamado como um dos líderes empresariais da nova geração. Aos 40 anos, estava com a vida feita. No final da década de 1980, o mercado imobiliário no Havaí atravessou uma fase ruim quando os japoneses deixaram de investir no estado e ele perdeu a maior parte de sua fortuna. Ele e a esposa se separaram porque ele estava tendo um caso e agora ele sustenta duas famílias. Está falido aos 47 anos, com enormes contas para pagar.

Estive com ele há apenas alguns meses. Ele acabara de fazer 50 anos, recuperara-se de suas perdas e estava de namorada nova. Mas por mais que diga que tudo corre bem e que está bem, posso ver que o entusiasmo acabou. Alguma coisa mudou por dentro e ele está trabalhando mais do que nunca apenas para manter a imagem dos anos passados. Parece mais cínico e mordaz.

Uma noite, durante o jantar, sua namorada nos contou sobre a nova empresa on-line que estava montando. Estava muito entusiasmada e parecia que o negócio ia bem, recebendo muitos pedidos do mundo inteiro. De repente, meu amigo desabou. Parecia que a bebida em excesso e a pressão interna abalaram seu comportamento impassível. Nitidamente aborrecido com o recente sucesso da namorada, ou com o seu fracasso, ele disse:

— Como é que você pode se sair bem? Você não freqüentou a universidade certa e não tem mestrado. Além disso, não conhece as pessoas certas como eu conheço.

Quando Kim e eu voltávamos para casa naquela noite, ela comentou sobre seu repentino ataque de mau humor:

— Parece-me que ele está tentando acionar sua antiga fórmula de sucesso e, ao que tudo indica, não está funcionando.

Eu concordei e refleti sobre o que o jornal australiano dissera sobre a pilha de currículos dos candidatos acima dos 35 anos e dos abaixo dos 35. Pensei em Adrian, a amiga que fora demitida, comprara a franquia de uma agência de viagens e estava agora na faculdade de direito, esperando se formar aos 57 anos. E pensei em meu pai instruído, um homem que realmente acreditava no poder de uma boa educação, embora seu excelente grau de instrução não o tivesse salvo no final. Finalmente, abandonando meus pensamentos, disse a Kim:

— Parece um caso de idéias da antiga economia contra idéias da nova economia.

— Podemos dizer que ela tem as idéias da nova economia e que ele tem as idéias da antiga economia? — perguntou Kim.

Eu concordei.

— Podemos até dispensar a palavra *economia*. Diga apenas que ela tem novas idéias e que ele ainda opera com base em idéias que desenvolveu na escola. A diferença de idade entre eles é de apenas alguns anos, mas as idéias dela são novas... não originais, mas para ela são novas, diferentes e estimulantes, portanto, ela parece nova e diferente.

As idéias dele não são novas, nem originais e ele se apegou a elas por 40 anos, desde que éramos crianças.

— Portanto, as pessoas não ficam obsoletas. Suas idéias é que se tornam obsoletas.

— É. Parece-me que é assim. Suas idéias, mas mais especificamente suas fórmulas para o sucesso tornam-se obsoletas — retruquei. — Ele se levanta e vai trabalhar, mas em vez de ser o novo menino prodígio da cidade, o novo agitador com novas idéias, é agora o cara velho e antiquado há dez anos e não sabe disso. Ele ainda utiliza as mesmas fórmulas para o sucesso antigas, e o problema é que não está disposto a mudá-las. Hoje em dia, ele anda pela cidade com o currículo na mão, competindo por empregos com jovens com a idade de seus filhos.

— Assim, o conselho de "estudar, tirar boas notas, conseguir um bom emprego" era um bom conselho quando ele era jovem — disse Kim — mas é um mau conselho para ele hoje.

— E o problema é que ele está preso, sem saber, por sua fórmula de sucesso — acrescentei suavemente. — Ele não percebe que o bom conselho no passado é um mau conselho no presente, portanto o futuro é incerto.

— Como assim, preso sem saber? — perguntou Kim.

— Isso aconteceu com meu pai aos 50 anos. O conselho de "estude e arrume um emprego" foi um bom conselho para a época em que ele era jovem. Era uma excelente fórmula. Ele tirou notas altas, conseguiu um ótimo emprego e chegou ao topo. Mas, então, a fórmula deixou de dar certo e seu declínio começou.

— E ele continuou usando a mesma fórmula — disse Kim.

— Não apenas continuou a usá-la... como também, quanto menos a fórmula funcionava, mais inseguro ele ficava, *mais* dizia às outras pessoas para seguirem seu conselho — sua fórmula — embora não estivesse dando certo para ele.

— Ele insistia em dizer às pessoas para seguirem seu conselho, embora a fórmula não estivesse funcionando para ele próprio? — disse Kim, calmamente, mais para si mesma.

— Penso que ele está preso em dois lugares — disse eu. — Está preso no que não está funcionando, frustrado e cansado... no entanto, vai em frente. E está preso no passado, uma época em sua vida na qual a fórmula funcionava. E por ter dado certo no passado, ele deseja assegurar-se de que está agindo certo hoje.

— Por isso ele diz a todo mundo para fazer o que ele fazia — disse Kim. — Embora não funcione mais.

— Penso que seu motivo é o fato de saber o que deu certo para ele. Ainda não descobriu o que está errado.

— Quando descobrir isso, dirá a todo mundo o que fez — disse Kim. — Ele poderia se transformar no apóstolo do novo comportamento. Quando descobri-lo, gritará: "Encontrei o caminho! Encontrei o caminho!" Mas até então, pregará sobre o antigo caminho até descobrir uma nova fórmula de sucesso para sua vida.

— Se a descobrir — respondi. — Quando você se forma, ninguém lhe dá um guia para o sucesso. Quando a trilha desaparece, muitos de nós acabam abrindo caminho pela selva, esperando encontrar a trilha novamente. Alguns tornam a encontrá-la, outros não. E quando você não encontra a nova trilha, muitas vezes pára e reflete sobre a antiga. Assim é a vida.

HERÓIS DOS TEMPOS DE ESCOLA

Antes, mencionei Al Bundy, o personagem da série de televisão "Married with Children". Al Bundy é uma caracterização tragicômica de alguém que foi um herói na escola, mas que não mudou sua fórmula. No programa, Al está na loja de calçados recordando o dia em que marcou quatro *touchdowns* e venceu o jogo para sua escola. Algum dia, todos estaremos como Al Bundy, sentados em nossas cadeiras de balanço, recordando os velhos tempos em que a vida era mágica. Mas os problemas surgem quando não estamos prontos para recordar — e ainda queremos realizar algo mais na vida. Os problemas surgem quando vivemos no presente, tentando recapturar as alegrias do passado. As pessoas que não conseguem parar quando deveriam muitas vezes são como lutadores de boxe veteranos que entram no ringue e apanham de um adversário mais jovem. Lutam com uma antiga fórmula de sucesso, para que o lutador veterano possa recordar os dias passados.

Muitas pessoas podem ter ido bem na escola e no último emprego, mas alguma coisa parou de funcionar para elas. As reuniões de ex-alunos são ótimos lugares para se encontrar a estrela do futebol que nunca foi adiante... ou a estrela acadêmica que não passou disso. Ao encontrá-los depois de 10, 20 ou 30 anos, você percebe que a mágica desapareceu. Para eles, se estão infelizes, poderia estar na hora de mudar uma antiga fórmula para o sucesso *profissional* e de reconhecer que talvez precisem mudar sua antiga fórmula *de aprendizado*. E hoje em dia, é importante deixar os filhos saberem que a mudança faz parte do futuro deles. Na verdade, talvez seja importante ensinar aos filhos que a capacidade de mudar e aprender com rapidez provavelmente é mais importante do que o que eles aprendem hoje na escola.

SUGESTÕES PARA OS PAIS

Há alguns anos, assisti um programa de televisão em que as mães levavam as filhas para o trabalho a fim de lhes mostrar o que faziam. O comentarista da televisão estava entusiasmado com a idéia e dizia: "É uma idéia audaciosa e nova — mães ensinando às filhas a serem boas profissionais no futuro."

Tudo que eu pude dizer a mim mesmo foi: que idéia mais antiga!

Hoje em dia, quando dou uma palestra a jovens adultos, costumo perguntar com que fórmula estão operando. A deles ou a dos pais?

Quando eu era criança, na década de 1960, a maioria dos pais dizia aos filhos, com pânico na voz: "Estudem para conseguir um bom emprego." O motivo de pânico era o fato de muitos pais terem vivido durante a Grande Depressão, um período em que não havia empregos. Para muitas pessoas da geração de meus pais — em geral nascidas entre 1900 e 1935 — seus temores emocionais, o medo do desemprego e o medo de não ter dinheiro suficiente afetavam bastante seus pensamentos, palavras e ações.

Atualmente, se você olhar ao redor, verá anúncios de emprego por toda parte. Os empregadores procuram desesperadamente alguém que saiba ler e escrever, seja simpático, saiba sorrir e possa ser treinado. Embora as habilidades técnicas sejam importantes, permanece o fato de que muitas outras qualidades significam mais para um empregador do que as habilidades técnicas. Embora haja muitos empregos disponíveis, continuo a ouvir jovens repetindo para os filhos as mesmas palavras, com o mesmo pânico emocional, que seus pais lhes diziam: "Estude com afinco para conseguir um bom emprego."

Quando ouço alguém dizer: "Todo mundo precisa de um bom emprego!", respondo: "Acalme-se. Dê um tempo. Olhe ao redor. Há muitos empregos. A Depressão terminou. O capitalismo venceu. Ele salvou o mundo. O comunismo morreu. A Internet está viva e em ação. E pare de dar conselhos baseados em histórias antigas. Hoje se desejar um emprego seguro, você consegue. Portanto, pare um pouco e pense."

Algumas pessoas se acalmam, mas muitas não. A maioria das pessoas que encontro fica absolutamente aterrorizada com a idéia de perder o emprego, de não levar dinheiro para casa e a maioria não consegue pensar racionalmente por causa de antigos temores herdados dos pais.

Uma das coisas mais importantes que um pai pode fazer é parar, pensar e olhar para o futuro, em vez de dar conselhos baseados em acontecimentos do passado. Como eu disse, a Depressão acabou.

Muitos jovens estão deixando a escola ou não estão levando a educação a sério, porque a ameaça de não conseguir um emprego seguro se não estudarem não funciona mais. Os jovens na escola sabem que podem conseguir um emprego. Os jovens que estudam notam que os melhores salários não vão mais para as estrelas do mundo acadêmico. Sabem que as pessoas que ganham mais dinheiro são os astros e as estrelas do esporte, da música ou do cinema. Os jovens de hoje assistem Al Bundy na televisão e sabem que ele tem um emprego. Também vêem os pais indo trabalhar, dar duro, sem voltar para casa, e contratar babás. Perguntam: "Então vou para a escola para acabar assim? É isso que desejo para minha vida? É isso que quero para meus filhos?"

TIVE DE PARAR DE FAZER O QUE FAÇO MELHOR

Quando me aposentei em 1994 aos 47 anos, a pergunta "O que farei pelo resto da vida" me atormentava. Em vez de descansar durante um ano, decidi fazer o que as pessoas chamam de "reinventar-me". Isso queria dizer que precisava mudar minha fórmula de aprendizado e minha fórmula profissional. Se não fizesse isso, seria como o boxeador veterano que retorna ao ringue depois de um ano parado. Ao me reinventar, eu teria de parar de ensinar economia e dar seminários sobre investimentos. Para me reinventar, eu teria de começar a aprender alguma coisa que eu precisava aprender, a fim de mudar minha maneira de fazer as coisas. Para isso, criei um jogo de tabuleiro para ensinar o que eu costumava ensinar e tive de aprender a redigir, uma matéria que eu tinha repetido duas vezes na época do colégio. Hoje em dia, sou mais conhecido como escritor do que em qualquer profissão que exerci no passado. Se não tivesse uma fórmula de aprendizado, profissional e financeira, não teria conseguido mudar minha vida. Se não tivesse mudado, ficaria obsoleto aos 47 anos... gastando minha vida com reminiscências sobre os bons e velhos dias e o sucesso do passado.

O QUE A SEGURANÇA NO EMPREGO FEZ À VIDA FAMILIAR?

Hoje, os pais precisam ser mais inteligentes, porque seus filhos são mais inteligentes. Os pais precisam ver além da escola e da segurança do emprego, porque os filhos enxergam bem mais além. Eles vêem o que a segurança do emprego fez à vida familiar. Percebem que os pais têm um emprego, mas não têm vida. Esse não é o futuro que muitos jovens desejam. E para ser um pai bem-sucedido, com um relacionamento bem-sucedido com o filho, um pai deve consultar a bola de cristal — mas não a própria bola de cristal. Hoje, o pai deve olhar constantemente para a bola de cristal do filho. Deve compartilhar a visão do filho sobre o futuro, em vez de forçá-lo a olhar a visão dos pais sobre o futuro, uma visão que muitas vezes se baseia no passado.

Antes, neste livro, afirmei que muitas discussões entre pais e filhos são embates entre a fórmula de sucesso dos pais e a fórmula para o sucesso dos filhos — por exemplo, um pai que diz: "Estude", e o filho que diz: "Vou parar de estudar." Esse é um exemplo de um embate de fórmulas para o sucesso. Para ter um relacionamento bem-sucedido, os pais devem fazer o melhor para ver o que os filhos vêem, pois, é óbvio que estes vêem alguma coisa, e uma boa instrução talvez não faça parte dessa visão. Nesse ponto, não digo que os pais devem desistir e deixar os filhos fazerem o que bem desejarem. Tudo que estou dizendo é que os pais precisam olhar além do embate de fórmulas vencedoras e fazer o melhor para descobrir que visão está na cabeça dos filhos. Sei que não é fácil, mas acho que é melhor do que lutar.

Logo que um pai vê o mesmo que o filho e onde o filho quer chegar, há uma chance de comunicação e esperança de alguma orientação. Isso é fundamental, pois no momento que um pai diz ao filho: "Não quero que você faça isso", o filho vai fazê-lo ou já fez. Compartilhar uma visão e minimizar o embate de fórmulas para o sucesso são vitais para uma orientação no longo prazo.

Assim que se estabelecer uma boa comunicação, eu recomendaria que os pais começassem a compartilhar com os filhos a idéia de que é provável que eles tenham muitas profissões ao longo da vida, em vez de um único emprego a vida toda. E se um filho puder entender esse conceito, ele poderá ter um respeito cada vez maior pela educação. Se uma criança tiver um respeito crescente pela educação e pelo aprendizado vitalício, ficará mais fácil transmitir a razão da idéia do desenvolvimento de uma fórmula *de aprendizado* pessoal e o motivo da importância de se continuar estudando. Penso que é importante, pois não acho que algum pai deseje que os filhos fiquem presos a um emprego sem futuro, tornando-se menos valiosos à medida que envelhecem.

UMA COMPARAÇÃO DE IDÉIAS

Era Industrial	**Era da Informação**
Segurança do emprego, domínio	Trabalho por conta própria, empresas virtuais
Senioridade	Pago pelos resultados
Um emprego	Muitas profissões
Trabalho até os 65 anos	Aposentadoria precoce
Cartão de ponto	Trabalha quando está interessado
Faculdades	Seminários
Diplomas e credenciais	Talentos básicos
Conhecimento antigo	Novas idéias
Plano de aposentadoria da empresa	Portfólio autogerenciado
Plano de aposentadoria do governo	Não precisa
Plano de saúde do governo	Não precisa
Trabalho na empresa	Trabalho em casa

Resumindo, você e seus filhos terão mais opções do que seus pais jamais tiveram. As escolhas da Era Industrial apresentadas acima não são melhores nem piores do que as escolhas da Era da Informação. A questão é que hoje há mais escolhas e os jovens sabem disso. Atualmente, o desafio é para que nosso sistema educacional e os pais ensinem às crianças habilidades de aprendizado que lhes permitam ter o máximo de escolhas possíveis. Não acho que os pais queiram que os filhos fiquem presos em uma loja de sapatos por terem seguido o conselho de "estudar para conseguir um bom emprego". Hoje, as crianças precisam ter uma educação melhor do que essa.

UMA OBSERVAÇÃO FINAL

Dou aula para adultos. Quando lhes digo que o que os prende é o conselho "estude para conseguir um bom emprego", muitos levantam a mão e pedem mais explicação. Muitos entendem que é um bom conselho para quando são jovens, mas inadequado aos adultos... mas agora querem saber mais.

Em uma de minhas aulas, durante uma discussão sobre esse assunto, um aluno perguntou:

— Mas como ter um bom emprego pode nos prender?

— Boa pergunta — respondi. — Não é o emprego que nos prende. É a frase de efeito acrescentada à afirmação, "Estude para conseguir um bom emprego" que nos prende.

— Frase de efeito? — perguntou o aluno. — Que frase de efeito?

— A frase de efeito que diz: "Seja cauteloso e não cometa erros."

CAPÍTULO 7

Seu filho vai conseguir se aposentar antes dos 30?

Um dia perguntei a meu pai rico por que ele era tão rico. Sua resposta foi: "Porque me aposentei cedo. Se você não precisa ir trabalhar, tem muito tempo para ficar rico."

ATRAVÉS DO ESPELHO

No capítulo anterior sobre dever de casa, meu pai disse: "Não se fica rico trabalhando, fica-se rico em casa. É por isso que você deve fazer o dever de casa." O pai rico fez seu dever de casa me ensinando a fórmula para conseguir muito dinheiro, jogando Banco Imobiliário. Ao arrumar tempo para jogar com o filho e comigo, ele estava se esforçando para nos transportar para um mundo que pouquíssimas pessoas enxergam. Em algum momento entre os 9 e os 15 anos, passei mentalmente do mundo de meu pai pobre para o mundo do meu pai rico. Era o mesmo mundo que todos enxergavam; apenas a percepção era diferente. Eu via coisas que jamais vira.

No livro *Alice no país das maravilhas,* de Lewis Carroll, Alice atravessa o espelho e entra em um mundo diferente. Pai rico me fez atravessar seu espelho, jogando Banco Imobiliário e me deixando ver o mundo através de seus olhos... a partir de sua perspectiva. Em vez de me dizer: "Estude, tire boas notas e encontre um emprego seguro", ele continuou me estimulando a mudar de idéia e a pensar de maneira diferente. Costumava dizer: "Compre as casas verdes, venda-as, e depois compre um hotel vermelho. Essa é a fórmula que o deixará rico quando for adulto." Eu não sabia o que ele queria que eu visse, mas sabia que queria que eu aprendesse alguma coisa que ele podia sentir e que eu não percebi naquele momento.

Como criança, eu não entendia o que ele tentava fazer. Sabia apenas que ele pensava que comprar quatro casas verdes, vendê-las e depois comprar um hotel vermelho era uma idéia muito importante. Jogando sempre com meu pai rico, encarando o jogo como algo importante, e não apenas um jogo bobo para crianças, comecei a mudar meu modo de pensar e passei a ver as coisas sob uma ótica diferente. Então, um dia, em uma visita ao banco, minha mente fez a transição. Por um momento, coloquei-me dentro da mente de meu pai rico e vi o mundo que ele via. Eu havia atravessado o espelho.

UMA MUDANÇA EM MINHA PERCEPÇÃO PESSOAL

A mudança mental ocorreu quando participei de uma reunião de meu pai rico com o gerente do banco e o corretor imobiliário. Eles discutiram alguns detalhes, assinaram alguns documentos, meu pai rico entregou um cheque ao gerente do banco e depois tomou posse de algumas chaves entregues pelo corretor imobiliário. Comecei a perceber que ele acabara de comprar outra casa verde. Entramos no carro — o gerente do banco, o corretor, meu pai rico, Mike e eu — e nos dirigimos até a propriedade para inspecionar sua nova casa verde. No caminho, comecei a perceber que estava vendo na vida real aquilo que estivera fazendo ao jogar Banco Imobiliário. Ao sair do carro, observei meu pai rico subir os degraus, enfiar a chave na porta, virar a chave, empurrar a porta, entrar e dizer: "É minha."

Como eu disse, aprendo melhor vendo, tocando, sentindo e fazendo. Não me saio bem sentado, ouvindo, lendo e fazendo provas escritas. Quando entendi o relacionamento existente entre o jogo, a casinha verde e a casa que ele acabara de comprar, minha mente e meu mundo mudaram porque a percepção que eu tinha de mim mesmo estava mudando. Eu não era mais um garoto pobre, membro de uma família que enfrentava dificuldades financeiras. Estava me transformando em garoto rico. Minha percepção pessoal estava mudando. Eu não tinha mais a esperança de ficar rico. Em minha alma, eu começava a perceber com clareza que era rico. Era rico porque começava a ver o mundo através dos olhos do meu pai rico.

Quando o vi fazendo um cheque, assinando uns papéis e pegando as chaves, percebi a relação entre o jogo, os acontecimentos e a pequena casa verde. Disse a mim mesmo: "posso fazer isso." Não é difícil. Não tenho de ser tão instruído para ficar rico. Nem tenho de tirar boas notas. Senti como se estivesse atravessando o espelho e entrando em outro mundo. Mas a entrada nesse mundo também gerava alguns problemas com o mundo que eu estava deixando para trás. Eu tinha encontrado minha fórmula para o sucesso. Era uma fórmula que exigiria uma fórmula de aprendizado, uma fórmula profissional e uma fórmula financeira. Era a fórmula que eu seguiria pelo resto da vida. Naquele momento, eu soube que ficaria rico. Não havia dúvida. Entendi o jogo Banco Imobiliário. Eu gostava desse jogo. Vira meu pai rico jogar com dinheiro de verdade e, se ele podia fazê-lo, sabia que eu também podia.

DIVIDIDO ENTRE DOIS MUNDOS

Mentalmente, eu estava indo e vindo de um lado a outro do espelho. O problema era que o mundo no qual eu estava entrando, o mundo do meu pai rico, parecia fazer sentido. O mundo em que eu estava vivendo é que parecia insano. O mundo para o qual eu voltava nos dias de aula parecia o mundo do Chapeleiro Louco, das cartas que marchavam e do gato risonho. Nas segundas-feiras, a professora nos pedia para entregar nosso dever de casa. Depois passava mais deveres e nos pedia para estudar coisas que sei que eu nunca aplicaria na prática. Resolvia problemas de matemática complexos e sabia com certeza que nunca usaria tais fórmulas matemáticas complexas na vida real. Eu vira a matemática que meu pai rico usara para comprar a casa verde e ele não usara fórmulas de álgebra para comprá-la. Foi preciso usar apenas as operações de soma e subtração. Eu sabia que comprar quatro casas verdes não era tão difícil. Quando eu tivesse as quatro casas verdes para vender, comprar o hotel vermelho ficaria fácil, mesmo lógico — mas fazia sentido apenas se houvesse o desejo de ser rico e ter mais tempo livre. Um hotel grande me daria mais dinheiro e exigiria menos esforço. Eu estava confuso, porque cada vez que atravessava o espelho um lado me parecia definitivamente mais são do que o outro.

Nunca entendi por que estudamos coisas que sabemos que nunca iremos usar... ou pelo menos nunca nos ensinaram a usá-las. E então precisamos fazer provas sobre coisas que não nos interessam e somos rotulados como inteligentes ou burros, dependendo de nosso desempenho nesses testes; eu realmente me sentia como *Alice no país das maravilhas*.

POR QUE ESTUDO ESSAS MATÉRIAS?

Um dia, decidi fazer a pergunta que me vinha me intrigando há anos. Finalmente, muni-me de bastante coragem e perguntei à minha professora:

— Por que preciso estudar e fazer prova sobre matérias que não me interessam e que nunca usarei?

Sua resposta foi:

— Porque se você não tirar boas notas, não conseguirá um bom emprego.

Era a mesma resposta que ouvira do meu pai verdadeiro. Parecia um eco. O problema era que a resposta não fazia muito sentido. O que tinha a ver estudar coisas nas quais eu não estava interessado e que nunca usaria com conseguir um emprego? Naquele momento em que achara minha fórmula para o sucesso na vida, a idéia de ir à escola e estudar coisas que não usaria para conseguir um emprego, um emprego que não planejava conseguir, fazia ainda menos sentido. Depois de pensar sobre o assunto durante um tempo, respondi: "Mas e se eu não quiser um emprego?"

Depois disso, ela me mandou "sentar e voltar às minhas tarefas escolares".

É IMPORTANTE ESTUDAR

Não estou propondo que você tire seu filho da escola e compre o jogo Banco Imobiliário. Uma boa educação é muito importante. A escola ensina matérias básicas e habilidades de aprendizado e depois ensina habilidades profissionais. Embora não concorde totalmente com a maneira de ensinar do sistema ou com o que se ensina, freqüentar a escola e depois a universidade ou uma escola técnica continua sendo a base para o sucesso na vida.

O problema é que a escola não ensina as habilidades financeiras básicas e, por não ensinar essas habilidades, muitos jovens saem da escola sem uma fórmula financeira *para o sucesso*. Na verdade, muitos terminam seus estudos com uma fórmula financeira *para o fracasso*.

Hoje em dia, muitos jovens já saem da escola com dívidas no cartão de crédito e dívidas com o crédito educativo. Muitos jamais conseguem pagar as dívidas. Muitos saem da escola e começam a comprar carros, casas, barcos etc. Muitos morreram e passaram as dívidas para os filhos. Em outras palavras, eles podem sair da escola com uma boa educação, mas também saem sem uma fórmula muito importante — a fórmula *financeira para o sucesso* na vida.

OS DOIS PAIS PREOCUPAVAM-SE

Meu pai professor percebeu que faltava alguma coisa na educação, mas nunca identificou o que era.

Meu pai rico sabia o que estava faltando. Ele sabia que as escolas não ensinavam muito, se é que ensinavam alguma coisa, sobre dinheiro. Sabia que a falta de uma fórmula financeira para o sucesso mantinha muitas pessoas trabalhando duro, agarrando-se à segurança do emprego e nunca progredindo financeiramente. Quando lhe contei a história que meu pai verdadeiro havia me contado sobre as plantações que usavam o sistema educacional para garantir um fluxo constante de trabalhadores, tudo que disse com uma voz calma foi: "As coisas não mudaram muito." Ele sabia que as pessoas se agarravam a um emprego e trabalhavam arduamente apenas porque tinham de fazê-lo. Sabia que sempre existiria um fluxo constante de trabalhadores.

Ele também se preocupava com o bem-estar financeiro de seus funcionários. Ficava perturbado quando via seus funcionários dando duro no trabalho para chegar em casa e se afundar em dívidas. Dizia: "Você não fica rico no trabalho. Fica rico em casa. É por isso que precisa fazer seu dever de casa." Ele sabia também que a maioria dos trabalhadores não tem a educação financeira básica para fazer seu dever de casa financeiro e era isso que o preocupava e entristecia.

A MANEIRA DE ENSINAR DO PAI RICO

Aprendi tanto com meu pai rico porque ele tinha uma maneira de ensinar especial, uma maneira de ensinar que funcionava melhor para mim.

Mais uma vez, volto à história do livro *Pai rico, pai pobre* em que o pai rico me pagava dez centavos por hora depois de prometer me ensinar a ficar rico. Trabalhei para ele durante três sábados por três horas, somando 30 centavos por dia. Finalmente, muito chateado, fui até seu escritório e lhe disse que ele estava se aproveitando de mim. Lá estava eu, um menino de nove anos, tremendo e chorando, pedindo para que ele acabasse com tudo.

— Você prometeu me ensinar a ficar rico. Já trabalhei para você durante três semanas e nem mesmo o vi. Você não vem me ver trabalhando, muito menos me ensina qualquer coisa. Ganho 30 centavos e isso não vai me enriquecer. Quando é que vai me ensinar alguma coisa?

O pai rico balançou-se na cadeira, olhando um menino de nove anos muito chateado do outro lado da mesa. Depois de um longo minuto de silêncio mortal, sorriu e disse:

— Estou lhe ensinando alguma coisa sim. Estou lhe ensinando a lição mais valiosa que uma pessoa pode aprender se quiser ser rica. A maioria das pessoas trabalha a vida toda e nunca aprende a lição que você está aprendendo, se aprender.

Calou-se, balançou a cadeira e continuou a olhar para mim, enquanto eu continuava tremendo, e suas palavras penetravam em minha mente.

— O que você quer dizer com "Se eu aprender?" Se eu aprender o quê? O que devo aprender que as outras pessoas nunca aprendem? — perguntei, limpando o nariz na manga da camisa. Estava me acalmando, no entanto tinha ficado aborrecido ao ouvi-lo dizer que estava me ensinando alguma coisa. Eu mal o vira desde que concordara em trabalhar para ele e agora ele estava me dizendo que estava me ensinando algo.

Com o passar dos anos, eu perceberia a importância daquela lição — a de que a maioria das pessoas não enriquece dando duro pelo dinheiro e pela segurança do emprego. Logo que entendi a diferença entre trabalhar por dinheiro e fazer o dinheiro trabalhar a meu favor, fiquei um pouco mais inteligente. Percebi que as escolas nos ensinam a trabalhar por dinheiro e que, se eu quisesse ficar rico, precisava aprender a fazer o dinheiro trabalhar a meu favor. Uma pequena diferença, mas que mudou minhas escolhas educacionais e meu futuro profissional. Como afirmei antes, inteligência é a capacidade de fazer distinções mais refinadas. E a distinção que eu precisava aprender era como fazer o dinheiro trabalhar para mim se eu quisesse ficar rico. Enquanto meus colegas estudavam para conseguir um emprego, eu estudava para não precisar de um emprego.

Entendi o que pai rico queria dizer com "A maioria das pessoas nunca aprende a lição". Mas tarde, o pai rico me explicaria que a maioria das pessoas vai trabalhar, recebe o salário, vai trabalhar, recebe o salário, vai trabalhar... eternamente... e nunca aprende a lição que ele estava me ensinando. Ele dizia: "Quando você me pediu para lhe ensinar a ficar rico, percebi que a melhor maneira de lhe ensinar essa primeira lição era simplesmente ver quanto tempo você levaria para aprender que trabalhar por dinheiro não enriquece ninguém. Você levou apenas três semanas. A maioria das pessoas trabalha a vida inteira e nunca aprende a lição. A maioria das pessoas volta e pede um aumento e, embora possa ganhar mais dinheiro, raramente aprende a lição." Era assim que meu pai rico ensinava suas lições e seu estilo de ensinar envolvia agir em primeiro lugar, errar em segundo e ensinar em terceiro. E quem entre vocês leu meu primeiro livro deve estar lembrado que meu pai rico suspendeu o pagamento dos dez centavos por hora e tive de trabalhar de graça. A próxima lição havia começado, mas apenas se eu quisesse.

O OUTRO LADO DA MESA

Outra lição que me influenciou muito foi a que costumo chamar de "o outro lado da mesa". Depois daquela primeira lição aos nove anos, o pai rico percebeu que eu falava sério sobre aprender a ser rico e começou a me convidar para vê-lo fazer coisas diferentes, como fez quando me levou para vê-lo comprar uma casa para alugar. Perto dos meus dez anos, ele começou a me convidar para sentar a seu lado, quando entrevistava candidatos aos empregos que estava oferecendo. Eu sentava perto dele, do outro lado da mesa, enquanto ele perguntava aos candidatos sobre seus currículos ou sobre a opinião deles a respeito de trabalhar em suas empresas. Era sempre um processo interessante. Vi pessoas que não tinham terminado o ensino médio dispostas a trabalhar por menos de US$1 por hora. Embora eu fosse apenas uma criança, sabia que seria difícil sustentar uma família com menos de US$8 por dia, fora os impostos. Quando olhava seus currículos e propostas de emprego e via quantos filhos alguns desses trabalhadores tinham de sustentar, ficava de coração apertado. Entendi que minha família não era a única que atravessava uma fase financeira difícil. Eu queria ajudá-los, assim como queria ajudar minha família, mas ainda não sabia como.

O VALOR DE UMA BOA EDUCAÇÃO

Observar a diferença entre as escalas salariais foi uma lição importante que tive ao me sentar ao lado de meu pai rico. Ver a diferença na escala salarial entre um trabalhador sem o ensino médio completo e um trabalhador com diploma universitário era um bom incentivo para que eu permanecesse na escola. Depois disso, sempre que pensava em parar de estudar, a recordação das diferenças nos salários voltava para me lembrar da importância de uma boa educação.

O que mais me fascinava, no entanto, era ver uma pessoa com um diploma de mestrado ou de doutorado que ainda se candidatava a empregos que pagavam tão pouco. Eu não sabia muita coisa, mas sabia que o pai rico ganhava muito mais dinheiro por mês, somando-se todas as suas diferentes fontes de renda, do que essas pessoas instruídas. Também sabia que meu pai rico não tinha completado o segundo grau. Embora houvesse diferença entre o salário de trabalhadores com uma boa instrução e aqueles que tinham saído da escola antes de se formar, também entendi que o pai rico sabia alguma coisa que esses indivíduos com diplomas universitários não sabiam.

Depois de enfrentar esse processo de sentar do outro lado da mesa cinco vezes, finalmente perguntei ao pai rico por que ele tinha me colocado ali. Sua resposta foi:

— Pensei que você não fosse perguntar. Por que você acha que lhe pedi para me observar entrevistando as pessoas?

— Não sei — respondi. — Acho que você só queria minha companhia.

Pai rico riu:

— Eu nunca desperdiçaria seu tempo dessa maneira. Prometi que lhe ensinaria como ficar rico e estou fazendo o que você pediu. Então, o que você aprendeu até agora?

Sentado na cadeira ao lado do meu pai rico na sala agora vazia e sem os candidatos aos empregos, refleti sobre sua pergunta.

— Não sei — respondi. — Nunca pensei nisso como uma lição.

Pai rico sorriu e disse:

— Você está aprendendo uma lição muito importante... se quer ser rico. Mais uma vez, a maioria das pessoas nunca tem a oportunidade de aprender a lição que quero que você aprenda, porque a maioria das pessoas só vê o mundo do outro lado da mesa. O pai rico me mostrou a cadeira vazia à nossa frente. — Pouquíssimas pessoas o vêem desse lado da mesa. Você está vendo o mundo verdadeiro — o mundo que as pessoas vêem logo que terminam os estudos. Mas tem a oportunidade de vê-lo desse lado da mesa antes de se formar.

— Então, se eu quiser ficar rico, preciso me sentar desse lado da mesa? — perguntei.

Pai rico concordou, acenando a cabeça. Lenta e deliberadamente, começou:

— Mais do que apenas sentar daquele lado da mesa, você deve estudar e aprender o que é necessário para se sentar desse lado da mesa e, a maior parte do tempo, tais matérias não são ensinadas na escola. A escola nos ensina a sentar desse lado da mesa.

— Ensina? — retruquei, um pouco confuso. — Como é que a escola faz isso?

— Bem, por que seu pai quer que você vá à escola? — o pai rico perguntou.

— Para conseguir um bom emprego — respondi calmamente. — E é isso que essas pessoas procuram, não é?

O pai rico balançou a cabeça concordando e disse:

— E é por isso que eles estão sentados daquele lado da mesa. Não estou dizendo que um lado seja melhor do que o outro. Tudo que eu quero lhe mostrar é que há uma diferença. A maioria das pessoas não consegue ver a diferença. Essa é minha lição para você. Tudo que quero lhe oferecer é uma opção sobre o lugar da mesa que você passará a ocupar. Se quiser ficar rico ainda jovem, esse lado da mesa lhe oferece melhores oportunidades de atingir seu objetivo. Se estiver levando a sério sua idéia de ficar rico sem ter de trabalhar duro a vida inteira, vou lhe ensinar como fazer isso. Se quiser sentar do outro lado da mesa, então siga o conselho de seu pai.

LIÇÃO APRENDIDA

Essa foi uma importante lição de orientação para a vida. Pai rico não me disse de que lado sentar. Ele me deu uma opção. Eu tomei minhas próprias decisões. Escolhi o que queria estudar em vez de lutar contra o que me pediam para estudar. E foi dessa maneira que meu pai rico me ensinou ao longo dos anos. Primeiro as ações, depois os erros e em seguida as lições. Depois da lição, ele me oferecia uma escolha sobre o que eu devia fazer com a lição que aprendera.

MUITAS VEZES NÃO CONSEGUIMOS VER O QUE ESTÁ BEM DIANTE DE NÓS

A lição do "outro lado da mesa" incluía outras lições que transformavam uma vida. A inteligência é a capacidade de fazer distinções refinadas, ou multiplicar para dividir. Sentado à mesa, comecei a fazer mais distinções, ou a aprender novas lições, a observar e aprender com o que estava acontecendo diante de mim. Eu ficava ali durante horas, apenas observando, mas sem aprender nada. Quando pai rico me mostrou que a mesa tinha dois lados, pude ver os dois mundos diferentes dos quais cada lado vinha. Senti as diferenças de percepção pessoal que cada lado exigia. Ao longo dos anos, entendi que as pessoas que se sentavam do outro lado da mesa, diante de mim, estavam fazendo apenas o que lhes mandavam fazer, que era sair e procurar um emprego. Na escola, elas aprenderam a "adquirir as habilidades que os empregadores procuram".

Não aprendiam a adquirir as habilidades para se sentar do outro lado da mesa. Por causa dessas instruções iniciais, a maioria das pessoas passa a vida inteira sentada do outro lado da mesa. Será que suas vidas teriam sido diferentes se lhes tivessem dito: "Adquira as habilidades financeiras para ter sua própria mesa"?

AS PESSOAS DESCOBREM O QUE SÃO PROGRAMADAS PARA DESCOBRIR

Também aprendi que as pessoas procuram coisas diferentes. O pai rico me disse: "As pessoas normalmente saem da faculdade e procuram um emprego e é por isso que encontram trabalho." Ele me explicou que aquilo que procuramos em nossa mente é o que encontramos no mundo real. Disse: "As pessoas que procuram trabalho muitas vezes encontram trabalho. Eu não procuro trabalho. Não procuro um emprego. Treinei minha mente para procurar oportunidades de negócios e investimentos. Há muito tempo, aprendi que encontramos apenas o que treinamos nossa mente para encontrar. Se quiser ficar rico, você precisa educar seu cérebro para procurar coisas que o deixarão rico... e um emprego não o fará ficar rico, portanto, não procure um."

Quando digo às pessoas que o sistema ocidental de educação veio da Prússia, muitas não registram essa informação. Mas quando afirmo que o propósito do sistema prussiano era criar funcionários e soldados, muitas pessoas prestam atenção e repetem minhas palavras com olhares de um ceticismo cínico, às vezes hostil. As pessoas que ficam mais zangadas não raro saem-se melhor nesse mesmo sistema. Quando questionado sobre a validade de meu comentário, muitas vezes faço essa pergunta: "Qual é uma das primeiras coisas que um estudante que se forma procura?" E a resposta é: "Um emprego." Eles procuram um emprego, porque foram programados para isso e obedecem como bons soldados. Digo isso porque a Prússia não existe mais, mas suas antigas idéias centenárias permanecem.

Estamos na Era da Informação e já é hora de ensinar as pessoas a procurarem mais do que um emprego seguro. Na Era da Informação, nossa educação precisa ir além da idéia de *adquirir as habilidades que os empregadores estão procurando*. Na Era da Informação, é provável que seus filhos estejam tecnicamente obsoletos aos 30 anos. Se isso é possível, por que não lhes dar as habilidades financeiras para que possam se aposentar antes dos 30 anos?

NÃO PODEMOS MUDAR O QUE NÃO VEMOS

Não estou dizendo que ser empregado ou soldado é bom ou ruim, certo ou errado. Já fui os dois. Estou afirmando que, quando meu pai professor percebeu que havia alguma coisa errada com o sistema, ele começou a mudar o sistema. Queria encontrar maneiras de preparar melhor os estudantes para o mundo real. O problema era ter sido educado pelo mesmo sistema que queria mudar e não podia ver o que não conseguia enxergar. Meu pai rico enxergava o mundo com outros olhos simplesmente porque não era produto do sistema. Ele parou de estudar aos 13 anos porque, com a morte de seu pai, teve de assumir os negócios da família. Aos 13 anos ele aprendeu as habilidades necessárias para se sentar do outro lado da mesa.

PRECISO APRENDER MAIS PARA SENTAR DO OUTRO LADO DA MESA

Logo que entendi que a mesa tinha dois lados, tive mais interesse em aprender o que me faria sentar do lado da mesa em que meu pai rico estava. Não levou muito tempo para que eu entendesse o quanto teria de estudar. Entendi que não teria apenas de estudar matérias na escola, precisava também estudar matérias que a escola não ensina. Passei a me interessar muito mais pela minha educação. Precisaria aprender muito mais do que a escola ensinava se quisesse ter o direito de me sentar à mesa diante daqueles que apenas freqüentavam a escola. Sabia que teria de ser mais inteligente do que as crianças inteligentes na escola, se quisesse me sentar do outro lado da mesa. Precisava aprender mais do que apenas as habilidades para o trabalho que os empregadores procuravam.

Finalmente, eu tinha descoberto algo que me desafiava, me dava um motivo para estudar, alguma coisa que tinha interesse em estudar. Entre os 9 e os 15 anos, comecei minha verdadeira educação. Tornei-me um eterno estudante que sabia que a educação continuaria mesmo depois que eu concluísse meus estudos. Também descobrira o que meu verdadeiro pai procurava: o que faltava no sistema educacional — um sistema feito para manter um fluxo contínuo de trabalhadores à procura de um emprego seguro, mas que nunca os ensinava o que os ricos, as pessoas que se sentavam do outro lado da mesa, realmente sabiam.

A pirâmide do aprendizado

Quando falo em educação e aprendizado, muitas vezes uso esse diagrama, que denomino "pirâmide do aprendizado". É uma síntese dos sete tipos de inteligência de Gardner e de algumas de minhas experiências pessoais como professor de administração e investimentos. Embora não esteja baseada em uma ciência exata, a pirâmide fornece algumas referências úteis para discussão.

Eu mesmo aprendi muito jogando Banco Imobiliário porque o jogo me envolvia mental, emocional e fisicamente. O jogo me fazia pensar, meu estado emocional era de entusiasmo e precisava fazer algo fisicamente. O jogo prendia minha atenção porque exigia muito de mim, sobretudo por eu ser uma pessoa competitiva.

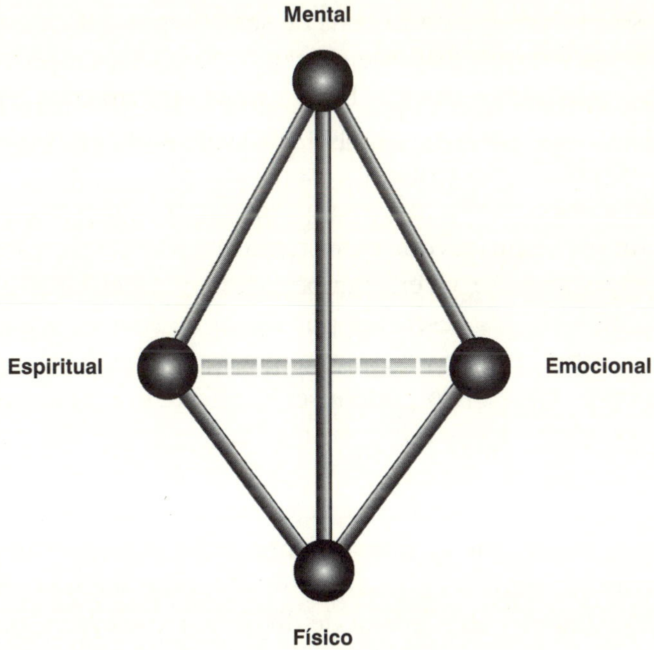

Quando estou em uma sala de aula, obrigado a ficar quieto na carteira, ouvindo alguém falar sobre um assunto pelo qual não tenho interesse ou que não tem relevância para mim, minhas emoções vão da raiva ao aborrecimento. Fisicamente, começo a me contorcer, ou tento dormir só para escapar do sofrimento mental e emocional. Não me acostumo a ficar sentado quieto, tentando entender as informações mentalmente, sobretudo se não estou interessado ou o palestrante é chato. Será que é por isso que os pais e as escolas estão usando cada vez mais medicamentos para manter as crianças superativas quietas e sentadas em seus lugares? Provavelmente essas crianças aprendem com a experiência física e não estão interessadas no que exigem que eles aprendam. Assim, quando se rebelam, o sistema os droga?

Quando ocorre o aprendizado espiritual, não é necessariamente no sentido religioso formal, embora também possa vir daí. O que quero dizer com espiritual é o sentimento que temos quando assistimos, por exemplo, os jogos paraolímpicos e vemos jovens deficientes físicos correndo ou empurrando suas cadeiras de roda com o corpo, a mente e a alma. Fui a um programa especial um ano atrás e o espírito desses jovens emocionava todo o público. Eu também me levantei e torci ao observar esses jovens exigindo mais de seus corpos deficientes do que eu exigia de meu corpo fisicamente capaz. Eram seus espíritos que se estendiam e tocavam os nossos. Esses jovens espíritos nos lembravam de quem realmente éramos e do que éramos realmente feitos. É desse tipo de aprendizado espiritual que estou falando.

Quando estava no Vietnã, vi rapazes lutando mesmo à beira da morte. Eram seus espíritos que os sustentavam, dando-lhes ânimo para que seu grupo pudesse viver. Também testemunhei fatos no Vietnã sobre os quais não ouso escrever por medo de soar demasiadamente louco. No entanto, houve vezes em que testemunhei homens fazendo coisas que com certeza não podem ser explicadas de uma perspectiva mental, emocional ou física. É desse tipo de poder espiritual que estou falando.

Quando vou a um casamento e vejo duas pessoas se unindo, imagino dois seres físicos que se unem diante de Deus, espiritualmente. É um compromisso de duas almas que se juntam e seguem adiante no mundo. Infelizmente, com a taxa de divórcio tão elevada, parece que muitas pessoas estão se unindo mental, emocional, física mas não espiritualmente. É por isso que quando as coisas ficam difíceis seus espíritos se afastam. De qualquer modo, no sentido ideal, é desse tipo de educação espiritual que estou falando. Não quero ofender ninguém, nem desejo impor minhas crenças pessoais sobre as crenças religiosas ou espirituais de qualquer um em particular. Falo apenas de um poder que está além de nossos limites mentais, emocionais e físicos.

UMA MUDANÇA DE PERCEPÇÃO

Entre os 9 e os 12 anos, lembro-me de ter passado por uma mudança fundamental em minha pirâmide pessoal de aprendizado. Sei que mudei a percepção que tinha de mim mesmo nos planos mental, emocional, físico e espiritual. Quando vi meu pai rico assinando os papéis, entregando o cheque e tomando posse das chaves, alguma coisa mudou dentro de mim. Quando aquilo aconteceu, a relação entre o jogo Banco Imobiliário e a vida real se concretizou. Depois de anos sentindo-me mal comigo mesmo por não ser inteligente, pelo menos não tão inteligente quanto meu pai instruído e Andy, o Formiga, mudei. Passei a me sentir bem comigo mesmo. Soube que poderia vencer na vida e soube que podia sobreviver. Soube que teria sucesso à minha maneira. Soube que não precisava de um emprego com um ótimo salário ou mesmo de dinheiro para me dar bem financeiramente. Tinha, enfim, visto algo no qual queria ser bom e sabia que podia fazê-lo bem. Descobrira o que queria estudar. Como eu disse, alguma coisa mudara espiritualmente e senti-me confiante, entusiasmado e bem comigo mesmo. Não me sentia tão bem na escola ou em casa vendo minha mãe chorar ao ver a pilha de contas a pagar sobre a mesa da cozinha. Uma sensação calorosa encheu meu coração e depois todo meu corpo. Tive certeza de quem eu era e quem iria ser. Soube que seria rico. Soube que encontraria uma maneira de ajudar minha mãe e meu pai. Não sabia como, mas sabia que o faria. Soube que poderia ter sucesso em algo que realmente desejasse, em vez de tentar ter sucesso naquilo que outra pessoa me indicasse. Tinha encontrado minha nova identidade.

A MUDANÇA AOS NOVE ANOS

Falei recentemente com Doug e Heather, um casal que faz parte do conselho de uma escola Waldorf no Alasca. Foram eles que me apresentaram o trabalho de Rudolph Steiner. Foram eles que me falaram sobre suas teorias e trabalhos sobre a "mudança aos nove anos". Quando ouvi o que diziam, mais peças do quebra-cabeça do aprendizado se encaixaram.

Quando Doug começou a me falar sobre o que a escola estava ensinando a seus filhos e por quê, as coisas começaram a fazer mais sentido para mim. Doug explicou que a escola fazia as crianças usarem martelos, serras e pregos para construir pequenos abrigos, pois queria que elas soubessem que podiam sobreviver no mundo real. É o mesmo motivo que eles têm para ensinar as crianças jardinagem, como fazer uma horta, cozinhar e fazer pão. É a educação, física, mental, emocional e espiritual. Envolve a criança como um todo em um período crítico da vida, que Steiner identificou como a mudança aos nove anos. É o período da vida em que a criança não deseja mais ser parte da identidade dos pais e quer procurar a própria identidade. É um período da vida solitário e muitas vezes ameaçador. É um período de incerteza. A criança caminha para o desconhecido para descobrir quem realmente é, não o que seus pais desejam que ela seja. Aprender mental, física, emocional e espiritualmente que podem viver sozinhas é vital para a percepção que a criança tem de si mesma.

Agora sei que muitos educadores não concordam com o trabalho de Steiner sobre a mudança aos nove anos e meu objetivo não é mudar sua opinião. Tudo que posso transmitir com convicção para vocês é minha própria experiência. Sei que aos nove anos comecei a procurar algo diferente. Eu sabia que o que minha mãe e meu pai faziam não dava certo e não queria seguir seus passos. Ainda me lembro do medo em nossa casa sempre que havia uma discussão sobre dinheiro. Ainda me lembro de minha mãe e meu pai discutindo sobre dinheiro e de meu pai dizendo: "Não estou interessado em dinheiro. Trabalho o máximo que posso. Não sei mais o que fazer." Eu queria descobrir o que mais eu podia fazer para não terminar como meus pais, pelo menos financeiramente. Sabia, no fundo do meu coração, que queria ajudar minha mãe mais do que qualquer outra coisa. Ficava de coração apertado ao vê-la chorar por causa de uma coisa boba como uma pilha de contas. Sabia que toda vez que ouvia meu pai dizer: "Você precisa estudar com afinco para conseguir um bom emprego", alguma coisa dentro de mim rejeitava seu conselho. Sabia que faltava alguma coisa... e foi por isso que eu saí de casa em busca de novas respostas e de minha própria realidade.

Aprendendo as lições de meu pai rico e jogando Banco Imobiliário várias vezes na vida real, pelo menos 50 vezes por ano, eu estava mudando a maneira de minha mente funcionar. Sentia que atravessava o espelho e começava a ver um mundo que minha mãe e meu pai não podiam ver, embora estivesse bem diante de seus olhos. Olhando para trás, acredito que não podiam ver o mundo que meu pai rico via porque *mentalmente* lhes ensinaram a procurar um emprego, *emocionalmente* a procurar segurança e *fisicamente* a trabalhar muito. Creio que, por não terem uma fórmula financeira para o sucesso, espiritualmente sua percepção pessoal financeira enfraquecera, em vez de se fortalecer, e as contas se acumularam. Meu pai trabalhava cada vez mais, recebia vários aumentos, mas nunca ia adiante financeiramente. Quando sua carreira atingiu o ponto máximo, aos 50 anos e ele não foi capaz de se recuperar de seu declínio profissional e da estagnação, creio que seu espírito finalmente cedeu.

OS ALUNOS SAEM DA ESCOLA MAL PREPARADOS

As escolas não ensinam as habilidades de sobrevivência necessárias para o mundo de hoje. A maioria dos alunos deixa a escola financeiramente carente e procurando segurança... segurança essa que não pode ser encontrada do lado de fora. A segurança está dentro de nós. Muitos saem da escola mal preparados mental, emocional, física e espiritualmente. O sistema educacional cumpriu o dever de fornecer um fluxo constante de empregados e soldados em busca de um emprego, um emprego em uma grande empresa e nas forças armadas. Meus dois pais estavam cientes disso, mas cada um via a situação a partir de uma perspectiva diferente. Um pai a viu de um lado da mesa e o outro a viu do outro.

Quando digo: "Não dependa da segurança do emprego. Não dependa da empresa para tomar conta de você financeiramente. Não espere que o governo cuide de suas necessidades quando se aposentar", as pessoas muitas vezes recuam ou se contorcem. Em vez de animação e entusiasmo, vejo mais medo. Agarram-se à segurança do emprego, em vez de confiar nas próprias habilidades. Parte dessa necessidade de segurança acontece porque as pessoas nunca encontram sua nova identidade e não confiam em sua capacidade de sobreviver sozinhas. Seguem os passos dos pais, fazendo o mesmo que eles faziam e seguindo o conselho que eles davam de "estudar para adquirir as habilidades que os empregadores procuram". A maioria encontrará um trabalho, mas apenas alguns encontrarão a segurança que realmente procuram. É difícil encontrar a segurança de verdade, quando nossa sobrevivência depende de outra pessoa, alguém sentado do outro lado da mesa.

Em julho de 2000, Alan Greenspan, presidente do conselho do Federal Reserve Bank, o banco central americano, falou sobre inflação. Disse que a inflação não estava tão alta quanto era de esperar em um período de níveis baixíssimos de desemprego, porque as pessoas queriam um emprego seguro e não se atreviam a pedir aumento. E continuou, explicando que a maioria das pessoas, temendo o crescimento da tecnologia e a possibilidade de serem substituídas por um computador, como acontecera em muitos setores, preferia recuar e trabalhar por menos. Por isso, disse ele, os ricos ficavam mais ricos, mas a maioria das pessoas não estava compartilhando dessa nova riqueza. Ele disse que as pessoas temiam perder o emprego. Em minha opinião, o motivo foi o fato de que muitas não aprenderam que podiam sobreviver financeiramente por conta própria... portanto, seguiram o conselho e os passos dos pais.

Um repórter ficou muito zangado com o que eu disse sobre educação durante uma entrevista recente. Ele tinha sido um bom aluno e tinha um emprego bom e seguro. Zangado, disse:

— Você está afirmando que as pessoas não devem ter um emprego fixo? O que aconteceria se não houvesse trabalhadores? O mundo ia parar.

Concordei com ele, respirei fundo e comecei a responder:

— Concordo que o mundo precisa de trabalhadores. E acredito que todo trabalhador executa uma tarefa valiosa. O presidente de uma empresa não poderia fazer seu trabalho se os faxineiros não fizessem o deles, portanto, não tenho nada contra os trabalhadores, também sou um trabalhador.

— Então, o que há de errado com o fato de o sistema educacional ensinar as pessoas a serem empregados ou soldados? — perguntou o repórter. — O mundo precisa de trabalhadores.

Mais uma vez, concordei e disse:

— Sim, o mundo precisa de trabalhadores instruídos. O mundo não precisa de escravos instruídos. Penso que é hora de todos os estudantes, não apenas os mais instruídos cobiçados pelas grandes empresas e pelas forças armadas, receberem a educação que os libertará.

NÃO PEÇA AUMENTO

Se eu achasse que pedir um aumento resolveria o problema, diria a todos os meus funcionários para pedirem aumento. Mas o que Greenspan disse é verdade. Se um trabalhador quer dinheiro demais pelo serviço que presta à empresa, o sujeito do outro lado da mesa deve procurar um novo funcionário. Se os custos são elevados demais, o futuro da empresa pode ficar ameaçado. Muitas empresas não existem mais porque não puderam conter os custos da mão-de-obra. As empresas deixam o país porque procuram uma mão-de-obra mais barata. E a tecnologia está substituindo muitos empregos — empregos como agentes de viagem, corretores e outros. Assim, Alan Greenspan está certo ao dizer que as pessoas temem perder seus empregos se pedirem aumentos excessivos.

Mas o motivo principal pelo qual digo "Não peça um aumento" é que, na maioria dos casos, o aumento salarial não resolve o problema. Quando as pessoas recebem aumentos, o governo também recebe um aumento e as pessoas geralmente ficam mais endividadas. Meus livros e jogos educacionais foram escritos e criados para mudar a percepção que uma pessoa tem de si mesma. Se uma pessoa deseja realmente encontrar a segurança financeira, é preciso haver uma mudança mental, emocional, física e depois, talvez, espiritual. Logo que começam a aprender mentalmente a educação financeira apropriada, as pessoas começam a mudar emocional, física e espiritualmente. Logo que sua percepção pessoal melhora, precisam começar a descobrir que necessitam menos de seus empregos e só depois começarão a fazer seu dever de casa... pois, como o pai rico dizia: "Você não fica rico no trabalho, você fica rico em casa." Também descobri que quando nossa percepção pessoal muda e nossa autoconfiança aumenta, os empregadores ficam mais dispostos a nos dar um aumento. É por isso que o dever de casa é tão importante.

SEU DEVER DE CASA

Digo aos pais que o que ensinam aos filhos em casa é tão importante quanto o que eles aprendem na escola. Uma coisa que sugiro os pais é começarem a estimular os filhos a encontrar a própria maneira de se aposentar antes dos 30 anos. Não que a aposentadoria aos 30 anos seja tão importante, mas pelo menos faz com que pensem de uma maneira um pouco diferente. Se entenderem que têm apenas alguns anos para trabalhar e se aposentar, podem fazer perguntas como: "Como posso me aposentar aos 30 anos?" No momento que fazem essa pergunta, começam a atravessar o espelho. Em vez de parar de estudar e procurar um mundo de segurança no emprego, procurarão um mundo de liberdade financeira. E quem sabe? Poderão até encontrá-la, se fizerem o dever de casa.

OS RESULTADOS FINAIS

O valor da educação de uma pessoa não está em suas notas. Sabemos que há muitas pessoas que foram ótimos alunos na escola e péssimos alunos no final da vida.

Há muitas maneiras de se avaliar até que ponto a educação de uma pessoa foi boa e uma das melhores medidas é seu desempenho financeiro depois que se formam. Um dado interessante que mantenho para mostrar às pessoas por que elas precisam complementar sua educação formal vem do Departamento de Saúde, Educação e Bem-estar dos Estados Unidos, mencionado antes no livro. O relatório declara que, em 100 pessoas que estudaram, aos 65 anos, uma está rica, quatro têm uma situação confortável, cinco ainda estão trabalhando, 56 precisam de ajuda do governo e da família e o restante já morreu.

Em minha opinião, esse não é um boletim escolar muito bom, levando-se em conta os bilhões de dólares e as horas que gastamos para educar as pessoas. Significa, que da turma em que me formei, com 700 alunos, 7 ficarão ricos e 392 precisarão de ajuda do governo ou de suas famílias. Não é bom. E ainda há uma diferença maior em relação a esses números. Dos 7 que são ricos, mais ou menos 2 atingirão uma posição razoável porque herdarão algo da família, e não por esforço próprio.

No dia 16 de agosto de 2000, o *USA Today* publicou um artigo intitulado *"Um dinheiro não muito fácil"*, no qual o analista Danny Sheridan calculava os prós e os contras de se ganhar US$1 milhão de 7 maneiras diferentes:

Sendo dono de um pequeno negócio	1.000 para 1
Trabalhando para uma empresa .com que abriu o capital	10.000 para 1
Economizando US$800 por mês durante 30 anos	1.500.000 para 1
Vencendo um programa de perguntas da televisão	4.000.000 para 1
Jogando nos caça-níqueis dos cassinos	6.000.000 para 1
Ganhando na loteria	12.000.000 para 1
Herdando US$1 milhão	12.000.000 para 1

Essas estatísticas mostravam até que poucas pessoas ficam milionárias através de heranças. De longe, a melhor chance que seu filho tem de ficar milionário é ter um negócio próprio e fazê-lo prosperar.

Se puder ensinar a seus filhos que ele podem sobreviver e prosperar financeiramente por conta própria, sabendo como administrar suas finanças, sem cair na armadilha da dívida do consumidor e sem precisar de um emprego, você os estará preparando para o mundo por vir.

Um sistema educacional que deixa as pessoas dependentes no final de suas vidas não os prepara para o mundo de hoje. A idéia de uma empresa ou governo tomando conta de nós no final de nossas vidas já está ultrapassada. Nossos filhos precisam de nossa ajuda, se quiserem ser capazes de desenvolver as habilidades financeiras de que necessitarão no futuro.

CONCLUSÃO DA PARTE I

A Parte I deste livro tratou do dinheiro apenas como um conceito. O mesmo pode ser dito sobre a educação. Muitas vezes, a percepção acadêmica e financeira que as pessoas têm de si mesmas ditará sua maneira de agir pelo resto da vida. É por isso que o trabalho mais importante dos pais é o de monitores, guias e protetores da percepção pessoal dos filhos.

Parte II

Dinheiro não traz riqueza

Meu pai rico costumava dizer: "Dinheiro não traz riqueza." E continuava, dizendo que o dinheiro tem o poder de trazer tanto riqueza quanto pobreza... e a maior parte das pessoas, quanto mais ganha, mais pobre fica. Mais adiante na vida, constatando a popularidade das loterias, declarou: "Se o dinheiro trouxesse riqueza, por que tantas pessoas que ganham na loteria vão à falência?"

Meu pai inteligente dizia praticamente o mesmo sobre as notas.

Será que um bom desempenho escolar é garantia de sucesso na vida? O sucesso acadêmico garantiria o sucesso de seu filho no mundo real? A Parte I deste livro dedicou-se a preparar mentalmente seu filho para a escola e para as mudanças que ocorrem no início da vida. A Parte II é dedicada a preparar seu filho para o sucesso no mundo real.

CAPÍTULO 8

O gerente nunca pediu para ver meu boletim escolar

Aos 15 anos, fui reprovado em inglês. Fui reprovado porque não sabia escrever ou, para ser sincero, meu professor de inglês não gostou do que escrevia e eu cometia inúmeros erros de ortografia. Em suma: eu teria de repetir o primeiro ano do segundo grau. A dor emocional e o constrangimento vieram de várias partes. Antes de tudo, meu pai ocupava um cargo importante na área de educação. Era superintendente de educação do Havaí, encarregado da supervisão de mais de 40 escolas. Quando as pessoas souberam que o filho do superintendente perdera o ano, ouviam-se risinhos e cochichos nos corredores do departamento de educação. Em segundo lugar: perdendo o ano, eu ficaria na mesma turma que minha irmã mais nova. Em outras palavras, enquanto ela andava para frente, eu andava para trás. Em terceiro, isso significava que eu não receberia minha carta de recomendação para ingressar no time de futebol americano, esporte que eu adorava. No dia em que recebi meu boletim escolar e vi que havia sido reprovado em inglês, fui até os fundos do laboratório de química para ficar sozinho. Sentei-me na laje de concreto, joelhos contra o peito, encostei a cabeça na parede e chorei copiosamente. Há alguns meses eu já esperava levar bomba, mas a visão concreta da reprovação, em preto-e-branco, provocou uma incontrolável explosão de emoções repentinas. Fiquei ali atrás do laboratório durante mais de uma hora.

Meu melhor amigo, Mike, filho de pai rico, também tinha sido reprovado em inglês. Embora esse fato não fosse uma coisa boa, pelo menos era bom ter companhia naquele momento infeliz. Acenei-lhe quando ele atravessou o pátio da escola para pegar a condução, mas tudo que ele fez foi balançar a cabeça a caminho do carro que o esperava.

Naquela noite, depois que as outras crianças foram dormir, contei a meus pais que havia sido reprovado em inglês e que teria de repetir o ano. No sistema educacional americano existe uma norma que exige que o aluno reprovado em inglês ou em estudos sociais repita o ano inteiro. Meu pai conhecia bem a norma, pois era exatamente ele quem a aplicava. Embora já esperassem, a confirmação da notícia foi uma realidade dura de enfrentar. Meu pai ficou quieto, balançando a cabeça, o rosto sem expressão. Minha mãe, por outro lado, teve uma dificuldade muito maior de enfrentar a notícia. Vi as emoções — de tristeza a raiva — surgirem em seu rosto. Virou-se para meu pai e perguntou:

— E agora, o que vamos fazer? Ele vai ter de repetir o ano?

Ao que meu pai respondeu simplesmente:

— É a norma. Mas antes de tomar qualquer decisão, vou analisar o assunto.

Nos dias seguintes, meu pai, o homem a quem me refiro como pai pobre, realmente analisou a questão. Descobriu que em minha turma, de 32 alunos, o professor reprovara 15. Dera nota D a oito alunos. Um ganhou A, quatro ganharam B e o resto ganhou C. Constatando um índice de reprovação alto como esse, meu pai resolveu ir mais a fundo, não como meu pai, mas como superintendente de educação. Sua primeira providência foi solicitar ao diretor da escola a abertura de uma investigação formal. A investigação começou com entrevistas a vários dos alunos da turma. Terminou com a transferência do professor para outra escola e com a criação de uma turma especial durante as férias de verão para quem quisesse uma oportunidade especial de melhorar as notas. Passei três semanas das férias de verão tentando conseguir tirar pelo menos um D para passar de ano com o resto da turma.

Finalmente, meu pai chegou à conclusão de que os dois lados, tanto o do professor quanto o dos alunos, estavam certos e errados. O que o mais o perturbara era o fato de a maioria dos alunos que havia sido reprovada ser de alunos excelentes, que pretendiam cursar faculdade. Assim, em vez de tomar partido, ao chegar em casa me chamou e disse: "Encare esse fracasso acadêmico como uma lição muito importante na sua vida. Esse incidente pode lhe ensinar muito ou pode lhe ensinar pouco. Você pode ficar com raiva, culpar o professor e ficar cheio de rancor. Ou pode analisar seu próprio comportamento e aprender mais sobre si mesmo e crescer com a experiência. Não penso que o professor estivesse certo ao reprovar tantos alunos. Mas acredito que você e seus amigos precisam melhorar. Espero que tanto os alunos quanto os professores aprendam com a experiência."

Devo confessar que fiquei ressentido. Continuei não gostando do professor e, a partir daí, passei a odiar a escola. Nunca gostei de estudar matérias pelas quais não me interessava ou matérias que sabia que jamais teriam aplicação prática na minha vida futura. Embora as cicatrizes emocionais fossem muito profundas, apliquei-me um pouco mais, mudei minha atitude, melhorei meus hábitos de estudo e formei-me no segundo grau dentro do tempo certo.

Mais importante: aceitei o conselho do meu pai e tirei o máximo proveito de uma situação negativa. Hoje, refletindo sobre o ocorrido, constato as conseqüências que a quase reprovação foi uma espécie de bênção em minha vida. O incidente me levou a corrigir minhas atitudes e hábitos de estudo. Sei que, se não tivesse feito essas correções naquela época, certamente teria sido reprovado na faculdade.

MINHA MÃE FICOU MUITO PREOCUPADA

Durante esse período, minha mãe ficou muito contrariada. Vivia dizendo: "Suas notas são muito importantes. Se não tirar notas boas, não conseguirá entrar para uma boa faculdade e não terá um bom emprego. É muito importante ter boas notas na vida." Ela costumava repetir sempre a mesma coisa, porém, durante esse período traumático, estava repetindo com muito mais medo e ansiedade na voz.

Foi um período traumático para mim também. Eu não só fora reprovado em uma matéria como também tive de passar minhas férias em aula para me recuperar e poder acompanhar meus colegas de turma. Era um curso de verão que meu pai havia montado para todos os alunos reprovados por esse professor. Eu odiava cursos de verão. A matéria era um saco, a sala era quente e úmida. Eu tinha uma enorme dificuldade de prestar atenção. Eu geral, olhava pela janela e "voava", avistando pelos coqueiros o mar onde meus amigos estavam surfando. Para piorar as coisas, muitos dos meus amigos surfistas viviam dando risadinhas e nos chamando de burros quando encontravam conosco.

Quando a aula de quatro horas terminava, Mike e eu corríamos até o outro lado da cidade, para o escritório do pai dele, para fazer o que ele nos mandasse durante algumas horas. Um dia, enquanto esperava o pai rico, Mike e eu estávamos discutindo o impacto que as notas baixas teriam sobre nosso futuro. Ser reprovados e chamados de "burros" eram um trauma e tanto.

— Nossos amigos estão rindo de nós porque têm notas mais altas e conseguirão entrar para faculdades melhores do que nós — disse Mike.

— Eu sei, também ouvi — respondi. — Será que estragamos nossa vida por causa disso?

Acabáramos de fazer 15 anos e sabíamos muito pouco da vida; portanto, achávamos que ser rotulados de "burros" e "fracassados" teria um efeito enorme sobre nossa mente. Emocionalmente, estávamos magoados, mentalmente duvidávamos de nossas habilidades acadêmicas e nosso futuro parecia bastante sombrio. E minha mãe tendia a concordar conosco.

COMENTÁRIOS DO PAI RICO

O pai rico estava muito consciente de nosso fracasso acadêmico. A reprovação do filho em inglês o incomodava muito. Estava grato a meu pai pela intervenção e criação de um programa especial durante as férias de verão que nos daria a chance de não ter de repetir o ano. Os dois pais estavam vendo o lado positivo das coisas e os dois tinham lições que poderíamos extrair da experiência, embora as lições fossem muito diferentes. Até então, o pai rico não havia dito muita coisa. Acredito que estava simplesmente observando como nós reagiríamos à situação. Agora que ouvira o que estávamos pensando e sentindo sobre essa limitação acadêmica, chegara a hora de tecer seus comentários. Sentou-se e disse: "É importante ter boas notas. O desempenho escolar é importante. Sua capacidade de aprendizado e sua inteligência também são importantes, mas, depois que vocês saírem da escola, suas notas não terão assim tanta importância."

Quando o ouvi dizer isso, relaxei na cadeira. Na minha família, em que quase todos — meu pai, seus irmãos e suas irmãs — trabalhavam na área de educação, era praticamente sacrilégio dizer que ter notas boas não era assim tão importante.

— Mas e nossas notas? Essas notas vão nos acompanhar pelo resto da vida — gemi, chocado.

Pai rico balançou a cabeça para um lado e para o outro, inclinou-se em minha direção e disse, inflexível:

— Prestem atenção, Mike e Robert. Vou lhes contar um grande segredo.

Pai rico fez uma pausa para verificar se realmente estávamos prestando atenção ao que iria dizer. E continuou:

— Meu gerente nunca pediu para ver meu boletim escolar.

O comentário me surpreendeu. Há meses eu e Mike nos preocupávamos com nossas notas. Na escola, as notas são tudo. Meus pais, meus parentes e nossos amigos acreditavam que ter boas notas era tudo. Agora, as palavras do pai rico estavam questionando minha cadeia de pensamento... a cadeia de pensamento que dizia que minha vida estava acabada por causa das notas baixas.

— Como assim? — respondi, sem entender ao certo aonde ele queria chegar.

— Exatamente o que você ouviu — disse o pai rico, recostando-se na cadeira. Ele sabia que havíamos ouvido direito o que ele dissera e estava nos dando um tempo para interpretação.

— Seu gerente nunca pediu para ver seu boletim escolar? — repeti, baixinho — O senhor está dizendo que as notas não são importantes?

— Eu disse isso? — perguntou o pai rico com sarcasmo. — Eu disse que as notas *não* são importantes?

— Não — repeti, envergonhado. — O senhor não disse isso.

— Então o que foi que eu disse? — perguntou.

— Disse: "Meu gerente nunca me pediu meu boletim escolar" — respondi. Era difícil para mim, pois na minha família de educadores, ter boas notas, fazer boas provas e ter um bom boletim eram tudo.

— Quando procuro meu gerente, ele não me pede: "Mostre primeiro suas notas."

Depois, pai rico continuou:

— Ele me pergunta: "Você era o melhor aluno da turma?" Ele pede para ver meu boletim escolar? Ele diz: "Excelentes notas. Vou lhe emprestar um milhão de dólares." Ele diz isso?

— Acho que não, disse Mike. Pelo menos nas vezes em que fui com você até o banco, nunca o vi pedir seu boletim escolar para ver suas notas. E sei que ele não lhe empresta dinheiro com base em suas notas na escola.

— Então o que ele pede para ver? — perguntou pai rico.

— Ele pede para ver suas demonstrações financeiras — respondeu Mike. — Ele sempre pede para ver as demonstrações financeiras atualizadas. Ele quer ver os balanços patrimoniais e as demonstrações de lucros e prejuízos.

O BOLETIM ESCOLAR DEPOIS DA ESCOLA

Anuindo com a cabeça, o pai rico continuou:

— Os gerentes sempre pedem uma demonstração financeira. Pedem-na a todos. Não importa se você é rico ou pobre, se tem instrução ou não. Independentemente de quem você seja, o gerente quer sempre ver suas demonstrações financeiras. Por que será?

Mike e eu sacudimos os ombros, em silêncio, e esperamos a resposta. Por fim, Mike disse:

— Na verdade, nunca pensei no assunto. Por quê?

— Por que as demonstrações financeiras são como o boletim escolar depois que terminamos a escola — disse o pai rico, em voz grave e baixa. — O problema é que, normalmente, quando saem da escola, as pessoas não têm idéia do que seja uma demonstração financeira.

— Quer dizer então que minha demonstração financeira é meu boletim quando eu termino a escola? — perguntei, desconfiado. — Como se fosse o boletim dos adultos?

O pai rico fez que sim.

— Isso mesmo, o boletim dos adultos. Mais uma vez, o problema é que os adultos em geral não sabem o que é uma demonstração financeira.

— E é o único boletim que os adultos têm? — perguntei. — Tem algum outro?

— Existem outros, sim. Sua demonstração financeira é um boletim muito importante, mas não é o único. Outros seriam o *check-up* anual, que pelos exames de sangue e outros procedimentos importantes nos dizem como anda nossa saúde e o que é necessário fazer para melhorá-la. Outro boletim seria a pontuação no jogo de golfe ou no boliche. Na vida, existem muitos tipos diferentes de boletins e a demonstração financeira de uma pessoa é um deles, ainda que muito importante.

— Então uma pessoa pode ser o melhor aluno da escola e ter uma péssima demonstração financeira? — perguntei. — É isso que o senhor está dizendo?

O pai rico anuiu.

— É sim. Acontece o tempo todo.

BOAS NOTAS CONTAM NA ESCOLA, DEMONSTRAÇÕES FINANCEIRAS CONTAM NA VIDA

Ser reprovado em inglês aos 15 anos acabou sendo uma experiência valiosíssima para mim, pois percebi que tivera uma atitude ruim em relação à escola e a meus estudos. A quase reprovação foi um sinal de alerta para que eu tomasse as medidas corretivas necessárias em meu comportamento e em meus hábitos de estudo. Percebi também desde cedo na vida que, embora minhas notas sejam importantes na escola, as demonstrações financeiras seriam meu boletim depois que eu terminasse a escola.

Pai rico me disse:

— Na escola, os alunos recebem os boletins ao final de cada trimestre. Se estiver com problemas, o aluno tem tempo para efetuar as correções necessárias, se quiser. Na vida real, os adultos em geral nunca recebem um *boletim financeiro* trimestral; por isso, tantas pessoas têm problemas financeiros. Muitos adultos na verdade só constatam sua verdadeira situação financeira quando perdem o emprego, sofrem um acidente, pensam em se aposentar, ou quando já é tarde demais. Por não dispor de um boletim financeiro trimestral, muitos adultos não conseguem fazer as correções necessárias para ter uma vida financeiramente segura. Podem ter um bom salário, uma casa grande, um bom carro e estar indo bem no emprego e, ainda assim, ter péssimas notas financeiras. Muitos alunos inteligentes que têm notas boas na escola poderiam passar o resto da vida sendo reprovados no aspecto financeiro. Há um preço a ser pago por não haver um boletim financeiro pelo menos uma vez no trimestre. Quero poder analisar minha demonstração financeira para saber se estou me saindo bem, onde estou indo mal e o que preciso fazer para melhorar.

O BOLETIM ESCOLAR INDICA EM QUE É NECESSÁRIO MELHORAR

No longo prazo, a quase reprovação em inglês acabou sendo uma coisa boa, porque tanto Mike quanto eu passamos a nos esforçar mais na escola, embora nunca tenhamos sido excelentes alunos. Fui indicado pelo senador de meu estado a ingressar na Academia Naval Americana em Annapolis, Maryland, e para a Academia de Marinha Mercante em Kings Point, Nova York. Mike decidiu ficar no Havaí para continuar o aprendizado com o pai, por isso foi para a Universidade do Havaí, onde se formou em 1969, mesmo ano em que me formei pela Kings Point. No longo prazo, a reprovação acabou sendo de um valor inestimável, pois causou em mim e em Mike uma mudança de atitude com relação aos estudos.

Na academia, superei meu medo de escrever e aprendi a gostar de redigir, embora tecnicamente ainda seja um escritor medíocre. Agradeço ao dr. A.A. Norton, meu professor de inglês durante dois anos na academia, por me ajudar a superar minha falta de autoconfiança, meus medos e ressentimentos. Se não fosse pelo dr. Norton e por Sharon Lechter, minha co-autora, era muito pouco provável que meu nome viesse a figurar na lista dos autores mais vendidos do *New York Times* e do *Wall Street Journal*. Às vezes, acho que se não tivesse acontecido aquilo, aos 15 anos, e se eu não tivesse o apoio de minha família durante esse período difícil, não teria mudado e me tornado autor de best-sellers. Por isso, o boletim escolar é tão importante, sobretudo quando as notas são ruins.

No fim, percebi que os boletins medem não o que sabemos, mas o que precisamos melhorar na vida. O mesmo se aplica às demonstrações financeiras pessoais. A demonstração financeira revela como anda nossa vida financeira. É o boletim escolar da vida.

SEU FILHO PRECISA DE UM BOLETIM FINANCEIRO HOJE

Aos nove anos, tive meu primeiro contato com o mundo das finanças. Naquele ano, pai rico me apresentou ao boletim financeiro. Quem já leu *Pai rico, pai pobre* deve estar lembrado de que a lição número dois do pai rico diz respeito à importância de se entender de finanças ou a capacidade de interpretar demonstrações financeiras depois de terminar a escola.

Eu não percebi que o pai rico estava preparando o filho e a mim para o mundo real, o mundo no qual entramos após o fim dos estudos. Nessa preparação, ele nos ensinou os princípios básicos do mundo das finanças, uma matéria que normalmente os pré-adolescentes não aprendem na escola; os adultos também raramente a aprendem. Saber interpretar uma demonstração financeira básica deu-me uma enorme confiança financeira e maturidade para lidar com dinheiro. Entendi a diferença entre ativo e passivo, entre renda e despesa e aprendi a importância do fluxo de caixa. Muitos adultos não conhecem as diferenças sutis e esse desconhecimento os leva a trabalhar muito e a ganhar muito dinheiro, ainda que não consigam avançar financeiramente.

Mas a compreensão do funcionamento de uma demonstração financeira proporcionou-me algo mais além de confiança. Pai rico normalmente falava dos "três Cs": confiança, controle e correção.

Dizia a mim e a seu filho: "Se vocês entenderem como funciona uma demonstração financeira, terão mais confiança em relação a suas finanças, terão mais controle sobre suas finanças e, mais importante, poderão fazer as correções necessárias quando as finanças não estiverem indo bem. As pessoas que não conhecem isso simplesmente têm menos confiança financeira, por isso perdem o controle e, em geral, só fazem correções quando já é tarde demais."

Desde cedo, comecei a aprender mental, emocional, física e espiritualmente o que entrava na composição dos três Cs. Na época, não entendi tudo, e continuo não entendendo ainda. Entretanto, aquela educação financeira básica foi o alicerce de um aprendizado financeiro constante que duraria toda a vida. Essa educação financeira básica proporcionou-me uma vantagem inicial na vida — e tudo começou com a interpretação de uma demonstração financeira.

MEUS PRIMEIROS DESENHOS

Pai rico começou com desenhos simples.

Depois de termos entendido os desenhos simples, ele quis que entendêssemos as palavras, as definições e as relações. Aprendi a relação entre as palavras e os diagramas. Quando converso com pessoas do mundo financeiro, elas dizem que embora tenham estudado contabilidade na escola, não entendiam inteiramente a relação entre as palavras. E, como dizia pai rico: "O mais importante são as relações."

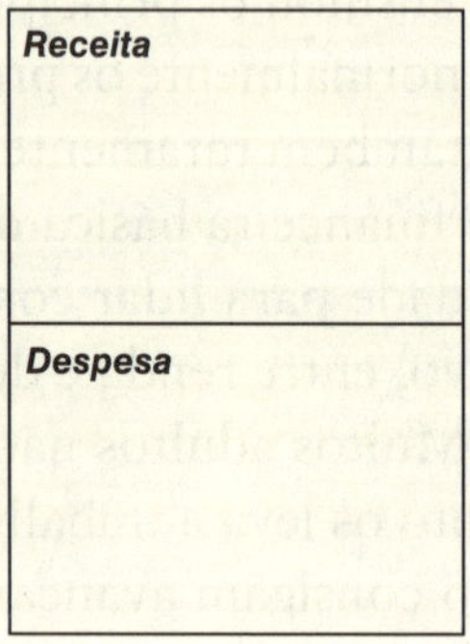

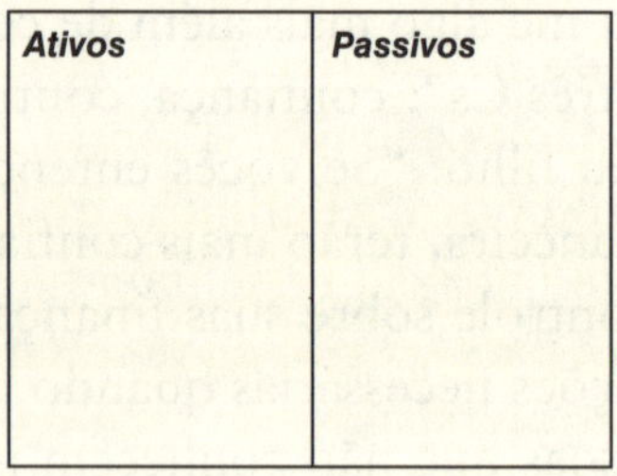

ONDE COMEÇAM OS PROBLEMAS FINANCEIROS

Meu pai pobre dizia sempre: "Nossa casa é um ativo." Foi exatamente aí que começaram seus problemas financeiros. Foi esse equívoco simples, ou a ausência de uma distinção melhor na definição, que causou os problemas financeiros de meu pai e da maioria das pessoas. Quando você joga uma pedra em um lago, formam-se ondas a partir do ponto em que a pedra caiu. Quando uma pessoa começa a vida sem entender a diferença entre ativo e passivo, as ondas podem causar problemas financeiros para o resto da vida. E por isso meu pai rico dizia: "O importante são as relações."

Embora eu tenha abordado essa questão em meus outros livros, é importante analisá-la mais uma vez. É um primeiro passo importante para proporcionar a seu filho uma noção das finanças desde cedo.

O QUE DEFINE ATIVO E PASSIVO?

O que define ativo e o que define passivo? As definições do dicionário só fazem me deixar ainda mais confuso. É o problema de se aprender as coisas apenas mentalmente, sem incluir o aprendizado físico na definição. O diagrama simples de uma demonstração financeira proporciona certo aprendizado físico à definição, mesmo que sejam apenas algumas linhas em um pedaço de papel.

Para ilustrar o que quero dizer, eis uma definição da palavra ativo extraída de um dicionário.

> **Ativo:** A totalidade dos bens com valor comercial ou valor de troca pertencente a uma sociedade, instituição ou pessoa física.

Para pessoas com talentos lingüísticos e QI alto, uma definição como essa pode ser adequada. Talvez elas possam ler nas entrelinhas e descobrir o verdadeiro significado de ativo. Mas para um menino de nove anos, as palavras em si não fazem muito sentido. Para uma criança de nove anos aprendendo a ser rica, a definição do dicionário é inadequada e equivocada. Se a inteligência fosse uma função destinada a fazer distinções mais refinadas, para ser rico eu precisaria de distinções muito mais refinadas do que as oferecidas nos dicionários e precisaria delas em outras formas além de palavras.

Meu pai rico aperfeiçoou as distinções acrescentando massa física e movimento à definição para que eu pudesse fazer uma distinção melhor que mudaria minha vida. Para tanto, usou um pedaço de papel e mostrou-me a relação entre a demonstração do resultado e o balanço. Disse: "O que determina se algo é realmente um ativo, e não apenas mais um objeto sem valor que você vai colocar no balanço, é o fluxo de caixa. Fluxo de caixa poderia ser a expressão mais importante no mundo do dinheiro, mas em geral é a menos entendida. Qualquer um entende o que é dinheiro, mas as pessoas não vêem o fluxo, portanto, é o fluxo de caixa que determina se algo é, de fato um ativo, um passivo ou algo sem valor algum."

A RELAÇÃO

"É o fluxo de caixa entre a demonstração do resultado e o balanço que realmente define ativo e passivo", repetia pai rico.

Se quiser proporcionar a seu filho uma vantagem financeira na vida, decore essa frase e repita-a para seu filho. Ele terá de entender o que a frase quer dizer e repeti-la diversas vezes para que ela seja incorporada. Se seus filhos não entendem essa frase, é provável que saiam, comprem tacos de golfe, guardem-nos na garagem e os listem como ativos na demonstração financeira que prepararem para o banco ao se candidatarem a um empréstimo. No mundo de meu pai, tacos de golfe guardados na garagem não são um ativo. Mas em muitos pedidos de crédito, podemos ver tacos de golfe — ou seja, um saco de objetos sem valor — listados como ativos. Estão enumerados na mesma coluna que sapatos, gravatas, móveis, pratos e raquetes de tênis, na coluna de ativos — e por isso muitas pessoas não ficam ricas. Elas não conhecem a relação entre demonstração do resultado e balanço patrimonial.

Portanto, o padrão de fluxo de caixa de um ativo é o seguinte:

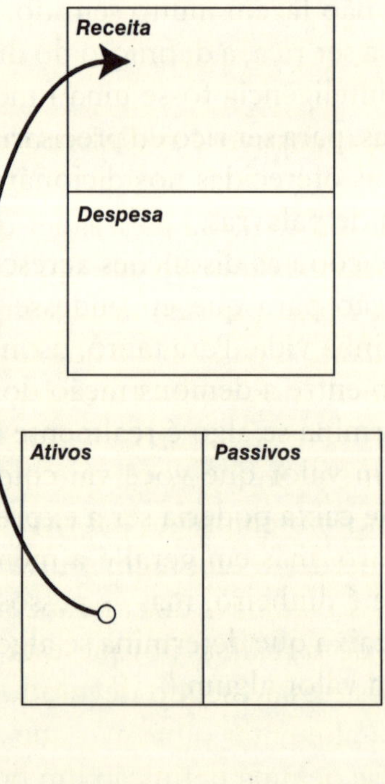

Em outras palavras, o ativo é o dinheiro que flui *para* a coluna de receita. Na página a seguir, vemos o padrão de fluxo de caixa de um passivo:

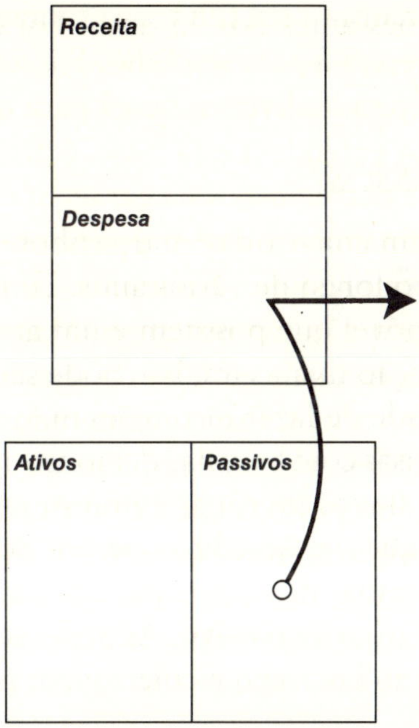

Em outras palavras, o passivo é o dinheiro que sai da coluna de despesa.

Você não precisa ser um cientista para saber que há uma diferença entre o dinheiro que entra e o dinheiro que sai. Para reforçar essa idéia básica para mim e para Mike, pai rico dizia sempre: "O ativo coloca dinheiro no bolso, enquanto o passivo é o que tira dinheiro do bolso." Isso uma criança de nove anos podia entender. Muitos adultos não entendem.

À medida que fui crescendo e entendi que muitos adultos estavam interessados na segurança no emprego, pai rico aperfeiçoou sua definição. Dizia: "Se você perder o emprego, seus ativos o alimentarão e seu passivo o devorará." Costumava dizer também: "A maioria de meus funcionários não pára de trabalhar porque está adquirindo passivos que acreditam ser ativos e estão sendo devorados vivos mensalmente ao pagar as contas para alimentar o passivo que acreditam ser ativo." Mais uma vez, tratava-se de uma definição um pouco mais sofisticada mas, do outro lado da mesa, ao ver candidatos a empregos ou funcionários chorando ao serem demitidos, entendi a importância de se conhecer a diferença entre ativo e passivo. Entendi a importância de se conhecer as definições antes dos 15 anos. Foi um grande diferencial em minha vida.

OS PRÓXIMOS PASSOS

Assim, o passo um começou com desenhos simples e um certo reforço competitivo ao longo de vários anos. Hoje, as pessoas ainda argumentam que o imóvel que possuem é um ativo. E, novamente, em um nível de sofisticação financeira, isso pode ser verdade. Mas se inteligência é a capacidade de fazer distinções mais refinadas, conhecer as distinções mais precisas com base nas demonstrações financeiras e conseguir visualizar os fluxos de caixa é importantíssimo para qualquer um que queira enriquecer. Acredito que um dos motivos pelos quais uma em cada cem pessoas fica rica é que a maior parte das pessoas não consegue distinguir ativo de passivo. As pessoas se esforçam para conquistar a segurança no emprego e colecionam passivos que acreditam ser ativos.

Se seus filhos comprarem passivos que acreditam ser ativos, é provável que não consigam se aposentar antes dos 30. Se insistirem em comprar passivos que acreditam ser ativos, é provável que trabalhem a vida inteira sem progredir financeiramente, independentemente da escola ou universidade que freqüentem, das notas que tirem, de seu esforço e de quanto ganham. Por isso é tão importante conhecer os conceitos financeiros básicos. O simples fato de sabermos a diferença entre ativo e passivo é como uma pedra que mergulha na água de um lago. O efeito das ondas continuará pelo resto da vida do seu filho.

Não estou dizendo para não comprar uma casa, tampouco para liquidar a hipoteca. Só estou dizendo que, para serem ricas, as pessoas precisam ter mais inteligência financeira, que pode ser traduzida como a capacidade de fazer melhores distinções do que as normalmente feitas. Se quiser distinções mais refinadas, dê uma olhada em meus outros livros, que abordam detalhadamente o assunto:

Pai rico, pai pobre
Independência financeira

Cada um deles aborda aspectos diferentes ou apresenta distinções melhores no assunto dos conhecimentos financeiros, o que ajuda a aumentar sua inteligência financeira. Quanto mais bem informado você estiver, melhores serão suas chances de influenciar o futuro financeiro de seu filho. Afinal, um dos motivos que levam os ricos a ficarem mais ricos, dos pobres a ficarem mais pobres e a classe média a ficar atolada entre dívidas e o pagamento excessivo de impostos é que o dinheiro se aprende em casa, não na escola. A educação financeira é transmitida de pai para filho.

MEU GERENTE QUER SABER SE SOU REALMENTE INTELIGENTE

O primeiro passo de minha preparação para o mundo real é familiarizar-me com o boletim escolar do mundo real, ou seja, a demonstração financeira, um relatório composto da demonstração do resultado e do balanço patrimonial. Como disse meu pai rico: "Meu gerente nunca pediu para ver meu boletim escolar. Tudo que ele pede para ver é minha demonstração financeira." E mais: "Meu gerente não está interessado em meu desempenho acadêmico. Está interessado em saber se entendo de finanças."

Os próximos capítulos abordam maneiras mais específicas de aumentar as chances de seu filho se tornar mais inteligente do ponto de vista financeiro, antes de entrar no mundo real.

CAPÍTULO 9

Criança aprende brincando

Certo dia, meu pai e eu observávamos dois gatinhos brincando. Estavam mordendo o pescoço e as orelhas um do outro, batendo as patas, resmungando e, às vezes, se chutando. Se não soubéssemos que estavam brincando, pareceria que estavam lutando.

Meu pai rico disse: "Os gatinhos estão ensinando um ao outro habilidades de sobrevivência que foram codificadas em seus genes. Se deixássemos esses gatos na selva e não os alimentássemos mais, as habilidades de sobrevivência que estavam aprendendo agora os manteriam vivos na selva. Aprendem e mantêm essas habilidades brincando. Os seres humanos aprendem da mesma forma."

HABILIDADES DE SOBREVIVÊNCIA FINANCEIRA PARA O MUNDO REAL

Uma das coisas mais difíceis que tive de fazer foi fechar minha fábrica e demitir 35 funcionários leais. Escrevi sobre essa experiência penosa pessoal durante a década de 1970 em outro livro. Tive de fechar minha fábrica porque não tive condições de concorrer com a Ásia e com o México. Meus custos trabalhistas e outros custos estavam muito altos. Em vez de lutar contra a concorrência, decidi associar-me à ela, o que me levou a transferir minhas fábricas para outro continente. Ganhei, mas meus funcionários perderam. Quando as pessoas me perguntam por que escrevo sobre dinheiro quando não preciso escrever, muitas vezes penso na despedida de meus funcionários naquele dia... e isso é tudo o que preciso.

Quando fechei a fábrica, estava pagando a meus trabalhadores menos de US$3,50 por hora. Hoje, uns 20 anos mais tarde, os mesmos trabalhadores estariam ganhando apenas um pouco mais de US$5 por hora, ou o salário-mínimo. Talvez até tivessem tido aumentos salariais, mas não acredito que os aumentos adiantassem muito. As únicas habilidades de sobrevivência que teriam desenvolvido, mesmo se ganhassem mais dinheiro, seriam pular de emprego em emprego, trabalhar arduamente e tentar ganhar mais dinheiro. Como pai rico me ensinou: "O dinheiro em si não o torna rico, assim como um emprego seguro não o faz necessariamente sentir-se seguro."

Para sobreviver e se sentirem seguras financeiramente, as pessoas precisam desenvolver habilidades de sobrevivência financeira antes de entrar no mundo real. Se não as tiverem antes de entrar no mundo real, o mundo real tem outras lições sobre dinheiro que você precisa ensinar a seu filho. E, hoje, isso inclui o sistema educacional. Hoje, os jovens já saem da escola com dívidas no cartão de crédito; muitos deles também saem da escola com dívidas para com o crédito educativo. É importante ensinar seu filho a administrar dinheiro o mais rápido possível. A melhor forma de ensinar essas habilidades é brincando, pois parece que Deus ou a natureza pretendiam ensinar jovens através da brincadeira... até os gatinhos.

DIVIRTA-SE ENSINANDO SEU FILHO A SER RICO

Aprendi muito com meu pai rico, pois ele tornava o aprendizado divertido. Estava sempre jogando conosco e não tentava enfiar as informações pela minha goela abaixo. Se eu não quisesse aprender alguma coisa, deixava-me mudar para algo no qual tivesse interesse em aprender... ou tornava mais interessante o que estava tentando me ensinar. Em geral, tinha algo tangível do mundo real, algo físico que eu pudesse ver, tocar e sentir como parte da lição. E, o mais importante, não tentava me desencorajar. Ao contrário, me estimulava a ficar mais forte, não mais fraco. Quando eu cometia um erro, ele me desafiava a aprender a lição em vez de dar a resposta *correta*. Tinha paciência de ensinar com amor. Fazia o possível para despertar em mim a criança inteligente e não me considerava incompetente ou lento, nem me rotulava de incapaz por eu demorar um pouco mais para compreender algo. Ensinava de acordo com meu ritmo de aprendizado e meu desejo de aprender, sem que eu precisasse fazer provas. Definitivamente, não se preocupava se eu competia com outros meninos para ver quem tirava a nota melhor, como muitos pais fazem. Meu pai instruído também tinha um estilo semelhante.

OS PROFESSORES PRECISAM DE AJUDA

O atual sistema educacional não permite que os professores ensinem dessa forma nem lhes deixa tempo para dar a atenção necessária a cada criança. O sistema quer que os professores direcionem as crianças a algum tipo de cronograma de produção em massa. O sistema educacional é uma fábrica que funciona de acordo com o cronograma de produção da fábrica, não no ritmo de aprendizado na criança. Muitos professores tentaram mudar o sistema, mas, como eu disse, o sistema educacional é como um jacaré, uma criatura concebida para sobreviver, não para mudar. Por isso, o dever de casa do pai e do filho é tão importante, mais importante que o dever de casa que seu filho traz da escola.

Escutei um professor de uma grande faculdade dizer: "Sabemos, desde quando a criança tem nove anos, se ela se sairá bem em nosso sistema ou não. Sabemos se ela tem as qualidades que queremos e se é inteligente o bastante para lidar com os rigores de nosso sistema. Infelizmente, não temos um sistema alternativo para crianças que não preenchem esses requisitos."

Quando eu era criança, minha casa estava sempre cheia de pessoas do mundo da educação. Pessoas muito competentes. Quando fui para a casa de meu pai rico, sua casa estava repleta de pessoas do mundo dos negócios. Também eram pessoas muito competentes. Mas eu sabia que não eram necessariamente as mesmas pessoas.

SAIA NA FRENTE VOCÊ TAMBÉM

Quando eu era jovem, muitas pessoas me perguntavam se seguiria os passos de meu pai, se seria professor. Quando era criança, lembro-me de dizer: "De jeito nenhum. Vou entrar para o mundo dos negócios." Anos mais tarde, descobri que realmente gostava de ensinar. Em 1985, comecei a dar aulas de administração e investimentos para empresários e adorei. Gostava de ensinar porque ensinava com o método pelo qual aprendia melhor. Aprendo melhor por meio de jogos, competições cooperativas, debates em grupos e lições. Em vez de punir os erros, eu incentivava meus alunos a cometê-los. Em vez de fazer os alunos realizarem as provas sozinhos, eles teriam de fazê-las em equipe. Em vez de silêncio, a sala era um murmurinho só, com debates e com fundo musical de rock. Ou seja: ação em primeiro lugar, erros em segundo, lições em terceiro e risos em quarto.

Em outras palavras, eu utilizava um método de ensino oposto ao método do sistema educacional. Ensinava, em grande parte, como meus dois pais me ensinaram em casa. Descobri que muitas pessoas preferem estudar dessa maneira e ganhei muito dinheiro como professor, muitas vezes cobrando milhares de dólares por aluno. Apliquei os estilos de ensinar de meus dois pais com as lições de meu pai rico sobre dinheiro e investimento. Descobri para mim uma profissão que jurei que nunca teria. Posso ter atuado na área educacional, mas servi de instrumento para as pessoas que aprenderam da forma como aprendi. Como dizem nos negócios: "É preciso encontrar seu próprio nicho." Descobri um nicho bem grande, de pessoas que querem que a educação seja um processo divertido e emocionante.

Ao desenvolver essa empresa educacional em meados da década de 1980, minha esposa, Kim, e eu, procuramos outros instrutores que gostassem de ensinar da mesma maneira. Nossa primeira exigência era encontrar instrutores bem-sucedidos no mundo real e que também gostassem de lecionar. Muitas vezes, é difícil encontrar pessoas assim. No mundo real, existem muitas pessoas que gostam de dar aulas, mas muitas delas não são bem-sucedidas em negócios, dinheiro e investimento. Existem também pessoas que são competentes com relação ao dinheiro e aos negócios, mas que não são bons professores. O segredo é encontrar pessoas que tenham as duas características.

OS TALENTOS DO ESTUDANTE

Tive o privilégio de estudar com um homem chamado R. Buckminster Fuller.* O dr. Fuller é considerado o americano com mais fei-

---

* Richard Buckminster Fuller (1895-1983) é uma personalidade controvertida que, embora expulso da Universidade de Harvard em seu primeiro ano de estudos, acabou por ser agraciado com 44 doutorados honorários, diversos prêmios internacionais e até uma indicação ao Nobel; patenteou 25 invenções. Destacou-se em arquitetura, engenharia, desenvolvimento urbano, filosofia, matemática e poesia. Dentre suas inovações, a mais conhecida talvez seja a do domo geodésico, uma estrutura esférica embasada na teoria de "geometria energético-sinérgica". (N.R.T.)

tos na história dos Estados Unidos, pois ninguém tem mais patentes. É conhecido como "o gênio amável de nosso planeta". É reconhecido como um grande arquiteto pelo Instituto Americano de Arquitetura, embora não seja arquiteto. A Universidade de Harvard muitas vezes o considera um de seus mais célebres alunos, embora Fuller não tenha estudado em Harvard. Foi expulso duas vezes e não chegou a concluir o curso. Durante uma de minhas semanas estudando com ele, o dr. Fuller disse: "Os estudantes serão gênios se o professor souber do que está falando." Nossa tarefa não era encontrar um professor. Nossa tarefa era encontrar pessoas que soubessem do que estavam falando e incentivá-las a ensinar.

FIQUE ESPERTO ENSINANDO

Além de gostar de ensinar e ganhar muito dinheiro ensinando, descobri algo até mais benéfico do que diversão e dinheiro. Descobri que aprendi mais ensinando. Quando dava aulas, tinha que buscar dentro de mim as lições que a turma precisava aprender. Aprendi muito com a interação entre os participantes, à medida que compartilhávamos nossos *insights* e descobertas pessoais. Por isso, recomendo que os pais ensinem seus filhos calmamente, pois, muitas vezes, acabam aprendendo ainda mais. E, se o pai ou a mãe quiserem melhorar sua situação financeira, um caminho é buscar novas idéias financeiras e transmiti-las ao filho. Busque novas idéias financeiras antes de ensinar seus filhos suas antigas idéias sobre dinheiro. Muitas pessoas têm problemas financeiros porque estão empregando antigas idéias financeiras, às vezes transmitidas por seus pais. Elas então ensinam essas mesmas idéias sobre dinheiro aos filhos. Isso pode explicar por que os pobres continuam pobres e a classe média trabalha arduamente e fica cheia de dívidas assim que completa os estudos. Estão fazendo o que aprenderam com seus pais; portanto, uma das melhores maneiras de se aprender algo é ensinar o que você quer ensinar aos outros. Como aprendemos nas aulas de religião, "é dando que se recebe". Quanto mais tempo você investir pessoalmente para ensinar seus filhos sobre dinheiro, mais instruído ficará.

AS TRÊS ETAPAS DO APRENDIZADO

Meu pai rico ensinou-me três etapas para aprender sobre dinheiro:

Primeira etapa: Desenhos simples. Minha educação começou com desenhos bastante simples, com ênfase na compreensão das definições.

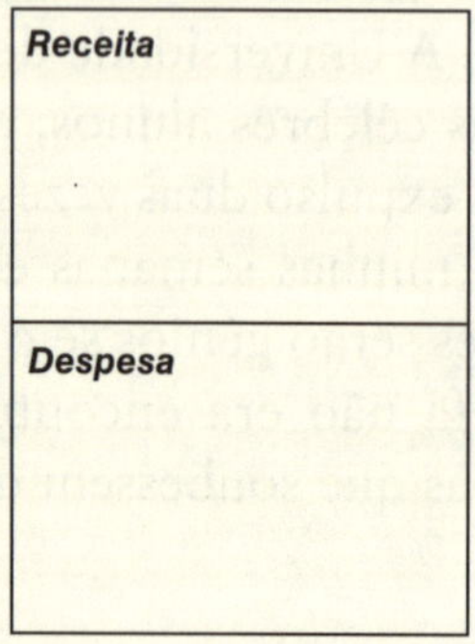

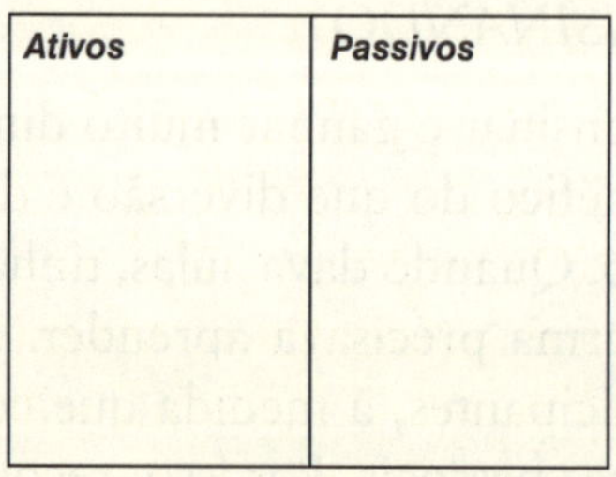

Segunda etapa: Jogar. Como eu disse, aprendo melhor na prática, portanto, durante vários anos pai rico nos fazia preparar demonstrações financeiras fictícias. Às vezes, quando jogávamos Banco Imobiliário, nos pedia para usar nossas quatro casas verdes e um hotel vermelho e colocá-los em nossa demonstração financeira.

Terceira etapa: Vida real. A vida real começou, para Mike e para mim, quando estávamos com aproximadamente 15 anos de idade, quando tivemos de preparar nossa demonstração financeira e mostrá-la ao pai rico. Como qualquer bom professor faria, ele deu notas, nos mostrou o que estávamos fazendo bem e em que precisávamos melhorar. Continuei minha educação e hoje, quase 40 anos depois, ainda preparo meus relatórios financeiros.

COMO COMEÇAR A ENSINAR FINANÇAS A SEU FILHO

Recomendo que a maior parte dos pais comece na segunda etapa. Embora meu pai rico tenha começado comigo na primeira etapa, os desenhos, eu seria cauteloso ao falar com a maior parte das crianças sobre conceitos abstratos como demonstrações do resultado e balanço patrimoniais. Quando uso esses desenhos com alguns adultos, seus olhos brilham. Na verdade, não poderia falar sobre a primeira etapa até ter certeza de que a criança estaria interessada ou pronta para aprender tais conceitos. Aprendi assim porque era curioso, portanto, essa foi a seqüência que pai rico escolheu para mim.

Costumava recomendar começar com o jogo Banco Imobiliário. Percebi que algumas crianças realmente gostam do jogo, enquanto outras o jogam, mas não se interessam muito pelo assunto. Muitos amigos meus que são investidores ou empreendedores contam-me que também costumavam jogar Banco Imobiliário, fascinados por ele. Sem esse fascínio, eu não forçaria o assunto dinheiro, investimento e muito menos demonstrações financeiras a jovens.

CASHFLOW PARA CRIANÇAS

Em 1996, depois que desenvolvi CASHFLOW 101, o jogo que ensina os princípios da demonstração financeira para adultos, a resposta do mercado indicou que seria necessário um jogo semelhante para crianças. No final de 1999, lançamos CASHFLOW para crianças. Nossos jogos são os únicos que ensinam às crianças os fundamentos da demonstração financeira, o boletim da criança depois que ela deixa a escola, e do gerenciamento do fluxo de caixa.

UTILIZADO EM ESCOLAS

Um professor bastante inovador de Indianápolis, Indiana, Dave Stephens, começou a utilizar CASHFLOW 101 em suas aulas no ensino médio com enorme sucesso. Observou que o jogo estava mudando as atitudes de grande parte de seus alunos. Um dos alunos, Dave, contou-nos que estava quase sendo reprovado e largando a escola, devido a notas baixas e muitas faltas. Jogar CASHFLOW fez uma enorme diferença em sua vida. Nas palavras do próprio estudante:

> Era uma pessoa que gostava de farra, ou seja, fumar maconha, me embebedar etc. e agora sou um estudante de segundo grau bastante concentrado e determinado, com ambições de um dia ser tão bem-

sucedido como o autor do jogo que eu estava jogando e com o qual estava aprendendo!... Não me lembro de grande parte dos primeiros dias, mas lembro-me de jogar CASHFLOW. Era um jogo maravilhoso que explicava como ganhar dinheiro, uma realidade desconhecida para mim na época, expressando idéias de simplicidade e inteligência! O jogo abriu portas inéditas em minha vida até então. Deu-me motivação para ir para a escola e o desejo de participar! Desde que o joguei, entrei para o Conselho Estudantil — onde fui tutor do Junior High Students (e contei as idéias expressas no CASHFLOW) — tornei-me presidente do Marion County Youth Congress, fui líder na Academia de Finanças, fiquei em primeiro lugar em uma Competição Estadual e competi em nível nacional. Fundei um clube estudantil e estou, no momento, com a cooperação de outros investidores, trabalhando no desenvolvimento de um centro comunitário. Como você pode ver, o jogo iluminou meu caminho para o sucesso. Minhas notas, minha atitude e meu estilo de vida também mudaram consideravelmente. Hoje, olho para o futuro com vontade de aprender e ensinar o que sei a todos que queiram aprender. Às vezes, você joga o dado e ele muda tudo!

A Robert Kiyosaki, meus agradecimentos e elogios — um dia o senhor verá os resultados de tudo o que fez, e espero ser um dos primeiros a provar que seus métodos funcionam, e funcionam bem. Isso quase se tornou um clichê, mas resume exatamente minha história: "Duas estradas divergiam em uma floresta; escolhi a menos percorrida e isso fez toda a diferença."

Tudo o que posso dizer em resposta a esse estudante é: "Nossa! Que jovem impressionante." Fico muito honrado em saber que nossos produtos foram importantes para ajudá-lo a mudar o rumo de sua vida de forma tão positiva.

O apoio de Dave Stephens não parou por aí. Ao ouvir falar no desenvolvimento do CASHFLOW para crianças, surgiu com outra idéia inovadora. Já tendo um grupo de garotos com idades entre 16 e 18 anos bastante familiarizados com o 101, montou um programa no qual os estudantes do ensino médio iam a escolas de ensino fundamental para ensinar CASHFLOW for Kids a crianças de sete a nove anos de idade. Os resultados foram espetaculares.

Antes de mais nada, o professor da escola fundamental ficou maravilhado em ter aproximadamente oito estudantes do ensino médio ajudando-o em uma tarde. Cada estudante jogava CASHFLOW for Kids com quatro alunos do ensino fundamental. Em vez de um professor para 30 alunos, a proporção era um para quatro. E os resultados foram fantásticos. Os alunos do ensino fundamental se divertiram, assim como os estudantes do ensino médio. O aprendizado foi muito mais pessoal e específico. Tanto os estudantes do ensino médio quanto os do ensino fundamental aprenderam muito mais em pouco tempo.

Os professores presentes ficaram impressionados com o barulho e com a atividade do aprendizado ativo. Em vez da monotonia de uma aula expositiva ou do barulho do caos, o que se ouvia era um aprendizado divertido e muito focalizado. Quando o jogo terminou, os meninos todos disseram: "Ahhh, vamos jogar de novo!"

MAIS UMA VANTAGEM

Aconteceu outra coisa com a qual não contava, mais uma vantagem. Quando os estudantes do ensino médio estavam partindo, muitas crianças correram e abraçaram ou apertaram as mãos de seus novos professores. Essas crianças da escola fundamental haviam acabado de encontrar novos modelos. Ao contrário de alguns dos estudantes mais questionáveis que aproveitam grande parte da publicidade e atenção hoje, os estudantes de Dave Stephens eram bem preparados, bem educados, brilhantes e concentrados tanto em sua educação quanto em seu futuro.

Quando os estudantes se despediram dos alunos da escola fundamental, pude sentir que as crianças tinham grande respeito pelos seus novos professores... possivelmente dizendo para si mesmos: quero ser exatamente como eles. Ao observar os estudantes se despedirem, recordei-me de meus anos de pré-adolescente e lembrei-me de alguns dos adolescentes que foram muito influentes ao me orientar. Durante duas horas, essas crianças tiveram a oportunidade de interagir com modelos muito positivos, em vez dos modelos mais questionáveis com os quais podiam ter contato fora da escola.

COMENTÁRIOS DOS ESTUDANTES DO ENSINO MÉDIO

Quando perguntei aos alunos o que tinham ganhado com o exercício, alguns comentários foram:

- "Descobri que gosto de ensinar. Posso, agora, considerar o ensino uma profissão."
- "Aprendi muito mais ensinando essas crianças. Quando tive de ensinar, aprendi muito mais."
- "Fiquei surpreso com a rapidez de aprendizado dessas crianças."
- "Estou indo para casa e vou tratar meus irmãos e irmãs pequenos de maneira diferente."

Divulguei esses comentários porque fiquei admirado com a maturidade dos estudantes do ensino médio.

ROTEIRO EM NOSSO SITE DA WEB

Dave Stephens é diretor de uma das escolas patrocinadas pela National Academy Foundation. Ajudou-nos também a preparar um roteiro para os professores utilizarem ao jogar CASHFLOW 101 em sala de aula.

RESUMO DA SEGUNDA ETAPA

O segredo da segunda etapa é divertir-se, jogar e começar a despertar o interesse em aprender sobre dinheiro, como administrá-lo e entender demonstrações financeiras. Observando a pirâmide de aprendizado no diagrama a seguir, podemos ver como o aprendizado pode ser mais eficaz.

Por ser uma ferramenta educacional tangível, o jogo envolve os quatro principais pontos da pirâmide do aprendizado. Os jogos proporcionam a quem aprende com a inteligência física uma chance igual de aprender junto com crianças com facilidade no aprendizado mental ou abstrato. Envolve as emoções por ser divertido e emocionante. Os jogos utilizam dinheiro de mentira, e não de verdade; assim, os erros doem menos emocionalmente. Muitos adultos saem da escola horrorizados por terem cometido erros, sobretudo erros financeiros. Os jogos permitem a alunos de todas as idades que cometam erros financeiros e aprendam com eles sem a dor de perder dinheiro de verdade. Se adotarmos as idéias de Rudolf Steiner sobre a mudança que ocorre aos nove anos, a criança que sabe que pode sobreviver financeiramente será mais confiante e menos dependente da idéia da segurança do emprego para ter segurança financeira. Poderá ser menos suscetível ao endividamento quando adulta. E, o mais importante, aprender a administrar o dinheiro e saber como funciona uma demonstração financeira pode aumentar a autoconfiança da criança que se prepara para enfrentar o mundo real.

A pirâmide do aprendizado

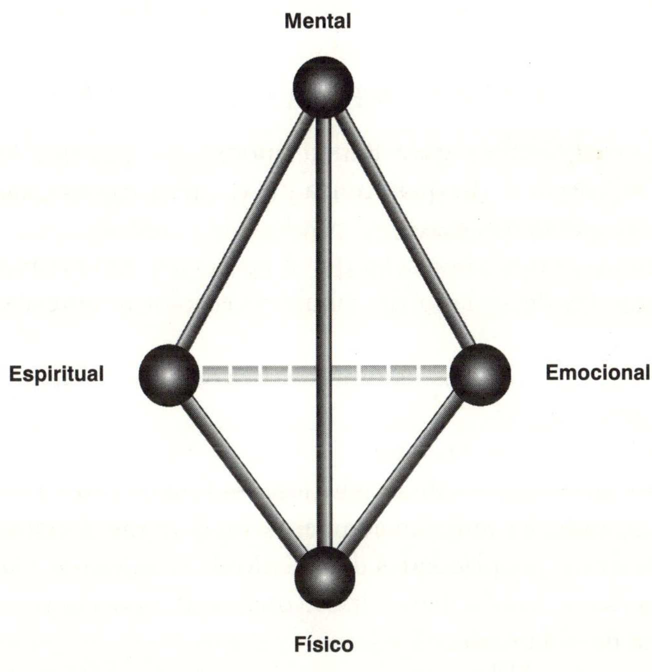

OS JOGOS FORAM USADOS DURANTE SÉCULOS

A maior parte dos jogos comprados nas lojas hoje são jogos de entretenimento. Contudo, durante séculos, os jogos foram usados como instrumento educacional. A nobreza costumava ensinar seus filhos a arte do raciocínio estratégico utilizando o jogo de xadrez. O jogo era usado para preparar os filhos para a possibilidade de comandar um exército na guerra. O gamão também era utilizado para ensinar o pensamento estratégico. Certa vez, li que a nobreza reconhecia a necessidade de exercitar seus corpos assim como suas mentes, e os jogos eram uma forma de exercitarem as mentes. Os nobres queriam que seus filhos raciocinassem e não apenas decorassem respostas. Hoje, embora não estejamos necessariamente treinando nossos filhos para ir para a guerra, precisamos ensiná-los a pensar estrategicamente com relação ao dinheiro. O jogo de xadrez e o jogo CASHFLOW são semelhantes, pois são jogos sem respostas. São jogos planejados para fazê-lo pensar estrategicamente e planejar o futuro. São jogos em que, a cada jogada, o resultado é diferente. A cada movimento ou mudança, a estratégia imediata deve mudar para que haja o trabalho de planejamento no longo prazo.

OS JOGOS AJUDAM SEU FILHO A VER O FUTURO

Certo dia, quando jogava Banco Imobiliário, pai rico fez um comentário interessante do qual nunca me esqueci. Apontando para um dos lados do tabuleiro, disse:

— Quanto tempo você acha que é necessário para comprar todas as propriedades desse lado do tabuleiro e colocar hotéis vermelhos nelas?

Mike e eu encolhemos os ombros. Não compreendemos o ponto em que queria chegar.

— Você quer dizer, no jogo?

— Não, não, não — disse pai rico. — Quero dizer na vida real. Estamos jogando há aproximadamente duas horas. Finalmente, sou dono de todas as propriedades desse lado do tabuleiro e tenho hotéis vermelhos nelas. Minha pergunta é: quanto tempo vocês acham que isso levaria na vida real?

Mais uma vez, Mike e eu encolhemos os ombros. Com 11 anos de idade, tínhamos pouca experiência para saber em quanto tempo as coisas aconteceriam na vida real. Olhamos para o lado de pai rico no tabuleiro e vimos seis hotéis vermelhos monopolizando seu lado. Sabíamos que todas as vezes que nos aproximássemos de seu lado no tabuleiro, provavelmente iríamos parar em uma de suas propriedades e iríamos pagar caro.

— Não sei — Mike disse finalmente.

— Imagino uns 20 anos — disse pai rico.

— Vinte anos! — Mike e eu dissemos admirados. Para dois adolescentes, 20 anos era imensurável.

— Os anos passam rápido — disse pai rico, iniciando sua próxima lição. — A maior parte das pessoas deixa esses anos escorregarem e nunca começa. De repente, elas estão com 40 anos, muitas vezes cheias de dívidas e com os filhos prontos para entrar na faculdade. Portanto, muitas nunca deram os primeiros passos. Passam a maior parte de suas vidas trabalhando arduamente por dinheiro, se enchendo de dívidas e pagando contas.

— Vinte anos — repeti.

Pai rico concordou, deixando a idéia penetrar em nossas mentes. Finalmente, disse:

— Seu futuro começa hoje — Olhando-me, acrescentou: — Se você fizer o que seu pai está fazendo, daqui a 20 anos estará como ele está hoje.

— Mas 20 anos! — reclamei. — Quero ficar rico rápido.

— Você e a maior parte das pessoas — disse pai rico. — O problema é que a maior parte das pessoas simplesmente faz o que lhes foi ensinado, que é ir para a escola e conseguir um emprego. Isso se transforma no futuro delas. A maior parte trabalhará durante 20 anos e não terá nada a mostrar depois de todos esses 20 anos de trabalho.

— Ou podemos jogar esse jogo durante 20 anos — disse Mike.

Pai rico concordou.

— Meninos, a escolha é de vocês. Esse pode ser um jogo de duas horas, mas também poderia ser o seu futuro pelos próximos 20 anos.

— Seu futuro é hoje — eu disse calmamente, observando os seis hotéis vermelhos de pai rico.

Pai rico concordou.

— É só um jogo ou é seu futuro?

UM ATRASO DE CINCO ANOS

Em *Rich Dad´s Guide to Investing*, comecei com meu retorno do Vietnã, depois de ter finalmente sido liberado da Marinha em 1974. Havia planejado começar meu plano de 20 anos em 1969, ano em que me formei na academia, mas a guerra do Vietnã causou um atraso de cinco anos em meus planos de começar o jogo na vida real. Em 1994, exatamente 20 anos depois de começar o jogo, minha esposa e eu compramos um de nossos maiores "hotéis vermelhos" e nos aposentamos. Eu tinha 47 anos e ela 37. O jogo Banco Imobiliário permitiu-me ver meu futuro. O jogo resumia, em duas horas, 20 anos de educação.

A VANTAGEM QUE TIVE

Acredito que a vantagem que tive sobre outras crianças que também jogavam Banco Imobiliário foi entender como interpretar uma demonstração do resultado e o balanço patrimonial — também conhecidos como demonstração financeira. Sabia a diferença entre ativos e passivos, negócios, ações e títulos. Em 1996, criei meus jogos de tabuleiro CASHFLOW para que fossem uma ponte entre o Banco Imobiliário e o mundo real. Se você ou seu filho gostarem do jogo Banco Imobiliário e estiverem interessados em desenvolver negócios ou investimentos, meus jogos serão o próximo passo no processo educacional. Meus jogos educacionais são um pouquinho mais difíceis para aprender, exigindo um tempo maior para seu aprendizado e domínio, porém, depois de aprender meus jogos, você também poderá ver seu futuro em apenas algumas horas.

SUA DEMONSTRAÇÃO FINANCEIRA É SEU BOLETIM NA VIDA REAL

Meu pai rico sempre dizia: "Meu banqueiro nunca pediu meu boletim." Dizia também: "Um dos motivos pelos quais as pessoas têm problemas financeiros é que saem da escola sem saber o que é uma demonstração financeira."

DEMONSTRAÇÕES FINANCEIRAS SÃO FUNDAMENTAIS PARA A SAÚDE

Um ponto fundamental para gerar e manter uma ótima saúde é a demonstração financeira. Todos nós temos uma demonstração financeira, independentemente de conhecê-la ou não. Uma empresa tem uma demonstração financeira. Um imóvel tem uma demonstração financeira. Antes de comprar uma ação de uma empresa, é recomendável que você observe a demonstração financeira da empresa. Demonstrações financeiras são fundamentais em todas as questões que envolvem dinheiro. Infelizmente, a maior parte das pessoas sai da escola sem saber o que é uma demonstração financeira. Por isso que, para a maior parte das pessoas, o Banco Imobiliário é apenas um jogo. Criei meus jogos CASHFLOW para ensinar pessoas interessadas no que é demonstração financeira, como é utilizada e como pode controlar nosso futuro enquanto nos divertimos. Meus jogos são uma ponte entre o Banco Imobiliário e o mundo real.

Nas páginas a seguir, você verá exemplos das demonstrações financeiras utilizadas no CASHFLOW 101 e 202, que são jogos utilizados para ensinar adultos. Talvez você observe que, embora os dois sejam demonstrações financeiras, um é um pouco mais adequado para a mente de crianças pequenas.

CONCLUSÃO

A segunda etapa é a parte mais importante do aprendizado. É importante aprender divertindo-se. É muito melhor aprender divertindo-se do que aprender sobre dinheiro pelo medo de perdê-lo. Em vez de associar o dinheiro à diversão e emoção, muitas vezes vejo os pais reforçarem o medo e o negativismo ao falarem sobre dinheiro. A maior discussão hoje, na casa das pessoas, é sobre dinheiro. Uma criança aprende a associar medo e raiva ao dinheiro. Em muitos lares, a criança aprende que o dinheiro é escasso e difícil de obter e que você deve trabalhar arduamente por ele. Foi isso que aprendi com meus pais. Quando estava com meu pai rico, aprendi que ganhar dinheiro era apenas um jogo e ele se divertia jogando-o. Optei por tornar o dinheiro um jogo em minha vida e por me divertir jogando.

Nos próximos capítulos, falarei sobre a terceira etapa, que inclui exercícios mais reais — ou deveria dizer dinheiro mais real? — que você pode utilizar com seus filhos para prepará-los para o mundo real.

CAPÍTULO 10

Por que os poupadores são perdedores

Recentemente, uma amiga me pediu conselhos financeiros. Quando perguntei qual era o problema, ela perguntou: "Não tenho muito dinheiro, mas tenho medo de investir." Ela trabalhara a vida inteira e poupara cerca de US$250.000.

Quando lhe perguntei por que ela tinha medo de investir, ela respondeu: "Porque tenho medo de perder todo meu dinheiro." E continuou: "Suei muito para ganhar esse dinheiro. Trabalhei anos a fio para economizá-lo, mas agora que estou pronta para me aposentar, quero saber se isso vai dar para eu me sustentar o resto da vida. Sei que preciso investir para ter um retorno melhor, mas se perder tudo, a essa altura, não conseguirei trabalhar para juntar mais. Não tenho mais idade para isso."

UMA VELHA FÓRMULA GANHADORA

Certo dia, estava assistindo televisão, quando um jovem psicólogo que se transformara em conselheiro financeiro foi ao programa e disse: "É importante ensinar a seu filho a economizar." A entrevista continuou com o velho papo de ensinar bons hábitos financeiros aos filhos desde cedo, bem como com os clichês usuais, do tipo "quem poupa ganha" e "de grão em grão a galinha enche o papo".

Minha mãe costumava dizer aos quatro filhos: "Não emprestem dinheiro nem tomem dinheiro emprestado." E meu pai costumava dizer: "Gostaria que sua mãe parasse de pegar dinheiro emprestado para podermos economizar um pouco."

Ouvi meus pais dizerem aos filhos: "É importante ter uma boa educação, conseguir um bom emprego, comprar uma casa e poupar." Era uma fórmula vencedora para a Era Industrial, mas esse conselho poderia ser o caminho para o fracasso na Era da Informação. Por quê? Simplesmente porque, na Era da Informação, seu filho precisa de informações financeiras mais sofisticadas, uma sofisticação que vá além de simplesmente guardar dinheiro no banco ou fazer um plano de previdência para a aposentadoria.

AS LIÇÕES DO PAI RICO SOBRE POUPANÇA

Meu pai rico dizia: "Os poupadores são perdedores." Não que ele fosse contra poupar. Dizia isso porque queria que Mike e eu tentássemos ser algo além de poupadores. Em *Pai rico, pai pobre*, a lição número um do pai rico era: "Rico não trabalha para ganhar dinheiro." Por isso, ele queria que eu e Mike aprendêssemos a fazer o dinheiro trabalhar a nosso favor. E embora economizar seja uma forma de fazer o dinheiro trabalhar a nosso favor, para ele economizar e tentar viver apenas dos juros era um jogo para perdedores — e podia prová-lo.

Embora os livros anteriores já tenham abordado essa questão, dada a sua importância, vale a pena voltarmos a ela. Explica por que pai rico disse que poupadores são perdedores. Pode também reforçar por que ensinar a seu filho a importância de interpretar uma demonstração financeira desde cedo.

ADORO MEU GERENTE

Antes de mais nada, adoro meu gerente. Digo isso porque, depois das lições anteriores sobre o assunto, muitas pessoas ficaram com a impressão de que sou contra os bancos e os gerentes. Nada poderia estar mais longe da verdade. A realidade é que adoro meu gerente, pois ele é meu "parceiro" e me ajuda ficar rico... e costumo gostar das pessoas que me ajudam a ficar mais rico. Sou é contra a ignorância financeira, pois é essa ignorância financeira que leva muitas pessoas a usarem o gerente do banco como parceiro para ficarem mais pobres.

Quando o gerente diz que sua casa é um ativo, a pergunta é: Será que ele está mentindo ou dizendo a verdade? A resposta é: Está dizendo a verdade. Não está dizendo de quem é o ativo. Se estiver financiada, sua casa é um ativo para o banco. Para quem sabe interpretar uma demonstração financeira, é fácil entender isso.

Apresentamos a seguir uma ilustração que mostra por quê, para a maior parte das pessoas, a casa é um ativo do banco.

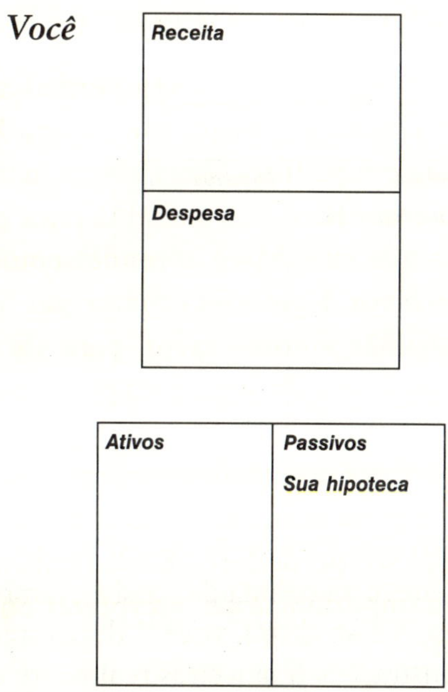

Quando procura o banco e examina a demonstração financeira do banco, você começa a ver e entender como as demonstrações financeiras realmente funcionam.

A demonstração financeira de seu banco:

O banco

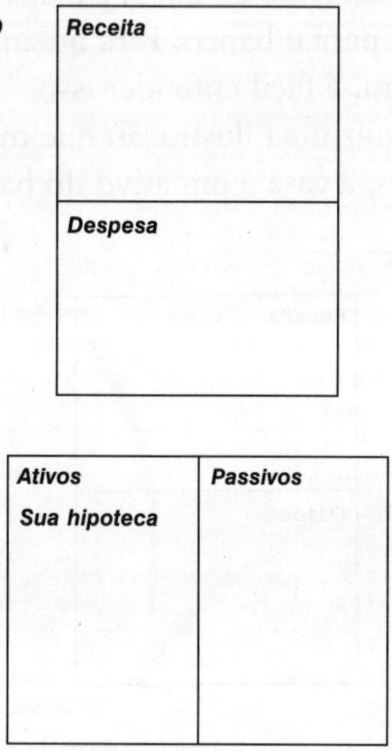

Analisando a demonstração financeira de seu banco, você logo verá que sua hipoteca, que aparece na coluna de passivo, também aparece na coluna de ativo do banco. A essa altura, você já deve estar começando a entender como as demonstrações financeiras realmente funcionam.

O QUADRO COMPLETO

Quando as pessoas me dizem que isso não prova nada e insistem que sua casa ou apartamento é um ativo delas, faço o teste final do fluxo de caixa, possivelmente a palavra mais importante nos negócios e nos investimentos, pois, por definição, se o dinheiro flui para o seu bolso, então o que você tem é um ativo; e se o dinheiro flui para fora de seu bolso, então o que você tem é um passivo.

Vejamos o ciclo completo do fluxo de caixa: a ilustração a seguir vale por mil palavras.

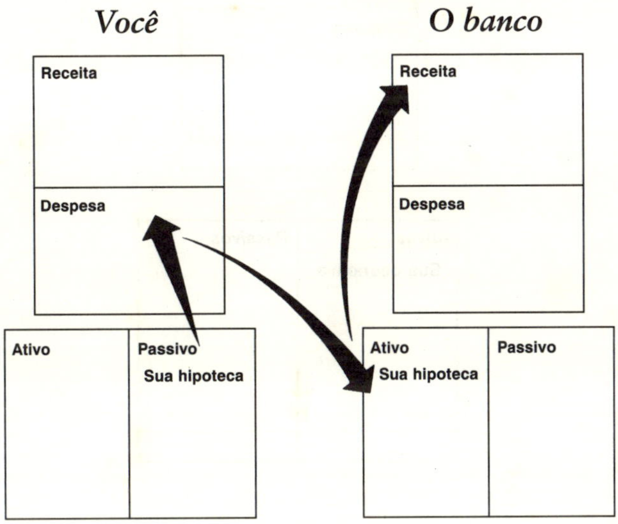

E QUANTO ÀS ECONOMIAS?

A próxima pergunta é: o que isso tem a ver com o fato de os poupadores serem perdedores? Novamente, a resposta pode ser encontrada na interpretação da demonstração financeira.

Sua demonstração financeira:

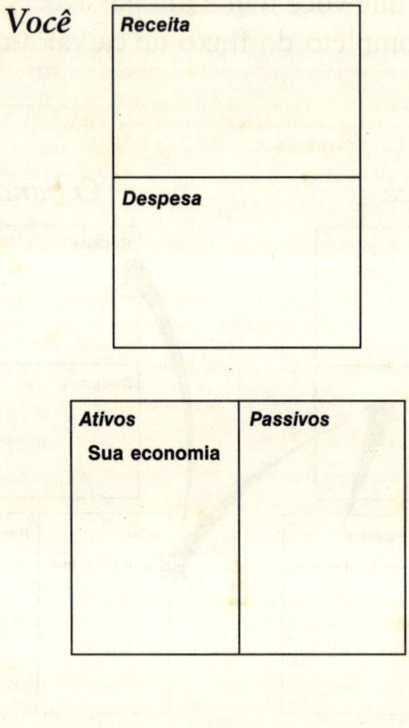

Sim, sua poupança é um ativo. Mas, para termos uma melhor noção do quadro geral, precisamos seguir a trilha deixada pelo fluxo de caixa e refinar nossa inteligência financeira.

A demonstração financeira de seu banco:

O banco

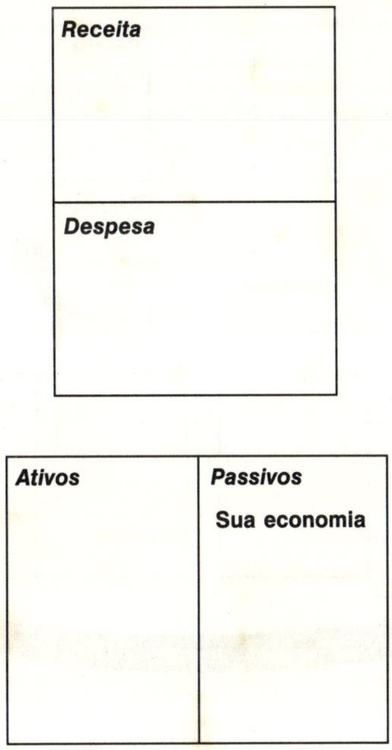

Aplicando novamente o teste da direção do fluxo de caixa, você pode ver que o teste quanto ao que define um ativo e o que define um passivo permanece verdadeiro.

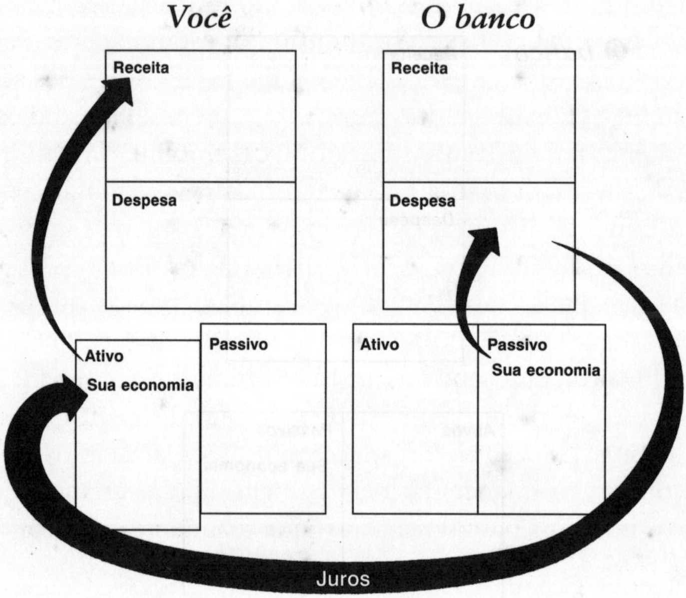

INCENTIVOS FISCAIS PARA QUEM SE ENDIVIDA E PUNIÇÃO FISCAL PARA QUEM POUPA

No início do ano 2000, muitos economistas alarmaram-se com a taxa de poupança negativa nos Estados Unidos. Uma taxa de poupança negativa significa que, como país, havia um nível maior de dívidas do que de dinheiro nos bancos. Os economistas começaram a pregar a necessidade de estimular as pessoas a economizar dinheiro. Começaram a soar os alarmes alegando que, como país, os Estados Unidos haviam tomado emprestado dinheiro demais de bancos asiáticos e europeus e que o país estava à beira do desastre econômico. Em um artigo que eu li, um economista famoso dizia: "Os americanos perderam a ética do trabalho e da poupança de nossos antepassados." E continuou, culpando as *pessoas* pelo problema, em vez de culpar o *sistema* criado muito depois do desaparecimento de nossos antepassados.

Basta analisar a legislação tributária americana para que os motivos desse baixo nível de poupança e alto grau de endividamento fique óbvio. Meu pai rico disse: "Poupadores são perdedores" *não* porque fosse contra economizar dinheiro. Na verdade, meu pai rico estava apenas chamando atenção para o óbvio. Em muitos países europeus, as pessoas conseguem brechas na tributação por estarem endividadas. Em outras palavras, oferecem-se incentivos para que as pessoas se endividem ainda mais. Por isso tantas pessoas assumem dívidas no cartão de crédito e rolam para a frente suas hipotecas imobiliárias.*

Além disso, quem poupa não ganha incentivo tributário nenhum. Ocorre justamente o contrário. Quem poupa sofre mais impostos ainda e quem se endivida tem incentivos tributários. E não é só isso. São as pessoas que mais trabalham e que ganham menos que pagam os percentuais mais altos de impostos, não os ricos. Parece-me óbvio que o sistema foi projetado para punir quem trabalha e poupa e para recompensar os que tomam emprestado e gastam. E quanto mais o sistema educacional falha em ensinar às crianças os princípios básicos de uma demonstração financeira, menos se ensinam às crianças como interpretar os números para descobrir o que realmente está acontecendo.

A RECOMPENSA PELA POUPANÇA

Certa vez, meu pai rico disse: "Você recebe 4% de juros sobre sua poupança, mas a inflação também aumenta 4%, por isso na verdade você não ganha nada. Além disso, o governo cobra impostos sobre os juros, portanto, na verdade você acaba perdendo dinheiro quando poupa. Por isso os poupadores são perdedores."

Depois dessa ocasião, pai rico raramente falou em economizar. Foi então que começou a nos ensinar o que fazer para que o dinheiro trabalhasse a nosso favor... e isso se resumia à aquisição de ativos ou

---

* Nos Estados Unidos são muito comuns os empréstimos hipotecários. Os bancos emprestam quantias relativamente altas (percentual sobre o valor de mercado do imóvel), desde que se possua um imóvel que será dado como garantia do empréstimo que com freqüência é utilizado para a compra da casa própria. Os juros desse tipo de empréstimo são relativamente baixos. Quando o preço dos imóveis sobe é possível fazer novo empréstimo, utilizando parte do montante para amortizar a hipoteca anterior e o resto para outras despesas dentre as quais é muito comum a amortização dos altos saldos devedores dos cartões de crédito. Os juros desses financiamentos hipotecários podem ser deduzidos do imposto de renda a pagar, o que não é permitido no Brasil. (N.R.T.)

do que ele chamava de "converter dinheiro em riqueza". Minha mãe e meu pai haviam convertido o dinheiro deles em dívidas, acreditando ser um ativo, e não sobrara nada para poupar. E embora trabalhassem muito e não tivessem dinheiro algum para poupar, continuavam aconselhando os filhos a conseguir um emprego, trabalhar muito e poupar. Talvez fosse um conselho bom para a Era Industrial, mas era um péssimo conselho para a Era da Informação.

QUAL A RAPIDEZ DE MOVIMENTAÇÃO DE SEU DINHEIRO?

Pai rico não era contra poupar. Entretanto, em vez de nos aconselhar a *poupar*, pai rico sempre falava na *velocidade* do dinheiro. Em vez de nos aconselhar a "economizar para a aposentadoria", falava em "retorno sobre o investimento" e "taxa interna de retorno", outra forma de dizer "Com que rapidez meu dinheiro voltará às minhas mãos?"

Aqui está um exemplo simplificado:

Digamos que eu compre uma casa para alugar por US$100 mil e use US$10 mil das minhas economias como entrada. Depois de um ano, a renda gerada com o aluguel, menos o pagamento das prestações da casa, impostos e outras despesas, soma US$10 mil líquidos. Em outras palavras, recuperei meus US$10 mil e continuo tendo uma casa, um ativo, que me gera mais US$10 mil ao ano. Agora posso pegar esses US$10 mil e comprar outro imóvel, ações ou investir em um negócio.

É a isso que as pessoas se referem quando falam em "velocidade do dinheiro" ou, como disse meu pai rico: "Com que velocidade meu dinheiro volta para o meu bolso?" Ou "Qual o retorno sobre meu investimento?" As pessoas sofisticadas financeiramente querem o dinheiro de volta para poder seguir em frente e investir em outro ativo, outro motivo pelo qual os ricos ficam mais ricos, enquanto todo mundo tenta poupar para os momentos difíceis ou para a aposentadoria.

JOGANDO COM DINHEIRO DE VERDADE

No início deste capítulo, contei a história de uma velha amiga que estava perto de se aposentar, tinha uma poupança de aproximadamente US$250 mil e não sabia em que investir. Sabia que precisaria de uns US$35 mil ao ano para viver e que os juros sobre seus US$250 mil não gerariam esse nível de renda. Usei o mesmo exemplo simples, de tirar

US$10 mil da poupança e comprar uma casa de US$100 mil para explicar como um investimento poderia ajudar a resolver seus problemas financeiros. Obviamente, antes ela teria de aprender como investir em imóveis e encontrar o investimento certo. Quando lhe expliquei o sentido das expressões "velocidade do dinheiro" e "retorno sobre o investimento", ela congelou, tanto mental quanto emocionalmente. Embora entendesse, o medo de perder o dinheiro que custara tanto a ganhar fechou seus olhos à possibilidade de adotar uma nova fórmula vencedora. Tudo que ela aprendera na vida era trabalhar e economizar. Hoje, ela continua com o dinheiro guardado no banco e, quando e a encontrei novamente, há pouco tempo, ela disse: "Adoro meu trabalho, por isso acho que vou trabalhar mais um pouco. Vou me manter ativa." Quando ela foi embora, pude ouvir a voz do meu pai rico: "Um dos principais motivos pelos quais as pessoas trabalham tanto é que elas nunca aprenderam a fazer o dinheiro trabalhar a seu favor. Por isso, dão duro a vida inteira e o dinheiro não faz nada por elas."

COMO ENSINAR SEUS FILHOS A FAZER O DINHEIRO TRABALHAR PARA ELES

A seguir, algumas idéias que você talvez queira usar para ensinar seus filhos a fazer o dinheiro trabalhar a favor deles. Mais uma vez, aconselho os pais a não forçar os filhos a aprenderem isso, se eles não quiserem aprender. O segredo está em encontrar maneiras de despertar na criança a vontade de aprender, e não forçá-la.

OS TRÊS COFRINHOS

Quando eu era pequeno, meu pai rico me pediu para comprar três cofrinhos diferentes. Os três tinham os seguintes rótulos:

Doações: pai rico acreditava em fazer doações para igrejas e instituições de caridade. Doava 10% de sua renda bruta. Costumava dizer: "Deus não precisa receber, mas os seres humanos precisam doar." Com o passar dos anos, descobri que muitas das pessoas mais ricas do mundo começaram a vida com o hábito de doar.

Pai rico estava certo de que devia às doações muito de sua boa sorte financeira. Costumava dizer também: "Deus é meu sócio. Se você não pagar a seu sócio, ele vai parar de trabalhar e você terá que trabalhar dez vezes mais."

Poupança: o segundo cofrinho destinava-se à poupança. Pai rico acreditava, como regra geral, em ter economias suficientes para viver um ano. Por exemplo, se precisasse de US$35 mil para viver um ano, ele acreditava ser muito importante ter essa quantia guardada em uma conta de poupança. Depois de ter essa quantia de reserva, doava o restante. Se suas despesas aumentassem, sua poupança teria de aumentar também.

Investimento: em minha opinião, foi esse terceiro cofrinho que me proporcionou uma enorme vantagem na vida. Foi esse cofrinho que proporcionou o dinheiro com o qual eu aprenderia a arriscar.

Minha amiga que tinha US$250 mil em economias deveria ter tido um cofrinho desses aos nove anos. Como dissemos antes, aos nove anos, a criança começa a buscar sua própria identidade. Acredito que aprender a não precisar de dinheiro, a não precisar de emprego e a investir naquela idade ajudou a forjar minha identidade. Aprendia a ter confiança financeira, em lugar da necessidade de segurança financeira.

Em outras palavras, foi nesse terceiro cofrinho que consegui o dinheiro para começar a assumir riscos, cometer erros, aprender e ganhar a experiência que me permitiriam encontrar um rumo para o resto de minha vida.

Uma das primeiras coisas em que comecei a investir foi em moedas raras, coleção que tenho até hoje. Depois das moedas, investi em ações e depois em imóveis. Entretanto, mais do que os ativos nos quais eu estava investindo, eu estava investindo em minha educação. Hoje, quando falo em velocidade do dinheiro e em retorno sobre o investimento, falo com base em meus mais de quarenta anos de experiência. Minha amiga com US$250 mil em economias, aproximando-se da idade de aposentadoria, ainda tem de começar a ganhar experiência. E é essa falta de experiência que a leva a ter muito medo de perder o dinheiro que juntou com tanto esforço. Foram meus anos de experiência que me proporcionaram uma vantagem no assunto.

Com a técnica dos três cofrinhos, você pode lhes proporcionar o capital inicial para começar a ganhar uma experiência inestimável para uma criança. Depois de adquirir e usar os três cofrinhos e começar a ensinar bons hábitos a seus filhos, talvez você queira levá-los até um banco para que eles abram sua própria conta, comprem fundos mútuos ou invistam em ações com o dinheiro que tiraram do cofrinho chamado de "poupança". Recomendo que você deixe a criança fazer isso para adquirir a experiência mental, emocional e física do processo. Conheço diversos pais que fazem isso pelos filhos. Embora você esteja ajudando seus filhos a fazer um pequeno portfólio, essa atitude os privará da experiência — e, no mundo real, a experiência é tão importante quanto a educação.

REMUNERE-SE PRIMEIRO

Estive recentemente no programa de Oprah Winfrey e uma das principais perguntas feitas pela platéia foi: "Como você se remunera primeiro?" Fiquei chocado ao constatar que, para muitos adultos, a idéia de se remunerar primeiro era nova e diferente. O motivo da dificuldade era que o grau de endividamento das pessoas era tão alto que elas não poderiam se dar ao luxo de se remunerar primeiro. Ao sair do programa, percebi que, quando iniciou minha vida com o sistema dos três cofrinhos, meu pai rico estava me ensinando a me remunerar primeiro. Hoje, adulto, minha esposa e eu ainda temos três cofrinhos em cima da penteadeira e ainda destinamos parte de nossa renda a doações, outra à poupança e outra aos investimentos.

Quando estudo a vida de pessoas muito ricas, vejo que essa idéia de se remunerar primeiro é importantíssima para elas. É fundamental em sua vida. Recentemente, o guru dos investimentos e gerente de fundos Sir John Templeton disse que se esforça para viver com 20% de sua renda bruta e economizar, doar e investir os 80% restantes. Muitas pessoas vivem com 105% da renda bruta e não lhe sobra muito para se remunerarem. Em vez de se remunerarem, elas remuneram os outros primeiro.

TRABALHO BUROCRÁTICO

Pai rico levou a idéia dos três cofrinhos mais adiante. Queria ter certeza de que Mike e eu saberíamos relacionar nossos cofrinhos a nossas demonstrações financeiras. À medida que continuamos a colocar moedas em nossos cofrinhos, ele nos fez contabilizar o conteúdo de nossos cofres em demonstrações financeiras:

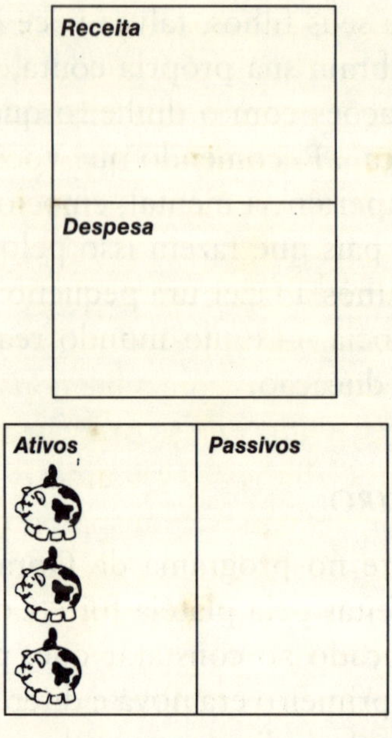

Se tirássemos algum dinheiro de nossa conta ou do banco, teríamos de contabilizá-lo. Por exemplo, se eu tirasse US$25 do meu cofrinho de doações e desse o dinheiro para uma igreja ou uma instituição de caridade, teria de contabilizá-lo em minha demonstração financeira mensal.

Minhas finanças naquele mês ficariam mais ou menos assim:

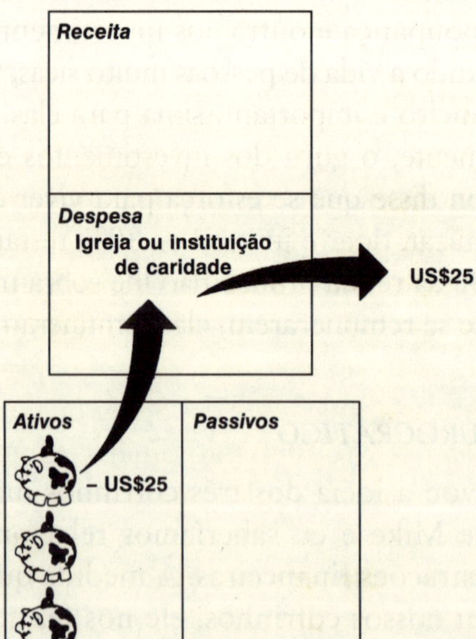

Por ter três cofrinhos e ser responsável por meu dinheiro em minha própria demonstração financeira, ganhei anos de educação e experiência financeira que a maioria dos adultos jamais recebe, muito menos as crianças. Meu pai rico diria: "A palavra *contabilidade* tem a ver com *responsabilidade*. Se você quer ser rico, precisa ser responsável por seu dinheiro."

Não tenho palavras para descrever a relação entre contabilidade e responsabilidade em minha vida hoje. E é importante para todos. Quando um banco recusa-se educadamente a lhe conceder um empréstimo, é como se ele estivesse dizendo que se preocupa com sua falta de responsabilidade para com o dinheiro. Quando o Fundo Monetário Internacional diz que um país não é "transparente" o bastante, está, de muitas maneiras, pedindo para que o país lhe mostre demonstrações financeiras mais claras. Transparência significa clareza, para que as partes interessadas possam facilmente ver para onde e para quem está indo o dinheiro. Em outras palavras, o FMI considera um país responsável justamente como meu pai rico nos considerava, a mim e a Mike, responsáveis.

Portanto, seja você uma criança pequena, uma família, uma empresa, uma igreja ou um país, a capacidade de administrar seu dinheiro e ser responsável por ele é uma habilidade importante para a vida que vale a pena aprender.

ESTE É O COMEÇO

Foi com essa idéia simples de usar jogos de tabuleiro, três cofrinhos e demonstrações financeiras simples que meu pai rico nos fez, a mim e a Mike, entrar no mundo do dinheiro. Embora o conceito seja simples, não foi necessariamente fácil acompanhá-lo. Uma das lições mais importantes que aprendi nesse processo foi o valor da disciplina financeira. Sabia que, uma vez por mês, teria de apresentar um "relatório" das minhas finanças a meu pai rico. Sabia que, uma vez por mês, teria de ser responsável por todo meu dinheiro. Houve meses em que simplesmente tive vontade de fugir e me esconder, mas da perspectiva de hoje, foi nos piores meses que mais aprendi... pois foi então que aprendi mais sobre mim. Sei também que essa disciplina me ajudou na escola, pois foi a minha falta de disciplina, e não minha falta de inteligência, que me trouxe problemas acadêmicos.

Foi assim que meu pai rico nos ensinou a lidar com dinheiro no mundo real. Nos próximos capítulos, passarei a exercícios mais avançados que você pode experimentar e outras lições que poderá aprender ao longo do caminho. É importante aprender essas lições porque, hoje, simplesmente poupar para os momentos mais difíceis é a receita certa para o fracasso financeiro. Na Era Industrial, não havia nada de errado com essa idéia. Mas na Era da Informação, poupar é uma idéia que não nos permite acompanhar a velocidade das mudanças ocasionadas pelas mudanças na informação. Na Era da Informação, é preciso saber qual a velocidade de movimentação do dinheiro e fazer seu dinheiro trabalhar a seu favor.

CAPÍTULO 11

A diferença entre dívida boa e dívida ruim

Minha mãe e meu pai passaram a maior parte da vida se esforçando ao máximo para quitar suas dívidas.

Meu pai rico, por outro lado, passou a maior parte da vida tentando se endividar cada vez mais. Em vez de nos aconselhar, a Mike e a mim, a evitar contrair dívidas e pagar as contas, ele costumava dizer: "Se quiserem ser ricos, vocês vão ter de aprender a diferença entre dívida boa e dívida ruim." Na verdade, ele não estava muito interessado na questão da dívida. Queria que nós soubéssemos a diferença entre o que era bom ou ruim do ponto de vista financeiro. Pai rico estava mais interessado em despertar nossa inteligência financeira.

VOCÊ SABE O QUE É BOM E O QUE É RUIM?

Na escola, os professores passam a maior parte do tempo procurando as respostas certas e as respostas erradas. Na igreja, grande parte da discussão gira em torno da batalha entre o bem e o mal. No que diz respeito ao dinheiro, pai rico também nos ensinou a diferença entre bem e mal.

OS POBRES E OS BANCOS

Quando eu era criança, conheci muitas famílias que não confiavam em bancos e banqueiros. Muitos pobres sentem-se pouco à vontade diante de um gerente de banco de terno e gravata. Por isso, em vez de procurar o banco, muitos simplesmente guardam o dinheiro debaixo do colchão ou em outro lugar seguro... desde que não seja no banco. Se alguém precisa de dinheiro, as pessoas se reúnem, cada um dá um pouco, e emprestam o dinheiro ao membro do grupo que precisa. Quando não conseguem encontrar ninguém que lhes empreste dinheiro, os pobres normalmente procuram agiotas, em vez de procurar um banco. Em vez de dar a casa como garantia, dão ferramentas ou a televisão e têm de pagar juros altíssimos pelo empréstimo. Hoje, em alguns estados americanos, os pobres podem ter que pagar mais de 400% sobre dinheiro imediato. Muitos estados controlam o percentual máximo de juros que pode ser cobrado, mas continua sendo um preço muito alto a ser pago sobre o empréstimo. Quando constatei como os pobres eram maltratados por essas instituições, entendi por que tantos pobres desconfiam dos gerentes de banco de terno e gravata... e entendi também que a confiança precisa ser bilateral. Para eles, todos os bancos e gerentes de banco são maus e estão ali para explorá-los, e bancos e banqueiros em geral têm uma visão semelhante.

A CLASSE MÉDIA E OS BANCOS

Por outro lado, meus pais, à semelhança da classe média, viam o banco como um lugar seguro para se guardar dinheiro. Costumavam fazer a seguinte comparação: "É seguro como dinheiro no banco." Portanto, viam os bancos como um bom lugar para guardar o dinheiro, mas nem por isso viam com bons olhos tomar emprestado no banco grandes quantias. Por isso minha mãe e meu pai estavam sempre tentando pagar suas contas desde cedo. Uma de suas metas era pagar a hipoteca da casa e quitar a dívida de vez. Resumindo sua visão: eles acreditavam que bancos eram uma coisa boa, poupança era uma coisa boa, mas empréstimo era uma coisa terrível. Por isso minha mãe costumava repetir: "Não empreste nem tome emprestado."

OS RICOS E OS BANCOS

Meu pai rico, por outro lado, ensinou-nos, a Mike e a mim, a ser mais inteligentes financeiramente. Como eu disse antes neste livro, uma das definições de inteligência é a capacidade de fazer distinções mais refinadas, ou de multiplicar dividindo. Mais especificamente, pai rico não acreditava que economizar era bom e contrair dívidas era ruim aleatoriamente. Deu-se ao trabalho de nos ensinar a diferença entre o bem e o mal na poupança, nas dívidas, nas despesas, nas perdas, nos impostos e nos investimentos. Pai rico nos ensinou a pensar e a elevar nossa inteligência financeira, fazendo distinções mais refinadas. Em outras palavras, quanto melhor a sua capacidade de estabelecer uma distinção entre dívida boa e dívida ruim, entre poupança boa e poupança ruim, mais alto será seu QI financeiro. Se você vê uma dívida como somente boa ou somente ruim, é sinal de que seu QI financeiro poderia aumentar.

O livro não ensina as diferenças específicas entre o bem e o mal. Mas, se estiver interessado em aprender mais, meu terceiro livro, *Rich Dad's Guide to Investing*, explicará melhor a diferença entre dívidas, despesas, perdas e impostos bons e ruins.

O objetivo deste livro é advertir os pais a terem cuidado ao dizer coisas como:

- "Pague suas dívidas."
- "Poupe."
- "Pague suas contas."
- "Elimine seus cartões de crédito."
- "Não peça dinheiro emprestado."

Repetindo o que eu disse antes, os pobres tendem a pensar que os bancos são ruins e por isso os evitam; a classe média considera determinados serviços prestados pelos bancos como bons e determinados serviços como ruins; e meu pai rico nos ensinou a ver o lado bom e ruim de tudo. Estimulando-nos a ser os dois lados nas questões financeiras, ele aumentou nossa capacidade de fazer distinções mais refinadas e, assim, aumentamos nossa inteligência financeira.

DESENVOLVENDO A INTELIGÊNCIA FINANCEIRA DE SEU FILHO

Uma das lições mais importantes que pai rico nos ensinou foi a lição chamada por ele de "pensar como um banqueiro". Ele a chamava também de "a alquimia do dinheiro... como transformar chumbo em ouro". Ou "Como ganhar dinheiro do nada".

Quem já leu *Pai rico pai pobre* deve estar lembrado da história dos quadrinhos. Era a história de quando aprendi a pensar como um banqueiro ou como um alquimista, a pessoa que transforma chumbo em ouro.

Em vez de ver o banco como uma coisa ruim, exatamente como os pobres fazem, ou de considerar partes do banco boas e outras ruins, como faziam muitos da classe média, pai rico queria que eu e Mike entendêssemos o funcionamento dos bancos. Durante esse período de nosso desenvolvimento, ele às vezes nos levava ao banco e nos fazia ficar sentados lá, observando-o andar de um lado para o outro. Por fim, depois de realizar esse exercício diversas vezes, ele nos perguntou: "E então, o que viram?"

Aos 14 anos, não vimos muito. Mike e eu demos de ombros e fizemos expressão de tédio, como geralmente fazem os adolescentes quando lhes fazem uma pergunta:

— Pessoas indo e vindo — disse Mike.

— É — comentei. — Só vimos isso.

— Tudo bem — retrucou pai rico, encaminhando-nos ao caixa. Lá, ele nos mostrou uma mulher que fazia um depósito. — Estão vendo isso? — perguntou.

Balançamos a cabeça, confirmando.

— Ótimo — disse, guiando-nos até uma mesa onde estavam alguns funcionários do banco. — O que estão vendo?

Mike e eu vimos um homem de terno preparando uma demonstração financeira e conversando com o funcionário do banco.

— Não sei bem — respondi. — Mas se tivesse de adivinhar, diria que ele está fazendo um empréstimo.

— Ótimo — disse pai rico, indicando que estava na hora de irmos embora. — Vocês finalmente viram o que eu queria que vissem.

Ao entrar no carro, que pegava fogo por causa do sol do Havaí, Mike perguntou:

— O que vimos?

— Boa pergunta — pai rico respondeu. — O que vocês viram?

— Vimos pessoas depositando o dinheiro no banco — eu disse. — E depois vi outras pessoas indo ao banco e pegando dinheiro emprestado. Foi o que vimos.

— Ótimo — disse pai rico. — E de quem era esse dinheiro? Era do banco?

— Não — disse Mike. — Era das pessoas. O banco ganha dinheiro com o dinheiro das outras pessoas. Pega o dinheiro de umas pessoas e os empresta para outras pessoas, mas o dinheiro não é do banco.

— Ótimo — disse pai rico novamente. Em seguida, voltando-se para mim, perguntou: — E o que seus pais estão tentando fazer quando vão ao banco?

Depois de pensar um pouco, respondi:

— Esforçam-se ao máximo para economizar. E, quando pegam dinheiro emprestado, esforçam-se ao máximo para pagar o empréstimo. Eles acreditam que poupar é bom e se endividar é ruim.

— Muito bem — disse pai rico. — Você é muito observador.

Colocando o boné de beisebol, simplesmente dei de ombros, dizendo para mim mesmo ao voltarmos ao escritório de pai rico, "grande coisa".

De volta a sua mesa, pai rico tirou um bloco da gaveta e desenhou o diagrama a seguir, o diagrama de uma demonstração financeira:

O banco

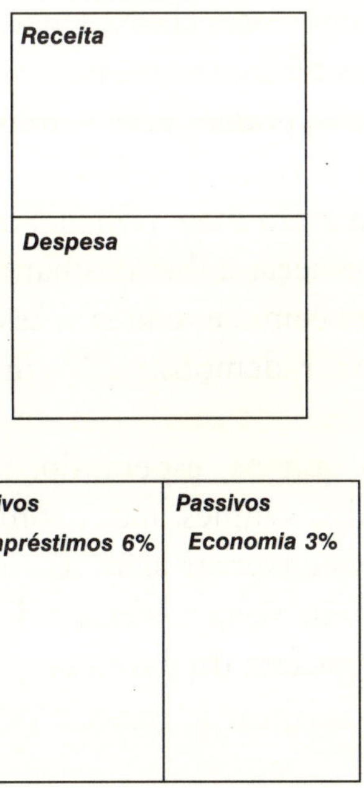

— Você entende esse diagrama? — pai rico perguntou, mostrando-nos o desenho que fizera no bloco.

Mike e eu o analisamos por um momento.

— Eu entendo — respondeu Mike, e eu concordei, anuindo com a cabeça. A essa altura, já tínhamos visto tantos desses cenários financeiros que estava ficando fácil entender como pai rico pensava. — O banco empresta ou guarda o dinheiro e paga 3% ao poupador e depois o empresta com juros de 6%.

Concordando, pai rico perguntou:

— E de quem é o dinheiro?

— É do poupador — respondi, rápido. — Assim que entra dinheiro, o banco o empresta a outra pessoa.

Pai rico concordou. Depois de um longo período de silêncio, deixando-nos digerir o que ele queria que entendêssemos, ele disse:

— Quando jogo Banco Imobiliário com vocês, costumo lhes dizer que vocês estão diante da fórmula para a riqueza, certo?

Fizemos que sim com a cabeça.

— Quatro casas verdes, um hotel vermelho — respondi, quase que para mim mesmo.

— Ótimo — disse pai rico. — O melhor dos imóveis é que podemos vê-los. Mas agora que vocês já estão mais velhos, quero que vocês comecem a ver o que os olhos não vêem.

— O que os olhos não podem ver? — repeti, confuso.

Pai rico concordou.

— É, vocês agora já estão mais velhos. Seu cérebro está mais bem desenvolvido. Quero começar a lhes ensinar a ver o que os pobres e a classe média raramente vêem... e muitas vezes não o vêem porque não estão familiarizados com as demonstrações financeiras e seu funcionamento.

Mike e eu ficamos quietos, esperando. Sabíamos que ele estava prestes a nos mostrar algo simples, mas profundo — mas que só seria profundo se pudéssemos enxergar além da simplicidade.

Pai rico então pegou de volta o bloco e desenhou outro diagrama.

A demonstração financeira do pai rico:

Pai rico

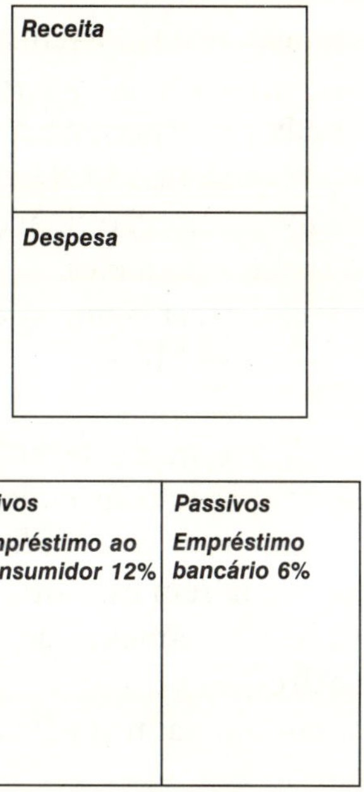

Mike e eu simplesmente ficamos ali, analisando o diagrama durante um bom tempo. Como eu disse, era um diagrama simples, mas seria profundo se entendêssemos a lição apesar de sua simplicidade. Finalmente, eu disse:

— Então quer dizer que você toma dinheiro emprestado e depois o empresta, exatamente como o banco faz?

— Isso mesmo — disse pai rico. — Lembra que sua mãe costumava dizer "Não empreste nem tome emprestado"?

Fiz que sim com a cabeça.

— Por isso seus pais estão sempre em dificuldades financeiras — disse pai rico. — Primeiro eles se concentram em poupar. Se pegarem dinheiro emprestado, pegam para pagar passivos que consideram ativos — coisas como casas e carros — coisas que só levam o dinheiro embora, em vez de trazê-lo para o bolso. Depois, eles dão duro para pagar a dívida e poder dizer "O carro ou a casa são meus, quitei a dívida."

— E o que há de mal nisso? — perguntei.

— Nada — respondeu pai rico. — Não é uma questão de ser bom ou ruim. É uma questão de educação.

— Educação? — perguntei. — O que tem a educação a ver com isso?

— Bem — respondeu pai rico. — já que seus pais não têm uma boa educação financeira, é melhor eles pouparem dinheiro e se esforçarem ao máximo para pagar a dívida rápido. Dado seu nível de educação financeira, ou que chamo "sofisticação financeira", esse tipo de administração do dinheiro é melhor para eles.

— Mas e se eles quiserem fazer o que você faz, terão de melhorar sua educação financeira — disse Mike.

Pai rico concordou:

— E é exatamente isso que quero fazer com vocês dois antes de vocês terminarem os estudos. Se não aprenderem o que estou prestes a lhes ensinar antes de terminarem os estudos, é provável que nunca aprendam. Se saírem da escola sem esse tipo de educação, é provável que o mundo se aproveite injustamente de vocês, porque vocês não sabem muito sobre dinheiro.

— Quer dizer que o mundo vai nos educar? — perguntei.

Pai rico fez que sim.

— E quer dizer que você pega dinheiro emprestado para fazer mais dinheiro.

— Isso mesmo — concordou pai rico.

— E meus pais trabalham para ganhar dinheiro e depois tentam poupar e não pegar dinheiro emprestado.

Pai rico concordou novamente:

— E por isso eles têm tanta dificuldade de ficar ricos

— Porque se esforçam muito para ganhar dinheiro — acrescentei, buscando um maior esclarecimento.

Concordando, meu pai rico disse:

— E, trabalhando tanto assim, você acaba chegando a um limite de remuneração por seu trabalho. A maioria das pessoas chega a um limite de remuneração pelo trabalho.

— Portanto, há um limite também para a poupança — acrescentou Mike. — Como você disse, os impostos levam grande parte do salário dos funcionários antes mesmo de esse salário chegar às suas mãos.

Pai rico recostou-se na cadeira. Sabia que estávamos chegando aonde ele queria chegar.

Voltando novamente ao diagrama do pai rico, apontei para as colunas de ativo e passivo.

Pai rico

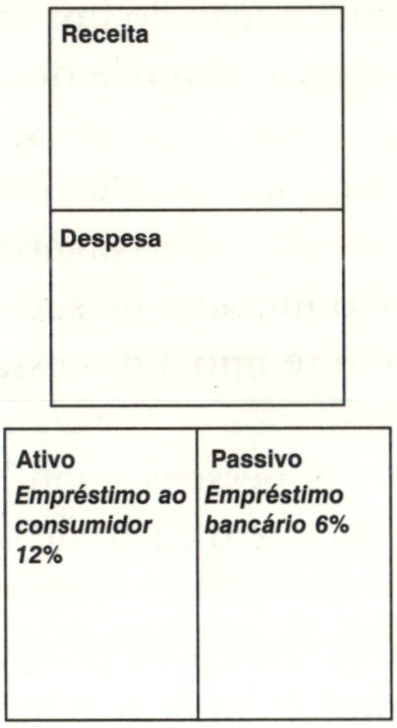

— Então você faz exatamente como o banco faz: pega dinheiro emprestado do banco e encontra uma maneira de fazer esse dinheiro gerar mais dinheiro para você.

Pai rico olhou para mim e disse:

— Agora vamos dar uma olhada na demonstração financeira de seus pais.

Agora estava na minha vez de recostar na cadeira. Sabia onde ele queria chegar. Usando o bloco, ele desenhou a demonstração financeira de meus pais:

Pai pobre

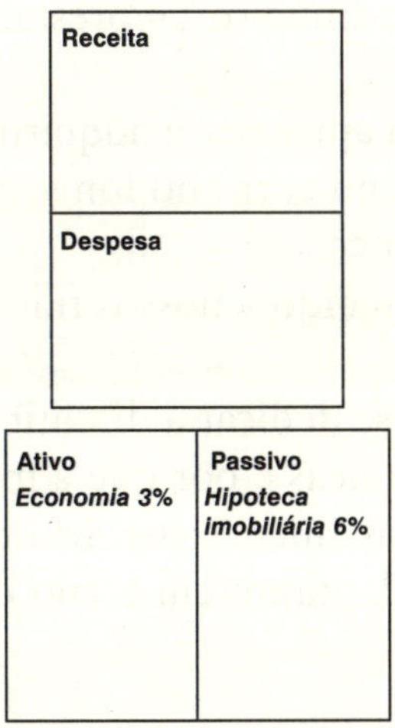

Pai rico, Mike e eu analisamos as diferenças nas duas demonstrações financeiras. Eu não tinha noção do impacto que essa lição simples teria em minha vida, entretanto, daquele dia em diante essa lição afetaria minha visão de mundo. Havia tanto a ser aprendido nesse exemplo simples... ainda hoje continuo aprendendo.

Muitas das lições são ocultas. Eu sugeriria que você se sentasse com os amigos e discutisse o impacto de sutis diferenças em sua vida. Sugiro que você dedique um tempo à discussão dos seguintes pontos:

- O que acontece com as pessoas quando elas permitem que os ativos gerem menos do que o custo de seus passivos ao longo da vida?
- Quanto tempo você levaria para poupar em vez de pegar emprestado? Por exemplo, quanto tempo levaria para poupar US$100.000 *versus* pegar US$100.000 emprestados se ganhar apenas US$50.000 por ano e tiver uma família para alimentar, vestir e educar?
- Você progrediria mais rápido na vida se pudesse pegar dinheiro emprestado e gerar mais dinheiro, em comparação a trabalhar arduamente e economizar para só então tentar ganhar com o dinheiro que economizou?
- Como um pai pegou um ativo, suas economias, e o transformou em um passivo (poupadores são perdedores), enquanto outro pegou uma dívida e a transformou em um ativo?
- Que habilidades financeiras você precisaria ter para ser uma pessoa capaz de pegar dinheiro emprestado para ganhar mais dinheiro?
- Como você poderia aprender a adquirir essas habilidades?
- Quais são os riscos, no curto no longo prazos, dos dois tipos de demonstrações financeiras?
- O que estamos ensinando a nossos filhos?

Acredito que, se você se dedicar a discutir essas questões, verá por que poucas pessoas ficam ricas e por que a maioria luta a vida inteira para superar os problemas financeiros. Muitos dos obstáculos e das vitórias financeiras da vida giram em torno de dinheiro, poupança e dívida.

Uma palavra de advertência — comece devagar

Pai rico sempre dizia: "Trate suas dívidas como trataria uma arma carregada." Dizia ser importante saber a diferença entre dívida boa e dívida ruim porque a dívida tinha o poder de nos deixar ricos ou pobres. Da mesma forma que uma arma carregada pode nos proteger ou nos matar. Hoje, nos Estados Unidos, as dívidas no cartão de crédito estão sufocando a vida de muitas famílias, mesmo as famílias de pessoas com alto nível de instrução.

O objetivo deste capítulo é lhe dar um tempo para pensar no que vem ensinando a seu filho sobre dívida. Se quiser que seu filho cresça e tenha oportunidade de ficar rico rápido, cabe a você, como pai, ensinar-lhe as habilidades básicas para aquisição e administração de dívidas. Essa educação começa pela demonstração financeira.

Se ensinar a seus filhos pouco ou nada sobre dívida, é provável que seus filhos venham a ter problemas financeiros pelo resto da vida, se esforçando ao máximo para trabalhar, economizar e saldar suas dívidas.

Os próximos capítulos mostram como os pais podem começar a aumentar o QI financeiro dos filhos. Uma criança com QI financeiro alto estará mais bem preparada para controlar o enorme poder da dívida. Como disse pai rico: "Trate suas dívidas como trataria uma arma carregada." E "É preciso conhecer a diferença entre dívida boa e dívida ruim."

Quando começar a ensinar seus filhos a diferença entre dívida boa e dívida ruim, entre boas despesas e despesas ruins, estará começando a despertar a inteligência de seus filhos.

CAPÍTULO 12

Aprendendo com dinheiro de verdade

Quando minha mãe e meu pai anunciaram que não tinham condições de pagar meus estudos na universidade, tudo que eu disse foi: "Tudo bem, não preciso de seu dinheiro para ir para a faculdade, encontrarei uma maneira de pagar meus estudos." Eu pude dizer isso com confiança porque já ganhava meu próprio dinheiro. Mas não era o dinheiro que eu ganhava que me faria continuar a estudar. Eram as lições que aprendi ganhando o dinheiro que me manteriam estudando. Começara com a lição na qual meu pai rico deixara de me pagar os 10 centavos por hora. Aos nove anos, eu estava aprendendo que podia sobreviver por minha conta.

PAREI DE AJUDAR MEU FILHO E COMECEI A LHE ENSINAR

Um pai aproximou-se de mim recentemente e disse:

— Meu filho poderia ser o próximo Bill Gates. Brian só tem 14 anos, mas já tem um grande interesse pelos negócios e por investimentos. Também entendi, depois de ler seus livros, que eu o estava estragando. Ao tentar ajudá-lo, na verdade eu o estava atrapalhando, portanto, quando ele me procurou e disse que queria novos tacos de golfe, ofereci-lhe um novo desafio.

— Como é que você o atrapalhava? — perguntei.

— Eu o ensinava a trabalhar por dinheiro — disse o pai. — Em geral, se ele se aproximasse de mim e pedisse tacos de golfe, eu lhe diria para ganhar dinheiro para comprar os tacos. Depois de ler seus livros, percebi que o estava programando para ser um consumidor esforçado. Ele estava sendo programado para ser um trabalhador esforçado e não um homem rico que sabe como fazer o dinheiro trabalhar a seu favor.

— Então, o que passou a fazer? — perguntei.

— Bem, eu lhe disse para andar e procurar trabalho pela vizinhança. Normalmente, eu lhe daria o dinheiro na forma de uma mesada e lhe diria para economizar para comprar os tacos de golfe.

— Interessante — respondi. — Em vez de lhe dizer automaticamente que ele merecia o dinheiro, você lhe disse para procurar oportunidades de ganhar dinheiro.

Concordando com um gesto de cabeça, o pai orgulhoso disse:

— Achei que ele ficaria zangado, mas ficou muito entusiasmado com a idéia de começar o próprio negócio, algo seu, em vez de pedir o dinheiro. Assim, foi em frente e aparou alguns gramados durante o verão e logo tinha juntado US$500, o suficiente para comprar os tacos. Mas foi então que fiz algo diferente.

— O que foi? — perguntei.

— Levei-o até uma corretora e ele comprou US$100 em fundos mútuos promissores. Disse-lhe que era o dinheiro para seus estudos universitários.

— Muito bom — disse eu. — Então você deixou que ele comprasse os tacos de golfe?

— Ah não — disse o pai orgulhoso, exultando de orgulho. — Fiz algo que seu pai rico teria feito.

— E o que foi? — perguntei, cautelosamente.

— Peguei seus US$400 e lhe disse para guardá-los até conseguir um ativo que comprasse os tacos para ele.

— O quê? — perguntei. — Você lhe disse para comprar um ativo? Então atrasou ainda mais sua necessidade de gratificação?

— Sim — disse o pai. — Você disse que a gratificação tardia era um talento emocional importante a ser desenvolvido. Portanto, eu peguei seu dinheiro e atrasei sua gratificação.

— O que aconteceu depois? — perguntei.

— Bem, ele ficou zangado durante uma meia hora, mas depois percebeu o que eu estava fazendo. Logo entendeu que eu tentava lhe ensinar algo e começou a pensar. E logo que entendeu o que eu estava fazendo, captou a lição — disse o pai.

— E qual era a lição? — perguntei.

— Ele se aproximou de mim e disse: "Você está tentando preservar meu dinheiro, não é? Não quer que gaste tudo em um conjunto de tacos de golfe. Quer que eu compre os tacos e ainda fique com meu dinheiro. É isso que quer que eu aprenda, não é?" — disse o pai exultando. — Ele aprendeu a lição. Entendeu que agora podia manter o dinheiro que ganhara com tanto esforço e conseguir seus tacos de golfe. Fiquei com muito orgulho dele.

— Puxa! — foi tudo que consegui dizer.— Aos 14 anos ele entendeu que poderia manter seu dinheiro e conseguir os tacos de golfe?

— Isso mesmo — disse o pai. — Ele entendeu que podia ter os dois.

Mais uma vez, tudo que consegui dizer foi "Puxa!". Depois eu disse:

— A maioria dos adultos nunca aprende essa lição. Como ele conseguiu?

— Ele começou a ler os anúncios de procura-se nos jornais. Depois foi até a loja de artigos de golfe e falou com os responsáveis para descobrir o que precisavam e queriam. Então, um dia, voltou para casa e me disse que precisava de seu dinheiro. Tinha descoberto uma maneira de manter o dinheiro e comprar os tacos de golfe.

— E que maneira foi essa? — insisti, esperando a resposta.

— Ele descobriu uma pessoa que vendia máquinas de doces. Foi até à loja de golfe e perguntou se podia colocar duas máquinas ali. Os responsáveis pela loja concordaram e ele veio para casa e me pediu o dinheiro. Voltamos até o vendedor de doces, compramos duas máquinas e um suprimento de nozes e doces por cerca de US$350 e instalamos as máquinas na loja de golfe. Uma vez por semana ele ia até a loja, recolhia o dinheiro das máquinas e renovava o estoque das máquinas. Depois de dois meses, tinha conseguido mais do que o suficiente para comprar os tacos. Assim, agora ele tinha os tacos e uma renda fixa de suas seis máquinas, seus ativos.

— Seis máquinas — disse eu. — Pensei que ele comprara apenas duas máquinas de doces.

— É verdade — disse o pai. — Mas logo que percebeu que suas máquinas eram ativos, foi em frente e comprou mais ativos. Assim, agora o fundo para pagar sua universidade está crescendo constantemente, suas máquinas de doces estão aumentando e ele tem tempo e dinheiro para jogar o golfe que deseja porque não precisa trabalhar pelo dinheiro para jogar golfe. Ele pretende ser o próximo Tiger Woods e eu não preciso pagar para isso. O mais importante, está aprendendo muito mais do que se eu apenas tivesse lhe dado o dinheiro.

— Parece que você tem uma mistura de Tiger Woods e Bill Gates a caminho.

O orgulhoso pai sorriu.

— Sabe, na verdade não importa. O que importa é que agora ele sabe que pode crescer e ser o que bem entender.

ELE PODE SER O QUE BEM ENTENDER

Conversamos bastante sobre a importância de seu filho saber que poderia crescer e se tornar o que bem entendesse.

— Meu pai dizia: "Ter sucesso é sermos o que desejamos ser"... e parece que seu filho já é bem-sucedido.

— Bem, ele está feliz — disse o pai. — Ele não é muito popular na escola. Parece que toca em um ritmo diferente, como eles costumam dizer. Assim, agora que tem seu próprio negócio e o próprio dinheiro, tem sua própria identidade... uma noção de segurança pessoal. Ele não está tentando ser aceito pelos colegas mais populares da escola. Penso que ter a segurança da própria identidade lhe dá tempo para refletir sobre o que deseja ser em vez de tentar ser o que os amigos consideram legal. E, nesse processo, ele conquistou muita autoconfiança.

Concordei, pensando sobre minha época de escola. Lembro-me com tristeza de estar *por fora* e não *por dentro*. Lembro-me de não fazer parte do grupo de alunos populares e como me sentia solitário por não ser reconhecido ou aceito pelos garotos mais populares. Olhando para trás, percebo que aprender com o pai rico me deu uma noção de segurança pessoal e de confiança apesar de uma identidade "não tão legal". Eu sabia que mesmo que não fosse o menino mais inteligente ou o mais legal da escola, pelo menos sabia que um dia seria rico... e essa era a identidade que mais desejava.

— Diga-me — perguntou o pai, tirando-me de minhas lembranças sobre o tempo de escola — o que mais você acrescentaria à educação de meu filho? Ele já chegou até aqui, está indo bem, mas sei que ainda pode aprender mais. O que sugere?

— Boa pergunta — respondi. — Como andam os papéis?

— Papéis? — perguntou o pai.

— É, seus registros... suas demonstrações financeiras. Estão atualizadas?

— Não. Ele só faz um relatório verbal por semana e me mostra o que recolheu das máquinas e suas despesas com as compras de doces para abastecer as máquinas. Mas não há demonstrações financeiras formais. Isso não é muito difícil?

— Não precisa ser. Pode ser muito simples. Na verdade, é melhor que no início seja bastante simples.

— Você quer dizer manter uma demonstração financeira de verdade da maneira que faz quando está jogando CASHFLOW? — perguntou o pai.

— É — disse eu. — Nem precisa ser tão difícil. O mais importante é ele ter uma noção da função das demonstrações financeiras para depois poder lentamente, mas com confiança, acrescentar mais detalhes, distinções mais específicas. Quando fizer isso, seu QI financeiro se elevará e seu sucesso financeiro aumentará.

— Podemos fazer isso — disse o pai. — Mandarei uma cópia da primeira demonstração financeira que fizermos para você.

Despedimo-nos e seguimos nosso caminho. Cerca de uma semana depois, recebi pelo correio uma cópia da demonstração financeira de seu filho. Era mais ou menos assim:

Demonstração financeira de Brian para o mês de junho

Receita	
Receita de 6 máquinas de doces	US$465
Despesa	
Doces e nozes	US$ 85
Salário de Brian	US$100
Fundo para universidade	US$150
Economias	US$130

Ativos		***Passivos***
Economias	US$680	US$0
Fundo para universidade	US$3700	
6 máquinas de doces	US$1000	

Enviei meus parabéns e comentários. Meus comentários foram: "Onde estão suas despesas pessoais?" O pai me enviou um e-mail respondendo: "Ele agora mantém suas despesas pessoais em uma demonstração financeira à parte. Não quer confundir as despesas comerciais com as pessoais."

Respondi com outro e-mail: "Ótimo treinamento. É importante saber a diferença entre finanças pessoais e finanças comerciais. E os impostos?"

O pai respondeu: "Não quero chocá-lo ainda. Trataremos disso no ano que vem. Por enquanto estou deixando que ele ganhe. Logo ele aprenderá sobre impostos."

OITO MESES DEPOIS

Cerca de oito meses depois, o pai mandou-me um e-mail e uma cópia da última demonstração financeira de Brian. "Apenas para que você tenha conhecimento do progresso de Brian. O fundo mútuo em que está seu fundo para universidade teve um desempenho muito bom, mesmo em um mercado ruim e ele agora tem quase US$6.000. Está com nove máquinas de doces e pensa em comprar um negócio de máquinas operadas por moedas... como no caso dos jogos de cartas de CASHFLOW. Contratou um escriturário para trabalhar em meio expediente porque a papelada começou a ficar complicada demais. Já está na hora de lhe falar sobre impostos e apresentá-lo a um contador. Ele acabou de fazer 15 anos e acho que está pronto para o mundo lá fora. Seu boletim financeiro está ótimo, assim como seu boletim escolar. Quanto mais aumenta sua autoconfiança, mais aumentam suas notas."

No final do bilhete estava escrito: "P.S. Brian arrumou até uma namorada e está ensinando o que aprendeu a ela. Ela diz que gosta dele porque ele não é como os outros rapazes e acha que ele tem futuro. Além disso, penso que ela se interessa mais pelos negócios do que ele. A auto-estima e autoconfiança de Brian estão bem altas. O mais importante é que ele está aprendendo a ser aquilo que deseja... em vez de tentar ser o que os outros garotos pensam que ele deveria ser. Obrigado. O pai de Brian."

A MELHOR PARTE DO MEU TRABALHO

A maioria da correspondência que recebemos, e-mails ou cartas, é muito positiva e elogiosa. Agradeço a todos que nos enviam palavras de carinho. Como empresa, nos inspira para continuarmos em frente. Embora 99% das cartas que recebemos sejam positivas, há algumas negativas. Recebemos comentários do tipo: "Vocês estão errados. Não concordo com vocês" ou "Vocês degradaram minhas crenças". Como eu disse, a grande maioria da correspondência que recebemos é positiva e agradecemos a vocês, pois é o apoio positivo que nos dá energia para prosseguir. Gostamos que as pessoas apontem nossos erros para que possamos corrigi-los, portanto, continuem a nos mandar seus comentários, positivos ou negativos. Gostamos deles.

Outro comentário que costumo receber é: "Gostaria de ter lido seus livros e jogado seus jogos há 20 anos." E para essas pessoas eu digo: "Nunca é tarde demais e eu o parabenizo por admitir que poderia ter feito algumas coisas de modo diferente." Algumas pessoas defendem o que fizeram no passado, acusando-me de insultar suas crenças e depois continuam a fazer tudo igual, mesmo quando o que fizeram não funciona mais. Muitas vezes, essas pessoas têm uma fórmula para o sucesso que deu certo no passado mas que agora não funciona mais... e continuar com uma fórmula para o sucesso antiga que não funciona mais é o estilo de vida dos perdedores.

A melhor parte do meu trabalho é ouvir dos pais que os filhos estão aprendendo a ser financeiramente seguros, financeiramente independentes e financeiramente confiantes. As crianças que não esperam mais 20 anos para iniciar sua educação financeira tornam esse trabalho especialmente válido. As crianças que têm a oportunidade de conquistar algum grau de segurança financeira e confiança financeira desde cedo na vida têm uma grande oportunidade de viver da maneira que desejam.

Uma base financeira forte não dá a seus filhos as respostas para a vida. Uma base é apenas isso, uma base. No entanto, se a base for sólida, as crianças podem crescer e descobrir as respostas de que precisam para ter a liberdade de viver exatamente como querem viver.

FUTUROS JOVENS MILIONÁRIOS

Desde a publicação de *Pai rico, pai pobre*, um número cada vez maior de pais orgulhosos vem me procurar com histórias parecidas com as três que se seguem. Cada uma das histórias, que exemplificam a iniciativa e a criatividade de um jovem em particular, me surpreende.

Um rapaz de 16 anos de Adelaide, Austrália, procurou-me e disse: "Depois de ler seu livro e jogar CASHFLOW, comprei meu primeiro imóvel, vendi uma parte dele e embolsei US$100.000." Ele continuou, dizendo que com a ajuda do pai, um advogado, fechou o negócio pelo telefone celular, enquanto estava em uma sala de aula na escola. "Minha mãe teme que eu deixe o dinheiro me subir à cabeça, mas isso não acontecerá. Sei a diferença entre ativo e passivo e planejo usar os US$100.000 para adquirir mais ativos... não passivos."

Uma jovem de apenas 19 anos, de Perth, Austrália, depois de ler meu livro, saiu e começou a comprar imóveis para alugar tendo a mãe como sócia. Ela me disse: "Já consegui mais dinheiro com a renda dos aluguéis do que poderia conseguir como vendedora em uma loja a varejo. Não pretendo parar. Enquanto a maioria de meus amigos está bebendo nos bares, estou à procura de novos investimentos."

Uma mãe solteira de 26 anos compareceu a uma de minhas sessões de autógrafos em Auckland, Nova Zelândia, e disse: "Eu estava vivendo às custas da previdência social até que uma amiga, médica, me deu seu livro e disse: 'Leia isso.' Depois de ler, procurei-a e disse: 'Vamos fazer algo juntas.' E fizemos. Ela e eu compramos a clínica médica onde ela trabalhava por apenas US$1.000 e financiamos o resto com o fluxo de caixa da clínica. Em uma transação, deixei de ser uma mãe solteira sustentada pela previdência para ser uma mãe financeiramente livre. Hoje, vejo os médicos de minha clínica saindo para trabalhar, enquanto eu fico em casa cuidando de meu filho. Minha amiga e eu estamos em busca de outros investimentos, porque agora temos tempo para procurar."

ESTIMULE E PROTEJA A CRIATIVIDADE DE SEU FILHO

Você talvez já tenha observado que a maioria desses jovens não tem medo de contrair dívidas para enriquecer. Eles não dizem: "Aja com cautela e não se arrisque." Não aprendem a ter medo de cometer erros ou de falhar. Ao contrário, são estimulados a se arriscar e aprender. Quando ensinam uma criança a ter medo de cometer erros, sua criatividade é prejudicada, até destruída. O mesmo acontece quando os pais dizem: "Faça isso do meu jeito." E quando são encorajadas a pensar por si mesmas, se arriscar e procurar as próprias respostas, seu talento desabrocha e sua criatividade é encorajada e protegida.

A criatividade dos jovens sempre me surpreende. As histórias anteriores são exemplos dessa criatividade. Estimule a criatividade financeira de uma criança enquanto ela for jovem. Em vez de dizer a seus filhos o que fazer, deixe que eles usem sua criatividade natural e descubram o próprio caminho para resolver problemas financeiros e criar exatamente a vida que desejam.

O MAIOR DOS RISCOS

Um dos comentários mais comuns que recebo dos pais que jogam CASHFLOW, meu jogo de tabuleiro, com os filhos é: "As crianças nos derrotam sempre. Elas aprendem muito mais rápido do que os adultos." Há muitos motivos para que isso aconteça. Um deles é que as crianças ainda não foram condicionadas pelo medo. Elas são jovens e sabem que, se errarem, se reerguerão. Para muitos de nós, quando mais velhos ficamos, maior parece ser o medo de errar.

Como aprendemos por tentativa e erro, o maior dos riscos é esperar demais para começar a cometer os erros. Tenho amigos que vêm fazendo a mesma coisa há mais de 20 anos e muitos desses amigos estão em dificuldades financeiras. O motivo de seus problemas é que deixaram de cometer erros suficientes quando eram mais jovens. Atualmente, estão sem tempo e sem dinheiro e, entre os dois, o tempo é muito mais importante, portanto, por favor, incentive seus filhos a começarem a jogar com dinheiro de verdade e a aprender hábitos financeiros que aumentarão seu bem-estar financeiro à medida que crescerem. Porque o maior dos riscos é não se arriscar e aprender com os nossos erros quando somos jovens. Quanto mais velhos ficamos, maiores serão os erros.

Capítulo 13

Outras maneiras de elevar o QI financeiro de seu filho

Em junho de 2000, um repórter de Phoenix, Arizona, me entrevistou. Era um sujeito simpático, mas bastante cético, beirando o cínico. Tínhamos a mesma idade e formação semelhante. Seu pai era um juiz de prestígio em Boston, onde fora criado. Embora fôssemos da mesma idade e tivéssemos a mesma origem socioeconômica e formação acadêmica, havia uma enorme diferença em nossas situações financeiras. Aos 53 anos, ele tinha muito pouco para a aposentadoria. Disse-me:

— Planejei escrever meu grande romance quando me aposentasse, mas agora parece que terei de trabalhar para sempre como jornalista *free-lance* para pagar a prestação da casa e colocar comida na mesa.

Eu, então, lhe perguntei:

— Por que você não começa a investir? Por que não compra alguns imóveis para alugar aqui em Phoenix e depois usa seu tempo para escrever o grande romance que está dentro de você?

Sua resposta foi:

— Não se encontram mais bons negócios aqui em Phoenix. Isso era possível há dez anos, mas os bons negócios já não existem mais. O mercado está acelerado demais, portanto, quando o mercado de ações piora, o mesmo acontece com o mercado de imóveis. É arriscado demais investir.

Com esse comentário, soube que ele acabaria tendo de trabalhar a vida inteira. Senti que provavelmente continuaria com sua fórmula para o sucesso pelo resto da vida. Podia dizer apenas pelas palavras que usara. Se não mudasse seu discurso, não mudaria sua vida.

UM VOCABULÁRIO RICO

Por ter dois pais, pude comparar as semelhanças e diferenças entre eles. Eu tinha mais ou menos 14 anos quando comecei a entender que, embora meus dois pais falassem inglês, seu discurso não era o mesmo. Um tinha o discurso de um professor, e o outro o discurso de um homem de negócios e investidor. Ambos falavam inglês, mas o que diziam era muito diferente.

Presto bastante atenção ao vocabulário de uma pessoa. Ao ouvir suas palavras, aprendo muito sobre elas. Por exemplo, tenho um amigo que gosta muito de esportes, no entanto, se eu lhe perguntasse: "Qual é o coeficiente de endividamento de sua casa?" ele não saberia responder, embora a pergunta fosse simples. Se eu fizesse a mesma pergunta de maneira diferente, ele me entenderia melhor. Em vez de perguntar sobre o coeficiente de endividamento, eu poderia perguntar: "Quanto você ainda deve pela casa e quanto você acha que ela vale?" Usando essas palavras para formular a pergunta, estou fazendo praticamente a mesma pergunta e esperando praticamente a mesma resposta. A diferença é que ele me entende quando uso algumas palavras e não quando uso outras. E é disso que trata este capítulo: do poder das palavras.

NADA É COMPLICADO SE VOCÊ USAR PALAVRAS SIMPLES

Meus dois pais me ensinaram a nunca deixar passar uma palavra que eu não entendesse. Ambos me estimularam a interromper alguém no meio de uma frase para pedir explicação sobre uma palavra ou palavras que eu não entendesse. Por exemplo, eu estava no escritório do advogado de meu pai rico, quando o advogado usou algumas palavras que meu pai rico não entendeu. Meu pai rico disse calmamente: "Espere, não entendi o que você acabou de dizer. Por favor, explique essa palavra para mim no meu idioma." Meu pai rico levava essa prática ao extremo, sobretudo com seu advogado, que gostava de usar palavras vistosas. Quando o advogado dizia: "a parte (*party*) do primeiro..." meu pai rico o interrompia e perguntava: "De que tipo de *festa* você está falando? Uma festa formal ou informal lá em casa?"*

Meu pai instruído dizia: "Muitas pessoas acreditam que se usarem palavras difíceis, que ninguém entende, parecerão mais inteligentes. O problema é que eles podem parecer inteligentes, mas não conseguem se comunicar."

Sempre que eu tinha problemas com alguns termos financeiros, meu pai rico dizia: "Nada é complicado se você usar palavras simples."

Muitas pessoas passam por dificuldades financeiras apenas porque estão usando palavras que não entendem. Dois exemplos clássicos são as definições das palavras *ativo* e *passivo*. Em vez de me dar apenas a definição do dicionário, que é muito confusa, meu pai rico me deu uma definição que eu podia entender. Ele disse apenas: "Os ativos colocam dinheiro no seu bolso e os passivos tiram dinheiro de seu bolso." Para dar mais ênfase ele também dizia: "Se você parar de trabalhar, os ativos o alimentarão e os passivos o devorarão."

Examinando as definições de meu pai rico com um pouco mais de atenção, você perceberá que ele usa uma atividade física em sua definição, em vez de utilizar apenas uma definição mental ou verbal, como a definição de "ativo" do dicionário *Webster*: "itens de um balanço que mostram o valor contábil de uma propriedade."

Quando olhamos a definição do dicionário, não é de espantar que tantas pessoas pensem que sua casa é um ativo. Em primeiro lugar, a maioria das pessoas nunca se preocupou em procurar o significado da palavra no dicionário. Em segundo, a maioria das pessoas tende apenas a aceitar cegamente uma definição quando alguém que considera uma autoridade, como o gerente do banco ou o contador, lhe diz: "Sua casa é um ativo." Como eu disse, o gerente do banco não está mentindo quando diz que nossa casa é um ativo. O gerente do banco só não diz a quem pertence esse ativo. Eu também disse que a inteligência é a capacidade de fazer distinções mais refinadas, portanto, ter múltiplas definições é outra maneira de fazer distinções mais refinadas. Em terceiro lugar, se temos uma experiência pessoal ou física com uma palavra, tendemos a entendê-la melhor.

---

* No original a palavra "*party*" significa tanto parte (do contrato) quanto festa. Na tradução para o português, perde-se essa duplicidade de sentido. (N.T.)

Ao olhar para a pirâmide do aprendizado a seguir, você entenderá por que tantas pessoas aceitam cegamente apenas as definições mentais das palavras.

Depois da terceira série ou perto da época em que a criança está com nove anos, o atual sistema educacional tende a lançar mão apenas do aprendizado mental. Retiram-se os blocos e brinquedos e os alunos começam a estudar mentalmente. Para acelerar o processo de aprendizado, pede-se que as crianças aceitem quase cegamente como verdadeiro o que lêem ou escutam de uma autoridade, como um professor. Nesse ponto, o sistema concentra-se no aprendizado quase todo mental. Emocionalmente, a criança aprende a ter medo de cometer erros e a ter medo de perguntar ou de contestar o que foi dito. O aprendizado concreto, exceto para a educação artística ou para a educação física no ginásio ou no campo de atletismo, praticamente inexiste. As crianças que aprendem por meio da inteligência lingüística e verbal saem-se bem e as que aprendem com exemplos concretos ou têm mais inclinação artística começam a ficar para trás. Pede-se que as crianças nesse estágio aceitem conceitos mentais como verdades sem qualquer prova física. Talvez seja por isso que quando um gerente de banco diz "Sua casa é um ativo", a maioria das pessoas apenas acene com a cabeça, concordando, e aceitando o fato como uma verdade sem qualquer prova física. Afinal de contas, é o que aprendemos desde os nove anos.

O poder dos substantivos e dos verbos

Meu pai rico fez o melhor que pôde para que associássemos fisicamente cada nova palavra ou conceito. É por isso que sua definição de ativo e passivo sempre tinha algumas referências físicas como "dinheiro" e "bolso" e algum tipo de atividade, como "colocar dinheiro no seu bolso". Ele usava *substantivos*, como "dinheiro" e "bolso", e *verbos*, como "colocar" em suas descrições — substantivos e verbos que Mike e eu entendíamos. Quando se dedicar a ensinar seus filhos sobre dinheiro, seja cuidadoso e use palavras que eles entendam. E se eles aprendem melhor com demonstrações físicas, tenha um cuidado especial no uso de definições que seus filhos possam ver, tocar e sentir, independentemente da idade que tiverem. Os jogos são ótimos professores, pois oferecem uma representação física do novo vocabulário financeiro que seu filho está aprendendo.

A pirâmide do aprendizado

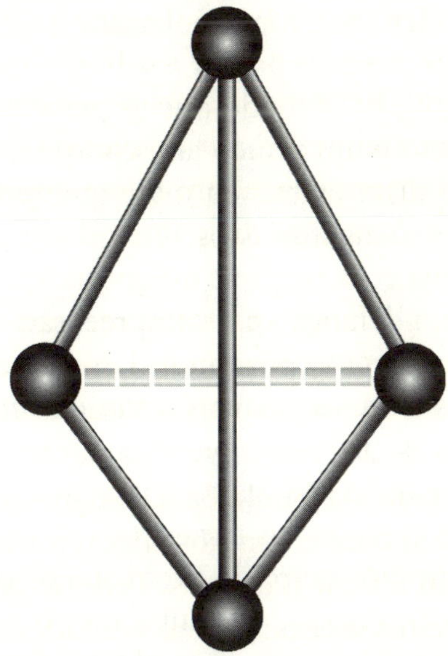

O PODER DAS PALAVRAS

No início deste capítulo, mencionei minha conversa com o repórter. Ele era um homem muito inteligente, tínhamos a mesma idade e gostei do tempo que passei com ele. Tínhamos muitos interesses parecidos na vida, mas, quando se tratava de dinheiro, abordávamos o assunto a partir de pontos de vista muito diferentes. Duas questões logo me mostraram que deveria ter cuidado com o que dissesse perto dele, pois ele poderia interpretar mal o que eu dizia sobre dinheiro. A primeira questão era o fato de o dinheiro ser um tema muito emocional e a segunda era meu enorme respeito pelo poder da imprensa. A imprensa tem o poder de nos projetar e o poder de nos destruir... portanto, eu tinha um cuidado especial com o que dizia quando se tratava de minha opinião sobre dinheiro.

A seguir, um exemplo de como foi a entrevista:

Repórter: — Por que você investe em imóveis, e não em fundos mútuos?

RTK: — Bem, invisto em ambos, mas é verdade que tenho mais dinheiro em imóveis. Em primeiro lugar, cada tipo de investimento tem seus pontos fortes e fracos. Um dos pontos fortes que me agrada nos imóveis é o fato de eles me proporcionarem um maior controle sobre quando e como pagar meus impostos e sobre a quantidade a pagar.

Repórter: — Você está dizendo que as pessoas deveriam *evitar* pagar impostos? Isso não é um pouco arriscado?

RTK: — Eu não disse evitar, eu disse que os imóveis me dão um maior *controle* sobre meus impostos.

A diferença entre a definição e a compreensão das palavras *evitar os impostos* e *controlar os impostos* é grande. Levei cerca de 20 minutos para explicar as diferenças entre as palavras *evitar* e *controlar*. Para conseguir explicar essas diferenças, precisei explicar as diferenças entre as leis fiscais para um empregado e as leis fiscais para um investidor. Também tive de explicar as diferenças entre as leis fiscais para os fundos mútuos e as leis fiscais para os imóveis. No centro do problema de comunicação estava o fato de que, como empregado, ele tinha muito pouco controle sobre seus impostos. Como tinha pouco controle, a palavra *evitar* soava como *sonegar* para ele e a maioria de nós sabe que a sonegação de impostos é ilegal. Assim, quando eu disse "controlar os impostos", ele ouviu "sonegar impostos" e todos seus avisos de proibido soaram e ele ficou na defensiva. Como declarei antes: "É necessário muito conhecimento para modificar uma pequena percepção." Nesse caso, não foi preciso tanto conhecimento, mas foram necessários cerca de 20 minutos de explicação difícil para acalmar a situação. Eu definitivamente não quero o enorme poder da imprensa brandindo contra mim simplesmente por causa de um mal-entendido sobre as definições de duas palavras.

Depois disso, a entrevista correu bem.

Repórter: — O problema de sua mensagem é que não se pode mais comprar imóveis. Os preços aqui em Phoenix são simplesmente altos demais. Além disso, como posso encontrar um imóvel, comprá-lo barato, reformá-lo e vendê-lo? Não tenho tempo para isso.

RTK — Bem, eu não negocio com imóveis. Eu invisto em imóveis.

Repórter: — Você está dizendo que reformar um imóvel e vendê-lo para lucrar não é investir?

RTK: — Bem, no sentido mais amplo da palavra investir, acho que você poderia chamar comprar e vender imóveis de investir. Mas no mundo dos investimentos, as pessoas que compram alguma coisa que não planejam usar ou ter são mais freqüentemente chamados de "negociantes". Eles compram para vender. Em geral, um investidor compra para manter e usar o ativo como fluxo de caixa e ganhos de capital. É apenas uma definição mais refinada.

Repórter: — Mas você não precisa vender suas propriedades para conseguir seus ganhos de capital?

RTK: — Não. Um verdadeiro investidor se esforça ao máximo para obter ganhos de capital sem ter de vender ou negociar suas propriedades. Veja bem, o objetivo primeiro de um investidor é comprar e manter, comprar e manter, comprar e manter. O principal objetivo de um verdadeiro investidor é aumentar seus ativos, não vendê-los. Eles podem vender, mas não é seu principal objetivo. Na mente de um verdadeiro investidor, leva-se muito tempo para se encontrar um bom investimento, portanto, ele prefere comprar e manter. Um negociante compra e vende, compra e vende, compra e vende, com esperança de aumentar sua base monetária a cada transação. Um investidor compra para manter e um negociante compra para vender.

O repórter ficou sentado durante algum tempo, balançando a cabeça. Finalmente, disse:

— Para mim é tudo muito confuso. — Depois recuperou-se e me fez a próxima pergunta.

Eu me sentia mal por entrar em áreas de discussão que deveria evitar. Esforçava-me para usar uma linguagem simples, mas podia dizer que não estava me saindo bem. Em minha tentativa de fazer distinções mais refinadas, só confundia ainda mais as coisas.

Repórter: — Você está dizendo que não procura imóveis em mau estado que possa reformar e vender com lucro?

RTK: — Poderia procurar tais imóveis, sobretudo se posso comprar e mantê-los. Mas a resposta é "Não". Não estou necessariamente procurando imóveis em mau estado e que precisam de reforma.

Repórter: — Então, o que procura?

RTK: — Em primeiro lugar, geralmente procuro um vendedor motivado. Muitas vezes, as pessoas precisam vender com rapidez, por isso estão dispostas a negociar um bom preço. Ou procuro os bancos atrás de imóveis cujas hipotecas serão executadas.

Repórter: — Parece que você está se aproveitando de pessoas com problemas. Não me parece justo.

RTK: — Bem, em primeiro lugar, a pessoa precisa vender. Ela fica feliz por encontrar um comprador interessado. Em segundo lugar, você nunca ficou louco para se livrar de alguma coisa da qual não precisava mais e ficou feliz por conseguir algum dinheiro por ela?

Repórter: — Bem, ainda assim me parece que você procura as pessoas para tirar vantagem delas. Se isso não é verdade, por que compraria uma execução hipotecária? Quem tem uma hipoteca executada geralmente está enfrentando problemas econômicos, certo?

RTK: — Bem, posso ver por que você encara o fato dessa maneira e, por esse ponto de vista, você tem razão. Mas o outro lado da moeda é que o banco executou a hipoteca porque a pessoa não cumpriu com o acordo que fez com o banco. Não fui eu quem executou a hipoteca, foi o banco.

Repórter: — Certo, entendo o que está dizendo, mas ainda penso que é apenas um outro caso do rico se aproveitando do pobre e do fraco, portanto, depois de encontrar um vendedor motivado ou uma execução hipotecária de um banco, o que mais procura?

RTK: — Bem, a próxima coisa é examinar são meus números e verificar se a taxa interna de retorno (TIR), vale a pena.

Repórter: — TIR? Por que isso é importante?

Logo depois de dizer "TIR", soube que estava em apuros novamente. Talvez eu devesse ter dito "PRF" ou "pagamento sobre retorno financeiro". No entanto, pude sentir que não ganhara muitos pontos com esse repórter. Precisava me organizar rapidamente. Precisava usar as definições simples que meu pai rico usava para voltar a me comunicar:

RTK: — Como eu disse antes, meu objetivo como investidor é comprar e manter. A TIR, ou taxa interna de retorno, é importante porque mede a rapidez com que posso ter meu capital inicial de volta, muitas vezes denominado de "entrada". Quero meu capital inicial de volta rapidamente porque quero voltar e comprar outro ativo com ele.

Repórter: — E quanto à dívida? Não está interessado em pagar a dívida?

Nesse ponto eu já sabia que a entrevista estava arruinada. Desisti de tentar ser um professor e apenas declarei a fórmula de investimento que tinha na cabeça e deixei-o decidir o que fazer com o artigo do jornal:

RTK: — Não. Meu objetivo não é pagar minha dívida. Meu objetivo é aumentar minha dívida.

Repórter: — Aumentar sua dívida? Por que desejaria aumentar sua dívida?

Como eu disse, nesse ponto sabia que a entrevista estava arruinada. Fiquei mais atrapalhado ainda quando expliquei o risco fiscal relacionado com as perdas dos fundos mútuos. Ele não gostou do que eu disse sobre fundos mútuos simplesmente porque sua aposentadoria estava toda investida em fundos mútuos. Nosso problema de comunicação aumentava, em vez de diminuir. Diria que quando se tratava do assunto de investimentos não só usávamos palavras diferentes, estávamos em lados opostos do muro.

No final, no entanto, ele fez uma descrição surpreendentemente exata de minhas idéias sobre investimentos, mesmo sem concordar necessariamente com elas. Até enviou uma cópia do artigo para que eu aprovasse antes de publicá-lo. Enviei-lhe uma carta de agradecimento por sua objetividade, junto com a aprovação do artigo. O artigo estava tão bem escrito que não precisei fazer mudanças, entretanto, ele me ligou mais tarde para dizer que seu editor não publicaria o artigo por motivos que não quis explicar.

POR QUE NÃO É PRECISO DINHEIRO PARA GANHAR DINHEIRO

Muitas vezes me perguntam: "É preciso dinheiro para fazer dinheiro?" E minha resposta geralmente é: "Não. O dinheiro é apenas um conceito... e os conceitos são definidos por palavras, portanto, quanto maior for o cuidado com que você escolhe seu vocabulário, maior será sua chance de melhorar sua situação financeira."

Lembro-me de ouvir o dr. R. Buckminster Fuller na década de 1980. Durante uma das palestras a que assisti, Bucky começou falando sobre o poder das palavras. Ele disse: "As palavras são os instrumentos mais poderosos já inventados pelos seres humanos." Por ter sido reprovado em inglês na escola, eu tinha uma opinião horrível sobre o tema palavras até ouvir esse grande homem falar sobre seu poder. Foram suas palestras que me ajudaram a entender que a diferença entre meu pai rico e meu pai pobre começava com a diferença entre suas palavras.

Como declarei antes, meu pai verdadeiro tinha o vocabulário de um professor e meu pai rico tinha o vocabulário de uma pessoa da área de negócios e investimentos.

O PRIMEIRO PASSO PARA ENRIQUECER

Quando as pessoas me perguntam o que podem fazer para começar a melhorar sua posição financeira na vida, digo: "O primeiro passo para enriquecer é acrescentar palavras financeiras a seu vocabulário. Em outras palavras, se quiser ser rico, comece enriquecendo seu vocabulário." Também as informo de que a língua inglesa contém dois milhões de palavras e, em geral, uma pessoa domina apenas cinco mil palavras. Depois digo: "Se você fala sério quanto a se tornar rico, estabeleça o objetivo de aprender mil palavras financeiras e será muito mais rico que as pessoas que não usam as mesmas palavras." Depois eu os previno, acrescentando: "Mas vá além de apenas conhecer a definição mental das palavras. Force seu entendimento para entender cada palavra mental, emocional, física e depois espiritualmente. Se você domina suas palavras financeiras, sua autoconfiança tende a melhorar." Termino dizendo: "E a melhor coisa sobre esse investimento de seu tempo é que as palavras são grátis."

AS PALAVRAS PERMITEM QUE A MENTE VEJA O QUE SEUS OLHOS NÃO VÊEM

Inteligência é a capacidade de fazer distinções melhores, mais refinadas. As palavras permitem que sua mente faça essas distinções mais refinadas. As palavras permitem que sua mente veja o que seus olhos não vêem. Por exemplo, há enormes diferenças entre um *ativo* e um *passivo*... mas a maioria das pessoas não está ciente das diferenças. E o mero conhecimento dessas diferenças pode ter grande influência sobre o resultado financeiro da vida da pessoa.

Em livros anteriores, escrevi sobre as diferenças nos três tipos de receita: *auferida*, *passiva* e *carteira de investimentos*. Mais uma vez, todas estão incluídas no conceito de *receita*, mas há uma enorme diferença entre cada uma delas. Quando você diz para seu filho: "Estude, tire boas notas e consiga um emprego", você o está aconselhando a trabalhar por uma receita auferida (salário). O grande problema do salário é que é o mais taxado e o que permite menos controle sobre os impostos. Meu pai rico me aconselhou a trabalhar com afinco para ter uma receita passiva, que é principalmente a renda obtida com imóveis. É, nos Estados Unidos, a menos taxada dos três tipos de receita e a que oferece maior controle sobre os impostos. A carteira de investimentos é a receita típica dos ativos em papéis e na maioria dos casos o segundo melhor tipo de renda. Como você pode observar, a diferença entre as palavras não é grande, no entanto a diferença no resultado financeiro de uma pessoa é enorme.

A RENDA DO RICO

Quando olhamos a demonstração financeira de uma pessoa, é fácil ver que tipo de renda essa pessoa considera importante. Veja a seguir a demonstração financeira do jogo CASHFLOW 101.

É difícil ficar rico trabalhando pelo salário, não importando quanto você ganhe. Se quiser ficar rico, você precisa aprender a converter seu salário em receita passiva ou da carteira de investimentos. É isso que o rico ensina aos filhos.

OS NÚMEROS DEFINEM MELHOR A DISTINÇÃO

Quando acrescentamos números exatos às palavras, os conceitos se esclarecem. Como a maioria dos investidores em ações sabe, há uma diferença significativa entre uma ação com um índice preço-lucro (P/L) de 10 e uma ação com P/L de 15. Além disso, a maioria dos investidores sofisticados não compraria uma ação com base apenas no índice P/L, independentemente de ser alto ou baixo. Um investidor sofisticado precisaria de palavras e de números adicionais.

Há também uma enorme diferença no conhecimento útil entre alguém que diz: "Nossa empresa faturou muito dinheiro no mês passado" e alguém que diz "Nossa empresa lucrou US$500.000 no mês passado, com uma margem de lucro líquido de 26%, obtida com um aumento nas vendas de 12% sobre o mês anterior e com uma redução simultânea de 6% nas despesas operacionais". Essas informações me forneceriam um *insight* muito maior sobre a decisão de investir ou não nessa empresa. Essas informações adicionais, combinadas à relação P/L da empresa, reduziriam o risco de meu investimento e aumentariam minhas chances de ganhar dinheiro como investidor.

Folha do jogo CASHFLOW® 101

Profissão ______ **Jogador** ______

Meta: Sair da Corrida de Ratos e entrar na Pista de Alta Velocidade construindo sua própria Receita Passiva, para que ela supere suas Despesas Totais

Receita Auferida (Salário)
Pai pobre me aconselha a trabalhar para ter esse tipo de renda

Receita passiva e carteira de investimentos
Pai rico me ensinou a trabalhar por esse tipo de renda

Demonstração do resultado

Renda

Salário:
Juros:
Dividendos:

Imóveis: Fluxo de caixa:

Empresas: Fluxo de caixa:

Auditor ______
Pessoa à sua direita

Receita passiva = ______
(Juros + Dividendos + Imóveis + Fluxo de caixa)

Receita Total: ______

Despesas

Impostos:
Hipoteca imobiliária:
Crédito educativo:
Prestação do carro:
Prestação do cartão de crédito:
Despesas no Varejo:
Outras Despesas:
Despesas com os Filhos:
Pagamento do Empréstimo Bancário:

Número de filhos: ______
(Comece o jogo com 0 filhos)
Despesa por filho: ______

Despesas Totais: ______

Fluxo de Caixa Mensal: ______
(salário)

Balanço Patrimonial

Ativos			*Passivos*
Economias:			Hipoteca Imobiliária
Ações/Fundo Mútuos		Custo por ação	Crédito Educativo
Certificados de			Prestação do Carro
Depósitos/n. ações			Dívida no Varejo
			Hipoteca
Imóveis	Entrada	Custo	
			Passivo (empresa)
Empresa	Entrada	Custo	
			Empréstimo Bancário

* Corrida de ratos — *rat race* — é expressão usada correntemente na língua inglesa para se referir de modo pejorativo à incessante busca do sucesso no mundo dos negócios. (N. R.T.)

O PODER DA COMUNICAÇÃO

O poder de um vocabulário financeiro sólido, associado ao gosto pelos números, pode dar à vida de seus filhos enorme vantagem financeira. Um dos motivos pelos quais eu achava a escola chata era que eu aprendia as palavras sem os números. Eu aprendia a usar as palavras na aula de comunicação e a usar os números na aula de matemática. Como matérias separadas, ambas ficavam chatas, sem aplicação à minha vida real.

Quando meu pai rico começou a me ensinar a investir, jogando Banco Imobiliário, adquiri um vocabulário todo novo e aprendi a gostar de matemática. Tudo que precisava fazer era colocar o sinal do cifrão diante dos números e lucrava mais tanto nas palavras quanto nos números. Quando jogam CASHFLOW, as crianças aprendem um vocabulário financeiro todo novo e, ao mesmo tempo, aprendem a gostar de matemática sem perceber.

Meu pai instruído chamava a combinação de palavras e números de "o poder da comunicação". Sendo um erudito, ele sempre se interessava pelo como e o porquê das pessoas se comunicarem. Descobriu que, quando as pessoas compartilhavam as mesmas palavras e se entusiasmavam ao descobrir as distinções encontradas em cada uma delas, a comunicação entre elas florescia. Ele me dizia: "A palavra *comunicação* origina-se da palavra *comunidade*. Quando as pessoas gostam das mesmas palavras, forma-se uma comunidade. Pessoas que não compartilham as mesmas palavras, ou não se interessam por suas medidas, são pessoas excluídas dessa comunidade fechada."

Hoje, descobrimos pessoas que falam a linguagem da informática com palavras como megabyte e gigabyte. Todas as pessoas que adoram e apreciam os bytes e as diferenças entre mega e giga fazem parte da mesma comunidade. Se você não gosta dessas palavras ou não aprecia as diferenças, não faz parte dessa comunidade. E esse é o poder das palavras e dos números. Eles podem incluí-lo ou excluí-lo.

Uma maneira de dar a seus filhos uma vantagem financeira é começar a lhes ensinar palavras ligadas ao dinheiro e uma forma de medir as diferenças. Se o fizer, eles terão chance maior de ser incluídos na comunidade dos financeiramente sofisticados. Se não dominarem as palavras nem tiverem um meio para medir as palavras, podem ser excluídos da mesma comunidade.

Lembre-se das palavras de meu pai rico: “Há uma grande diferença entre ativo e passivo, embora sejam apenas duas palavras. Se você não vê diferença entre essas duas palavras, a diferença aparecerá em sua demonstração financeira e no tanto que terá de trabalhar a vida inteira.” Eu digo: “Ensine a seus filhos a diferença entre ativo e passivo e terá lhes proporcionado grande vantagem na vida.”

Capítulo 14

Para que serve a mesada?

Outro dia, vi um de meus amigos dando ao filho US$100. O garoto pegou o dinheiro, colocou-o no bolso, virou-se e saiu andando sem dizer nada.

Meu amigo, então disse:

— Você não vai dizer nada? Nem mesmo "obrigado"?

O garoto de 16 anos virou-se e disse:

— Obrigado pelo quê?

— Pelos US$100 que acabei de lhe dar — disse o pai.

— É minha mesada — disse o garoto. — Eu mereço. Além do mais, os outros garotos na escola ganham muito mais do que isso. Mas se acha que devo dizer obrigado, eu digo. Obrigado.

Enfiou o dinheiro no bolso e saiu pela porta.

Esse é um dos maiores exemplos da mentalidade que muitos jovens de hoje desenvolveram. Infelizmente, vejo isso acontecer mais vezes do que gostaria. Sharon Lechter refere-se a essa situação como "Pais que se transformam em caixas eletrônicos para os filhos".

O DINHEIRO É UM INSTRUMENTO DO APRENDIZADO

— O dinheiro é um instrumento do aprendizado — disse pai rico. — Posso treinar pessoas para fazerem muitas coisas. Tudo que preciso fazer é balançar algumas notas de dinheiro no ar e as pessoas respondem. Exatamente como um treinador de animais usa guloseimas para ensinar seus animais, o dinheiro é usado praticamente da mesma maneira para os seres humanos.

— Não é uma maneira cruel de encarar o dinheiro e a educação? — perguntei. — Você faz parecer tão cruel e desumano.

— Fico feliz ao ouvi-lo dizer isso — disse meu pai rico. — Queria soar cruel e desumano.

— Por quê? — perguntei.

— Porque queria que conhecesse o outro lado do dinheiro. Queria lhe mostrar o poder que o dinheiro pode ter. Queria que conhecesse esse poder e o respeitasse. Se respeitar o poder, com certeza não abusará do poder do dinheiro quando o possuir.

— O que quer dizer com o outro lado do dinheiro? — perguntei. Na época, eu estava com 17 anos e começava a cursar o último ano do ensino médio. Até então, meu pai rico me ensinara como ganhar, guardar e investir dinheiro. Agora, começava a me ensinar alguma coisa nova sobre dinheiro.

Pai rico tirou uma moeda de um dos bolsos. Segurando-a, disse:

— Uma moeda tem dois lados. Lembre-se disso.

Colocando a moeda de volta no bolso ele disse:

— Vamos dar um passeio até a cidade.

Dez minutos depois, pai rico encontrou um lugar para estacionar e colocou algumas moedas no paquímetro.

— São quase cinco horas — disse. — Precisamos correr.

— Correr para quê? — disse eu.

— Venha. Você vai ver — disse pai rico, enquanto olhava para os dois lados e depois atravessava a rua.

Ao chegar do outro lado da rua, ele e eu ficamos ali de pé, olhando para a calçada em frente às lojas, uma ao lado da outra. De repente, exatamente às 5 horas, as lojas começaram a fechar. Os clientes corriam para fazer suas últimas compras e os empregados começavam a sair pela porta dizendo: "Boa-noite" e "Até amanhã de manhã" ao dono das lojas.

— Vê o que quero dizer com bem treinados? — disse pai rico.

Não respondi. Eu estava vendo a lição que meu pai rico queria que eu aprendesse. E não gostei da lição.

— Agora você entende o quero dizer quando digo que "O dinheiro é um instrumento do aprendizado"? — perguntou meu pai rico, enquanto começávamos a caminhar diante das lojas que fechavam. As ruas calmas e desertas transmitiam uma sensação de frio e vazio, enquanto meu pai rico parava de vez em quando e olhava pelas vitrines das lojas que achava interessantes.

Permaneci calado.

No caminho de volta, o pai rico repetiu a pergunta:

— Você entendeu?

— Entendi — respondi. — Está dizendo que levantar todos os dias para ir trabalhar é ruim?

— Não. Não estou dizendo que uma coisa seja boa ou ruim. Só quero que você entenda o tremendo poder do dinheiro e por que o dinheiro é um instrumento do aprendizado.

— Explique essa coisa de instrumento do aprendizado. — disse eu.

Meu pai rico pensou por alguns minutos. Finalmente, começou a explicar:

— Antes de o dinheiro existir, as pessoas vagavam como caçadores-coletores, vivendo da terra e do mar. Deus ou a natureza forneciam basicamente tudo de que necessitavam para sobreviver. Mas à medida que ficamos mais civilizados e era complicado demais trocar bens e serviços, o dinheiro se tornou cada vez mais importante. Hoje, quem controla o dinheiro tem mais poder do que as pessoas que ainda negociam com bens e serviços. Em outras palavras, o dinheiro dominou o jogo.

— O que quer dizer com "o dinheiro dominou o jogo"? — perguntei.

— Bem, até alguns anos atrás, os seres humanos não precisavam realmente de dinheiro para sobreviver. A natureza fornecia o que precisavam. Podiam cultivar vegetais se quisessem comer ou vagar pelas florestas e caçar, se precisassem de carne. Hoje em dia, o dinheiro lhe dá a vida. Hoje em dia, é difícil sobreviver cultivando vegetais em um apartamento de um cômodo na cidade ou no pátio dos fundos de uma casa nas áreas residenciais. Ninguém aceita tomates como pagamento da conta de luz e o governo não aceita a carne da caça que você abateu como pagamento dos impostos.

— Sendo assim, como as pessoas precisam do dinheiro para trocar por bens e serviços essenciais para vida, você diz que o dinheiro dominou o jogo. O dinheiro e a vida agora andam de mãos dadas.

Pai rico concordou:

— É difícil sobreviver sem dinheiro no mundo de hoje. O dinheiro e a sobrevivência pessoal hoje andam de mãos dadas.

— E é por isso que você diz que o dinheiro é um instrumento do aprendizado — disse eu, baixinho. — Porque o dinheiro está ligado à sobrevivência pessoal; quem tem dinheiro pode ensinar as pessoas a fazer coisas que talvez não queiram fazer. Coisas como levantar e ir para o trabalho todo dia.

— Ou estudar com afinco para conseguir um bom emprego — acrescentou pai rico com um sorriso.

— Mas os trabalhadores bem treinados e educados não são importantes em nossa sociedade? — perguntei.

— Muito importantes — disse o pai rico. — As escolas preparam os médicos, engenheiros, policiais, bombeiros, secretárias, esteticistas, pilotos, soldados e muitos dos profissionais necessários para manter nossa sociedade civilizada como tal. Não estou dizendo que a escola não seja importante... e é por isso que quero que você curse uma faculdade, mesmo que não queira. Eu só quero que entenda que o dinheiro pode ser um poderoso instrumento do aprendizado.

— Agora eu entendo — disse eu.

— Um dia você será um homem muito rico — disse pai rico. — E quero que esteja ciente do poder e da responsabilidade que terá quando conseguir isso. Em vez de usar sua riqueza para manter as pessoas escravizadas ao dinheiro, peço que use sua riqueza para ensinar as pessoas a serem os patrões do dinheiro.

— Assim como está me ensinando — disse eu.

O pai rico concordou.

— Quanto mais nossa sociedade civilizada depende do dinheiro para viver, mais poder o dinheiro tem sobre nós. Assim como podemos ensinar um cachorro a obedecer usando biscoitos para cães, podemos ensinar um ser humano a obedecer e trabalhar duro a vida inteira usando o dinheiro. Um número enorme de pessoas trabalha por dinheiro apenas para sobreviver em vez de se concentrar em fornecer bens e serviços que tornem nossa sociedade melhor. Esse é o poder que o dinheiro tem como instrumento do aprendizado. E esse poder tem um lado bom e um lado mau.

O QUE VOCÊ ENSINA PARA SEU FILHO COM DINHEIRO?

Estou surpreso com a quantidade de jovens que tem a idéia de que merecem o dinheiro ou que “tem direito” a ele. Sei que não são todos, mas venho percebendo um número cada vez maior de jovens com esse tipo de comportamento. Tenho percebido que muitos pais usam o dinheiro como meio de aliviar a culpa. Como muitos pais estão muito ocupados demais trabalhando, alguns tendem a usar o dinheiro como substituto para o amor e para a atenção pessoal. Tenho observado que os pais que podem pagar uma babá em tempo integral geralmente a têm. Um número cada vez maior de mães solteiras com negócio próprio leva os filhos para o trabalho, sobretudo durante o verão. Mas ainda existe um número grande de crianças que ficam em casa sozinhas, as chamadas crianças largadas. Elas chegam em casa da escola e ficam sem supervisão durante horas, porque tanto a mãe quanto o pai estão trabalhando... trabalhando duro para colocar comida na mesa. Como meu pai rico dizia: "O dinheiro é um instrumento do aprendizado."

A IMPORTÂNCIA DA TROCA

Os pais podem ensinar os filhos uma lição importante sobre dinheiro se lhe ensinarem o conceito de *troca*. A palavra *troca* era muito importante para o pai rico. Ele dizia: "Você pode ter qualquer coisa que quiser, desde que esteja disposto a trocar alguma coisa de valor pelo que deseja." Em outras palavras, quando mais você dá, mais consegue.

Muitas pessoas me pedem para eu ser seu mentor. Há um pouco menos de um ano um rapaz me ligou e perguntou se poderia me convidar para almoçar, recusei, mas o rapaz insistiu, por isso acabei concordando. Durante o almoço, ele perguntou: "Gostaria de ser meu mentor?" Recusei, mas ele insistiu mais ainda que insistira para me levar para almoçar.

Finalmente, eu lhe perguntei:

— Se eu concordasse, o que gostaria que eu fizesse como seu mentor?

Ele respondeu:

— Bem, quero que me deixe acompanhá-lo em suas reuniões, passe pelo menos quatro horas por semana comigo e me mostre como investe em imóveis. Eu quero que me ensine o que sabe.

Pensei sobre seu pedido durante um tempo e então disse:

— E o que você me dará em troca?

O rapaz vacilou diante dessa pergunta, endireitou-se na cadeira, deu um sorriso charmoso e respondeu:

— Nada. Eu não tenho nada. É por isso que quero que me ensine, assim como seu pai rico o ensinou. Você não lhe deu nada em troca, deu?

Tornei a recostar na cadeira, olhando fixamente para o rapaz: — Então quer que eu passe o tempo lhe ensinando o que sei de graça. É isso que quer?

— É claro — disse o rapaz. — O que esperava que eu fizesse? Pagar-lhe um dinheiro que não tenho? Se eu tivesse dinheiro, não estaria pedindo. Tudo que estou pedindo é que me ensine alguma coisa. Ensine-me a ser rico.

Dei um sorriso e velhas lembranças de estar sentado do outro lado da mesa diante do pai rico vieram à tona. Dessa vez, eu estava no lugar do meu pai rico e tinha a oportunidade de ensinar da mesma maneira que ele me ensinara. Levantando-me, eu disse:

— Obrigado pelo almoço. Minha resposta é "Não". Não estou interessado em ser seu mentor. Mas estou lhe ensinando uma lição importante. E se entender a lição que precisa entender, será o homem rico que deseja ser. Aprenda a lição e descobrirá a resposta que está procurando.

O garçom veio com a conta e eu apontei para o rapaz:

— A conta é dele.

— Mas qual é a resposta? — perguntou o rapaz. — Diga. Só quero a resposta.

DEZ PEDIDOS POR SEMANA

Já recebi vários pedidos para ser mentor de alguém. Uma das coisas que observo é que poucos desses pedidos vêm acompanhados de uma das palavras mais comuns nos negócios. E essa palavra é *troca*. Em outras palavras, ao pedir alguma coisa, o que está disposto a dar em troca?

Se você leu *Pai rico, pai pobre*, deve se lembrar da história do pai rico tirando meus 10 centavos por hora e me fazendo trabalhar de graça. Como eu disse, para um menino de nove anos, trabalhar de graça foi uma lição importante, que afetou minha vida para sempre. Pai rico não me tirou o dinheiro por crueldade. Ele tirou o dinheiro para me ensinar uma das lições mais importantes para ser rico, a lição da troca. Como meu pai rico dizia: "O dinheiro é um instrumento do aprendizado." Ele também queria dizer que a falta de dinheiro também podia ser bastante poderosa como instrumento do aprendizado.

Anos depois de minha lição sobre trabalhar de graça, perguntei ao pai rico se continuaria me ensinando se eu não trabalhasse de graça. Sua resposta foi: "Não, é claro que não. Quando você me pediu para lhe ensinar, queria ver se estava disposto a dar algo em troca de minhas lições. Se não estivesse disposto a dar algo em troca, essa seria a primeira lição que você deveria entender — depois que eu recusasse seu pedido. As pessoas que aprendem a esperar alguma coisa em troca de nada em geral não conseguem nada na vida real."

No livro *Rich Dad's Guide to Investing*, contei a história de quando pedi a Peter para ser meu mentor. Quando ele finalmente concordou, a primeira coisa que me pediu para fazer foi ir para a América do Sul por minha própria conta para examinar uma mina de ouro para ele. Esse é outro exemplo perfeito de troca. Se eu não concordasse em ir para a América do Sul, ou pedisse para ele pagar minhas despesas, tenho certeza de que Peter nunca concordaria em se tornar meu mentor. Também provou minha forte determinação em querer aprender com ele.

A LIÇÃO POR TRÁS DA LIÇÃO

Embora essa lição de troca seja óbvia para a maioria das pessoas que lêem este livro, há outra lição, uma lição por trás da lição de troca, que pai rico me ensinou quando deixou de me pagar os dez centavos por hora. É uma lição que a maioria das pessoas não entende e é uma lição importante para qualquer um que queira ficar rico. É importante começar a ensinar seu filho logo cedo.

Muitas pessoas ricas entendem a lição, especialmente as que conquistaram sua riqueza, mas muitas pessoas que trabalham duro nunca a entendem.

O pai rico me disse: "A maioria das pessoas não enriquece porque aprende desde cedo que deve procurar um emprego. É quase impossível ficar rico se você procura e encontra um emprego." O pai rico continuou, explicando que a maioria das pessoas o procura e diz: "Quanto você me paga se eu fizer esse trabalho para você?" E continua: "As pessoas que pensam e dizem tais palavras provavelmente nunca ficarão ricas. Você não pode querer ficar rico se anda por aí procurando pessoas que lhe paguem pelo que faz."

A história que aconteceu depois da dos dez centavos por hora em *Pai rico, pai pobre* foi a das histórias em quadrinhos. Foi no caso das revistas de histórias em quadrinhos que surgiu a verdadeira lição por trás da lição da troca do pai rico. Depois de trabalhar de graça, comecei a ver as coisas de modo diferente, comecei a procurar um negócio ou uma oportunidade de investimento em vez de apenas um emprego. Meu cérebro estava sendo treinado para ver o que a maioria das pessoas não vê. Uma vez pedi as revistas em quadrinhos que estavam sendo jogadas fora na loja de meu pai rico, a loja em que eu estava trabalhando de graça. Comecei a aprender um dos maiores segredos do pai rico para enriquecer. E o segredo era *não* trabalhar pelo dinheiro, esperando ser pago por isso. Como pai rico me disse mais tarde: "A maioria das pessoas não consegue ficar rica porque foi treinada para pensar em termos de receber algum pagamento em troca do trabalho que faz. Se quiser ficar rico, você precisa pensar em termos de quantas pessoas você pode servir." Quando parei de trabalhar por dez centavos a hora, parei de pensar em termos de ser pago pelo que fiz para o pai rico e comecei a procurar maneiras de servir ao maior número de pessoas possível. Logo que comecei a pensar dessa maneira, comecei a pensar como meu pai rico.

O DIA NÃO TEM TANTAS HORAS

Hoje em dia, a maioria dos jovens vai a escola para aprender uma profissão e depois sai à procura de emprego. Todos nós sabemos que o dia não tem tantas horas. Se vendermos nosso trabalho por hora ou por outro tipo de medida temporal, constataremos que um dia tem uma quantidade limitada de horas. E é esse tempo limitado que impõe uma barreira à quantidade de dinheiro que podemos ganhar. Por exemplo: se uma pessoa cobra US$50 por hora por seu tempo e faz um cálculo de oito horas de trabalho por dia, o potencial máximo de ganho dessa pessoa é de US$400 por dia, US$2.000 por semana, em uma semana de cinco dias, e US$8.000 por mês. A única maneira de essa pessoa conseguir elevar essa quantia é trabalhar durante mais horas — e esse é um dos motivos pelos quais, de acordo com as estatísticas do governo dos Estados Unidos, apenas um em cada 100 americanos fica rico antes dos 65 anos. A maioria das pessoas é treinada a pensar em termos do pagamento por um dado trabalho, em vez de pensar em termos de quantas pessoas pode servir. O pai rico continuava a dizer muitas vezes: "Quanto mais pessoas servirmos, mais ricos ficaremos."

A maioria das pessoas é treinada para servir apenas a um patrão ou a um número selecionado de clientes. Pai rico diria: "Virei empresário porque queria servir ao maior número de pessoas possível." De vez em quando, ele desenhava o seguinte diagrama do Quadrante do Fluxo de Caixa para enfatizar seu ponto de vista. (Do livro *Independência financeira.*)

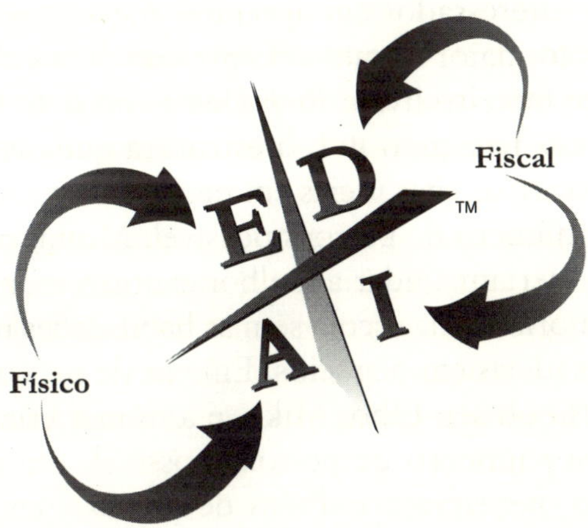

Apontando para o lado esquerdo do quadrante, ele dizia: "Nesse lado, o sucesso depende do trabalho físico." Apontando para o lado direito do quadrante, ele diria: "Nesse lado, o sucesso exige trabalho fiscal." E continuava: "Há uma grande diferença entre trabalho físico e trabalho fiscal." Em outras palavras, há uma enorme diferença entre você trabalhar *fisicamente* ou seu dinheiro ou seu sistema trabalharem *fisicamente*. Pai rico também dizia: "Quanto menos trabalho físico eu tenho de fazer, mais pessoas posso servir e, em troca, mais posso ganhar."

Minha intenção principal ao escrever *Pai rico, pai pobre* foi descobrir uma maneira de servir ao maior número de pessoas possível, sabendo que se o fizesse, ganharia mais dinheiro. Antes de escrever o livro, estava ensinando o mesmo assunto em pessoa, ou fisicamente, e cobrando milhares de dólares. Embora estivesse ganhando dinheiro, estava servindo a apenas algumas pessoas e me cansando muito. Logo que percebi que precisava servir a mais pessoas, entendi que precisava escrever, em vez de falar.

Atualmente, as mesmas lições custam menos de US$20. Servi a milhões de pessoas e ganhei mais dinheiro trabalhando menos, portanto, aquela lição de me tirar os dez centavos por hora há alguns anos continua atual. É atual porque a lição por trás da lição do pai rico para ficar rico era servir ao maior número de pessoas possível. Como ele dizia: "A maioria das pessoas sai da escola procurando um emprego que pague bem, em vez de procurar meios de servir ao maior número de pessoas possível."

(Para aqueles interessados em aprender o que o pai rico me ensinou sobre servir ao maior número de pessoas possível, essa lição encontra-se em meu terceiro livro: *Rich Dad's Guide to Investing*.) Essa lição é ensinada no Triângulo B-1, a estrutura que orienta as pessoas sobre como transformar suas idéias em negócios multimilionários que servem ao maior número de pessoas possível. Muitas pessoas têm ótimas idéias que poderiam ajudar a melhorar nosso mundo; mas o problema é que a maioria sai da escola sem as habilidades necessárias para transformar essas idéias em negócios. Em vez de procurar um emprego, o pai rico ensinou seu filho, Mike, e a mim a criar negócios que servissem ao maior número de pessoas possível. Ele dizia: "Se você criar um negócio que sirva a milhões de pessoas, em *troca* de seus esforços, ficará milionário. Se servir a bilhões de pessoas, ficará bilionário. É simplesmente uma questão de troca." É disso que trata meu terceiro livro. A criação de um negócio com o potencial para servir a milhões, talvez bilhões, de pessoas em vez de servir a apenas um patrão ou a alguns clientes. (Como o pai rico dizia: "Você pode ficar rico casando-se com alguém por dinheiro; sendo pão-duro; sendo ganancioso; ou sendo um velhaco. Mas a melhor maneira de enriquecer é sendo generoso e algumas das pessoas mais ricas que conheci eram muito generosas. Em vez de pensar sobre como podiam ser pagas, elas pensavam sobre o número de pessoas às quais poderiam servir.")

QUANTO DEVO DAR A MEU FILHO?

Costumo ouvir as perguntas a seguir com bastante freqüência:

- "Quanto de mesada devo dar a meu filho?"
- "Devo parar de pagar meus filhos por qualquer coisa que fizerem?"

- "Dou dinheiro a meu filho quando ele tira boas notas. Você acha isso recomendável?"
- "Devo dizer a meu filho para não aceitar um emprego no shopping?"

Minha resposta para perguntas como essas normalmente é: "Depende de você. Toda criança é única e toda família é diferente." Lembre-se apenas da lição do meu pai rico. Você se recorda de que o dinheiro é um poderoso instrumento do aprendizado? Se seus filhos aprendem a esperar dinheiro em troca de nada, então *pode* ser que a vida deles acabe assim — uma vida de nada. Se seu filho estuda apenas porque é pago para estudar, o que acontecerá quando você não estiver lá para pagar-lhe? A questão é ter cuidado com a maneira de usar o dinheiro como instrumento do aprendizado, porque embora o dinheiro seja um poderoso instrumento do aprendizado, há lições muito mais importantes que seu filho deve aprender. São as lições por trás das lições que são mais importantes. E uma dessas lições é a lição sobre servir ao outro.

A CARIDADE COMEÇA EM CASA

Minha mãe e meu pai eram pessoas generosas. Mas não da mesma maneira que meu pai rico. Como superintendente de educação da ilha do Havaí, chegava em casa, jantava com os filhos e saía para reuniões da associação de pais e professores duas ou três vezes por semana. Lembro-me, como menino, de acenar pela janela da cozinha ao ver meu pai sair de carro depois do jantar para servir ao maior número de famílias possível. Muitas vezes, ele dirigia mais de 150 quilômetros para uma reunião e voltava na mesma noite apenas para ver e saudar os filhos pela manhã.

Muitas vezes, minha mãe nos fazia trabalhar com ela nas vendas de bolos ou nos bazares de caridade da igreja. Ela acreditava veementemente que deveria doar seu tempo e pedia que seus filhos fizessem o mesmo. Como enfermeira, ela também era voluntária regular na Cruz Vermelha americana. Lembro-me de que, durante desastres, como um maremoto ou a erupção de um vulcão, ela e meu pai saíam por dias a fio, atendendo os necessitados. Quando lhes ofereceram a oportunidade de se juntarem ao Peace Corps do Presidente Kennedy, eles agarraram a oportunidade mesmo sabendo que significaria uma enorme redução em seu salário.

Meu pai rico e sua esposa compartilhavam quase as mesmas idéias que meu pai e minha mãe. Sua esposa participava ativamente de um grupo de mulheres que constantemente levantava dinheiro para causas nobres. Meu pai rico doava dinheiro regularmente para a igreja e para várias instituições de caridade, além de fazer parte do conselho de duas organizações sem fins lucrativos.

A lição que aprendi de minhas duas famílias foi que sendo socialista ou capitalista, a caridade começa em casa. E, se você quiser que seus filhos sejam ricos, ensinar-lhes como servir ao maior número de pessoas possível é uma lição que não tem preço e que eles devem apren-

PARTE III

Descobrindo a inteligência de seu filho

Meu pai rico nos incentivou a ficar ricos servindo ao maior número possível de pessoas. Costumava dizer: "É difícil ficar rico quando você se concentra em ganhar dinheiro apenas para si. Se for desonesto, ganancioso e der às pessoas menos do que elas pagam, também será difícil. É possível enriquecer assim, mas essa riqueza terá um preço muito alto. Se concentrar seu negócio primeiramente em servir o máximo possível de pessoas... pensar apenas em facilitar um pouco a vida delas, você será muito rico e feliz."

Meu pai instruído acreditava mesmo que toda criança era um gênio, mesmo que não tivesse bom desempenho na escola. Não acreditava que um gênio fosse alguém que estivesse em uma sala de aula, sabendo todas as respostas certas. Não acreditava que um gênio fosse alguém mais inteligente do que qualquer outra pessoa. Acreditava mesmo que cada um de nós tem um talento... e que o gênio é simplesmente alguém que teve a sorte de descobrir seu talento e uma forma de manifestá-lo.

Para tornar interessante essa lição sobre inteligência, contou-nos uma história. Disse: "Antes de nascer, cada um de vocês recebeu um talento. O problema é que ninguém lhes disse que vocês receberam esse talento. Ninguém lhes disse o que fazer com seu talento depois que o descobrirem. Depois de nascer, a tarefa de vocês foi descobrir seu talento e dá-lo... dá-lo a todos. Se derem seu talento, suas vidas serão repletas de magia."

Continuando a história, disse: "Um gênio é alguém que descobre as inteligências dentro de si. Exatamente como Aladim descobriu o gênio dentro da lâmpada, cada um deve descobrir as inteligências dentro de si mesmo. É a partir daí que a palavra gênio se origina. Um gênio é alguém que descobriu a pessoa mágica dentro de si mesmo. Um gênio é alguém que descobriu o talento e os dons que recebeu."

Então, meu pai instruído acrescentou uma advertência: "Quando descobrir esse talento, terão direito a três desejos: O primeiro desejo é 'Você quer dar seu dom para si mesmo?' O segundo é 'Deseja dar seu dom apenas para aqueles que ama e que estão próximos?' Ou, o terceiro desejo, 'Deseja dar seu dom?'"

Obviamente, a lição indicava a terceira opção. Meu pai instruído terminava sempre sua lição dizendo: "O mundo está repleto de gênios. Todos somos gênios. O problema é que a maioria das pessoas mantém o gênio bem trancado na garrafa. Muitos optam por usar a inteligência apenas em benefício próprio ou simplesmente em benefício dos que amam. O gênio só sai da garrafa se optarmos pelo terceiro desejo. Só existe magia quando optamos por dar nossos dons."

Meus dois pais acreditavam na magia da doação. Um acreditava em desenvolver um negócio que servisse ao máximo possível de pessoas. O outro acreditava na descoberta do dom que recebemos, na descoberta do gênio dentro de nós e na libertação desse gênio de dentro da garrafa.

As lições dos dois funcionaram quando eu era menino. As duas histórias me deram um sentido para viver, aprender e um motivo para ceder. Por mais tolo que pudesse parecer, aos nove anos acreditava na possibilidade de existir um gênio dentro de mim e acreditava na magia... e ainda acredito. De que outra forma um menino que fugia da escola por não conseguir escrever escreveria um best-seller internacional?

A última parte deste livro dedica-se à inteligência de seu filho.

CAPÍTULO 15

Como descobrir a inteligência natural de seu filho?

A maior parte das pessoas escuta a pergunta "Qual é seu signo?"

E, se for de Libra, você diz: "Sou de Libra. E você?"

A maioria das pessoas sabe qual é seu signo, assim como a maioria sabe que existem quatro principais grupos de signos: terra, ar, água e fogo. A maioria também sabe que existem 12 signos: Virgem, Escorpião, Câncer, Capricórnio, Aquário, Áries, Gêmeos, Touro, Leão, Sagitário, Peixes e Libra. Se não formos especialistas em astrologia, a maioria não conhece os traços de personalidade de todos os 12 signos. Em geral, conhecemos os traços de personalidade de nosso próprio signo astrológico e talvez de alguns outros. Por exemplo, sou de Áries e diria o que a maioria dos mapas diz sobre o comportamento de Áries e o que se aplica a mim. Minha mulher é de Aquário e também segue essas tendências gerais. Conhecer as diferenças ajuda nosso relacionamento, pois somos mais capazes de nos compreender mutuamente. Poucas pessoas percebem que, exatamente como existem diferentes traços de personalidade, existem também diferentes formas de aprendizado. Um dos motivos pelos quais nosso atual sistema educacional é tão penoso para muitas pessoas é que ele é planejado para apenas alguns dos diferentes traços de aprendizado. É como se o sistema educacional fosse planejado apenas para os signos de fogo, imaginando por que os signos de água, ar e terra não gostam da escola.

Este capítulo talvez esclareça mais os diferentes estilos de aprendizado e também o ajude a descobrir os diferentes estilos de aprendizado de seus filhos e até os seus, se desejar descobrir seu estilo de aprendizado único e talvez sua inteligência.

Este capítulo também explica por que algumas pessoas que se saem bem na escola não se saem bem no mundo real, e vice-versa.

CADA UM TEM SEU TALENTO

A maior parte das pessoas já ouviu falar no ditado "Cada um tem seu talento." É isso mesmo.

Quando tinha aproximadamente cinco anos, minha família foi a uma praia com uma família de vizinhos. De repente, vi meu amigo Willy se debatendo na água. Tinha caído em um buraco e estava afundando porque não sabia nadar. Gritando, consegui chamar a atenção de um menino adolescente, que pulou na água para salvar Willy.

Depois desse acidente quase fatal, as duas famílias decidiram que chegara o momento de todas as crianças terem aulas de natação. Logo depois, eu estava na piscina pública aprendendo a nadar e detestava. Não demorou muito para que eu saísse da piscina e me escondesse no vestiário, apavorado por gritarem comigo por não conseguir nadar adequadamente. Daquele momento em diante, aprendi a detestar o cheiro do cloro da piscina de água tratada.

Com o passar dos anos, aprendi a nadar no oceano porque adorava pescar peixe com arpão e pegar lagostas. Aos 12 anos de idade, comecei a praticar body board e, mais tarde, surfe, mas ainda não conseguia dar as braçadas apropriadas.

Willy, por outro lado, nadava como um peixe e logo estava competindo por todo o Havaí. No ensino médio, continuou a nadar em campeonatos estaduais. Embora não ganhasse, a história nos conta como ele transformou um acidente quase fatal em sua paixão. Seu acidente fez com que minha família me forçasse a fazer aulas de natação e aprendi a detestar piscinas e jamais nadei corretamente.

Quando fui para a faculdade em Nova York, tínhamos que fazer um teste de natação em uma piscina. Fracassei. Embora tivesse pescado com arpão, feito pesca submarina e praticado surfe, não passei no teste porque não conseguia dar as braçadas adequadas. Lembro-me de escrever para casa e tentar explicar a meus amigos que estava fazendo aulas porque havia fracassado em meu teste de natação. Esses eram os amigos com os quais havia passado anos nadando quando praticava um dos surfes mais perigosos do Havaí.

A boa notícia é que finalmente aprendi a nadar cachorrinho adequadamente e um estilo livre de natação em uma piscina de água tratada. Até então, fazia uma combinação de nado de peito com braçadas de lado, executando uma tesourinha, o que não era muito atraente e não fazia sentido para os professores de natação.

Embora eu não soubesse nadar adequadamente na piscina, sentia-me bastante à vontade nadando no mar, mesmo em mar aberto. Ainda não sou bom nadador, mas sinto-me em casa no mar. Conheço pessoas que sabem nadar perfeitamente na piscina, mas que têm pavor de mares revoltos, águas agitadas, correntezas, recuo das ondas e grandes ondas. Como diz o ditado: "Cada um tem seu talento."

ESTILOS DIFERENTES DE APRENDIZADO

A questão aqui não é discutir minha falta de capacidade para nadar, mas ilustrar que todos aprendemos e fazemos as coisas de formas diferentes. Embora agora consiga dar braçadas adequadas, acho muito mais prático nadar em meu estilo próprio. Nunca participarei de campeonatos de natação como meu amigo Willy e nunca serei premiado por meu estilo elegante, mas, para mim, fazer as coisas a minha própria maneira funciona — e acredito que isso também ocorra com a maior parte das pessoas. Sabemos o que devemos estar fazendo, mas é melhor fazermos as coisas da forma que gostamos de fazê-las. O mesmo acontece com o aprendizado de seus filhos.

COMO DESCOBRIR A INTELIGÊNCIA DE SEU FILHO

Para descobrir a inteligência de seus filhos, em primeiro lugar você deve descobrir como gostam de aprender e por que aprendem. Por exemplo, não aprendia a nadar porque não queria aprender. Aprendi a nadar porque queria praticar surfe. Se não fosse pelo surfe, não teria interesse em aprender a nadar e me forçar a aprender só me fez detestar ainda mais a natação. Em vez de começar na beirinha do mar como todas as crianças, gostava mais de pular no fundo e aprender a sobreviver. O mesmo acontece quando aprendemos a ler demonstrações financeiras. Não aprendi contabilidade porque queria ser contador.

Aprendi contabilidade básica porque queria ser rico. Se você considerar minhas braçadas horrorosas, deveria ver minha contabilidade.

Meu pai instruído percebeu que eu não era um astro acadêmico e, por isso, me incentivou a buscar meu próprio estilo de aprendizado. Em vez de me forçar a me adaptar e a seguir os caminhos tradicionais de aprendizado, incentivou-me a "pular no fundo e nadar para sobreviver". Não estava sendo cruel. Percebeu meu estilo de aprendizado e queria que eu aprendesse da forma que aprendo melhor. E, assim como minhas braçadas, a forma como aprendo não é bonita.

Outras pessoas aprendem das formas mais tradicionais. Muitas vão à escola, gostam da sala de aula e de seguir um curso preestabelecido. Muitas gostam de saber que no final do curso receberão um prêmio. Gostam da idéia de saber que terão bons conceitos ou colarão grau por seus esforços. E, como eu disse, gostam da certeza da recompensa no final do programa. Assim como meu amigo Willy se saiu bem na natação porque adorava natação, muitas pessoas têm bom desempenho na escola porque gostam dela.

Um segredo para se ter sucesso na vida é descobrir como aprender melhor e garantir um ambiente que permita continuar aprendendo dessa forma. O problema é que descobrir exatamente como aprendemos e quais são nossos dons naturais muitas vezes é um processo incerto. Muitas pessoas nunca descobrem seus talentos. Quando concluem os estudos, conseguem um emprego e depois param com o processo de descoberta pessoal por motivos financeiros ou familiares. Até recentemente, não se sabia muito sobre como descobrir o estilo próprio de aprendizado e a inteligência específica da pessoa.

O ÍNDICE KOLBE

Estava conversando com uma amiga e explicando que detestava ter um escritório. Expliquei que era dono de vários edifícios de escritórios, mas que nunca tivera um escritório formal.

— Simplesmente detesto ficar trancado em uma sala — eu disse.

Minha amiga sorriu e perguntou:

— Já experimentou o índice Kolbe?

— Não — respondi. — O que é isso?

— É um instrumento que mede seu estilo de aprendizado natural ou MO (*modus operandi*). Mede seus instintos ou sua inteligência natural.

— Nunca ouvi falar nesse índice especificamente, mas fiz muitas avaliações desse tipo — eu disse. — Considerei-os úteis, mas esse não é mais um instrumento desse tipo? Não é como descobrir mais sobre meu signo astrológico?

— Bem, há semelhanças — disse minha amiga. — Contudo, existem algumas distinções no índice Kolbe que as outras avaliações não oferecem.

— Como o quê? — perguntei.

— Bem, como eu disse, ele indica sua inteligência e seu estilo natural de aprendizado. Ele também lhe diz o que você *fará* e o que *não fará*, em vez de o que pode ou não fazer — respondeu minha amiga. — O Kolbe mede seus instintos naturais, não sua inteligência ou personalidade. Revela alguns aspectos muito específicos a seu respeito que nenhum outro teste pode revelar — pois mede quem você é e não quem você pensa que é.

— Instintos — eu disse. — Então como pode me ajudar? — estava tentando fugir de outro teste.

— Basta descobrir o perfil que depois falamos sobre ele. Na verdade, Kathy Kolbe, a criadora do índice, mora aqui em Phoenix. Depois que você o fizer, combinarei um encontro entre vocês dois. Veja, por si mesmo, se o instrumento dela faz tudo o que diz que faz.

— Como faço esse teste? — perguntei.

— Basta entrar no site da Web e fazer o teste. Acredito que custe aproximadamente US$50 e, em apenas alguns minutos, você responde as 36 perguntas — ela respondeu.

— Quando terei os resultados?

— Quase que imediatamente — minha amiga respondeu. — Depois que fizer, poderá avaliá-lo e eu também combinarei um encontro entre você e Kathy. Ela não se encontra com muita gente, mas é minha amiga e direi que você é meu amigo.

Concordei e fiz o teste do índice Kolbe alguns minutos depois. Os resultados estão na página 242.

Considerei os resultados interessantes, mas, sabendo que eu almoçaria com a criadora do índice, decidi esperar e ouvir o que ela diria.

Três dias depois, Kathy almoçou comigo. Observando meu índice, disse:

— Você tem energia para se arriscar fisicamente, não é?

Dei uma risada disfarçada. Kathy tem uma voz muito amável e fala com segurança e empatia. Era como se ela me conhecesse há muito tempo, embora acabássemos de nos conhecer.

— Como pode dizer isso? — perguntei.

— Suas forças ficam em seus instintos e isso me indica seu MO, ou modo de operação. No seu caso, o que orienta as ações é o Imediatismo e a energia para Execução — ela disse, com um sorriso. — As linhas do gráfico mostram-me que você busca instintivamente riscos físicos. É naturalmente atraído por eles. Certo?

Concordei com a cabeça.

— Você já esteve em grande perigo? — Kathy perguntou.

TM kolbe.com

home

resultsHome
< previous
resultsCareerPaths
next >
completeResults

Resultados do Índice Kolbe A™

Para: Robert Kiyosaki

MO: 2296

Forças Conotativas (Fatores de Impacto para cada Modo de Ação):
Simplificar (FF), Adaptar (FT), Improvisar (QS), Renovar (IM)

Quadro do Índice Kolbe A

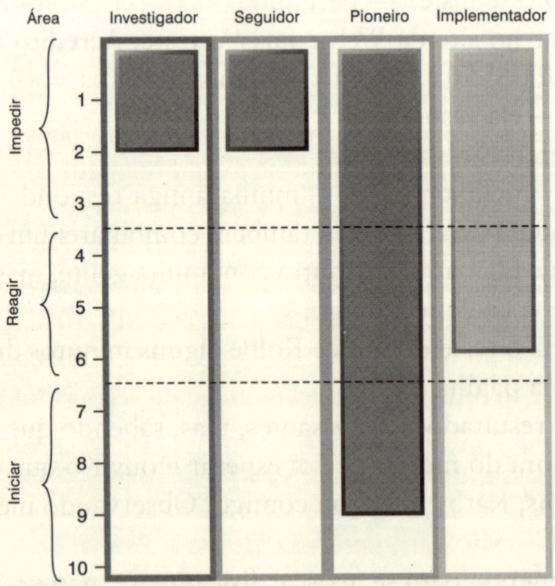

— Sim, muitas vezes, sobretudo quando estava no Vietnã. Por que pergunta isso?

— Prosperou mesmo nessa situação de perigo? — perguntou. — Seus instintos estavam completamente empenhados e sua energia concentrada no perigo que você corria?

— Bem, adorava voar em combate — respondi. — Era emocionante, e trágico também, às vezes. Porém, adorava mesmo voar em combate e senti falta disso depois que voltei a voar em períodos de paz.

— Faz sentido — ela disse. — A transição para voltar à rotina militar normal foi difícil quando voltou para casa? — perguntou. — Isso lhe trouxe problemas quando chegou em casa?

— Sim — eu disse. — Como sabe?

— Sei porque seu talento para Seguidor diz que gosta de manter muitas bolas no ar de uma só vez — disse, gentilmente. — Isso me diz que você não segue os procedimentos. Seus resultados no Pioneiro e Implementação indicam que você corre riscos físicos e prospera no sentido de urgência, por isso se saiu bem no Vietnã, porém, considerou o período de paz militar muito estruturado, muito limitador. Precisa de emoção. Se não tem emoção suficiente, você a cria.

— Você também lê a palma das mãos? — perguntei. Depois perguntei se minha amiga lhe contara a meu respeito. Estava ficando desconfiado porque Kathy sabia muito sobre a minha pessoa e havíamos acabado de nos conhecer.

Ela disse:

— Não. Não sei nada a seu respeito. É melhor não saber quando interpreto resultados. Confio na precisão de meus índices e é melhor confiar neles do que confiar na descrição que alguém tem de outra pessoa — ou no que me lembro do que disseram.

Kathy continuou a dizer que estava se encontrando comigo só porque sua amiga pediu e porque gosta muito de compartilhar seu trabalho com pessoas que estejam realmente interessadas nele. Depois de nos conhecermos melhor durante o almoço, Kathy começou a me explicar melhor o que o índice Kolbe revelou a meu respeito. Apontando mais uma vez para minha tabela, disse:

— Se você estivesse na escola hoje, seria rotulado como portador da síndrome do déficit da atenção e talvez tivesse que tomar medicamentos.

— Você concorda com esse tipo de tratamento? — perguntei.

— Não. Não para a maior parte das crianças — ela disse. — Em minha opinião, dar remédios para crianças e rotulá-las com essa dupla negativa muitas vezes é uma terrível injustiça para com sua capacidade natural — e auto-estima. Elimina seu orgulho legítimo. Se você tivesse tomado remédios quando criança, provavelmente nunca encontraria seu caminho na vida. Talvez nunca escrevesse best-sellers. Talvez nunca tivesse o sucesso que tem hoje.

— Por outro lado, talvez nada possa segurá-lo — continuou Kathy. — A questão é que hoje, no atual sistema educacional, você seria rotulado como um aluno "problema", um aluno com um distúrbio. Não que não consiga aprender; simplesmente não aprende da maneira normalmente ensinada por nossas escolas. Teve a sorte de seu pai entender isso. Sei que você chama seu pai professor de "pai pobre", mas, sob muitos aspectos, ele enriqueceu sua vida. Você é bem-sucedido sob vários aspectos devido a seu pai pobre. Ele foi inteligente o bastante para deixá-lo estudar com seu pai rico e incentivá-lo a aprender da forma que aprendia melhor, que, como você mesmo admite, não é muito atraente.

Concordei e disse:

— Definitivamente, não era muito atraente. — Depois de uma pausa, perguntei: — Então, como você define sucesso?

Kathy sorriu e respondeu:

— Defino sucesso como liberdade de ser você mesmo. E foi isso que seu pai fez para você. Respeitou-o e concedeu-lhe a liberdade para ser você mesmo.

— Muitas pessoas ficam presas tentando ser o que seus pais ou a sociedade querem que elas sejam, e não considero isso o verdadeiro sucesso... independentemente de ficarem ricas ou poderosas. Como seres humanos, buscamos naturalmente a liberdade para sermos nós mesmos. Se não lutarmos contra alguém ou algo que nos force a agir contra nosso gosto, perderemos nosso respeito próprio e negaremos nossa inteligência.

— Bem — eu disse — Não teria encontrado o sucesso se tivesse seguido os passos de meu pai. No ensino médio, era um turista. Não me adaptava aos estudantes nem aos professores.

— Mas aposto que adorou o jardim da infância — disse Kathy com um sorriso.

— Sim, adorei — respondi. — Por que diz isso?

Apontando para meu gráfico, Kathy disse:

— O jardim de infância é fantástico para pessoas com perfil de Implementador como o seu. Elas tocam e constroem coisas naturalmente. Seu Começo Rápido teve que experimentar um mundo de coisas novas. Seu perfil de Seguidor não foi forçado em muita estrutura. E você ainda não foi testado em muitas coisas. Tem tudo a ver com você, não é?

Concordando, eu disse:

— Sim. Hoje, ainda adoro desenvolver coisas como novos produtos. Adoro investir em imóveis porque posso ver, tocar e sentir meus investimentos. Sempre digo às pessoas que nunca parei de jogar Banco Imobiliário. Adoro jogar.

Kathy sorriu e mostrou a parte de Seguidor do gráfico.

— Mas aí veio o período da primeira à terceira série; crianças com um tipo diferente de perfil de Seguidor se saíam muito bem.

— Por que elas se saíam bem? — perguntei. — Por que da primeira à terceira série, alguém com um perfil de Seguidor diferente se sai bem? — estava ficando bastante interessado no conhecimento dessa mulher.

— Porque, durante esses anos, os blocos e os brinquedos desaparecem, e aparecem no currículo ordem e capricho, e quem tiver uma grande linha de padrões de Seguidor se adaptará bem à exigência de ordem e capricho. E, na terceira série, todos os vestígios do Implementador se foram da sala de aula.

— Ordem e disciplina? — eu disse. — O que elas têm a ver com educação?

Kathy sorriu novamente e disse:

— Posso dizer, pelo seu padrão de Seguidor, que seguir ordens e ficar disciplinado não são seus pontos fortes.

— Não, não são. Mas isso afetaria meu desempenho na escola? — perguntei.

— Definitivamente — disse Kathy. — Aposto que você não prosperou tanto na primeira série quanto na pré-escola e no jardim de infância.

— Isso mesmo — eu disse. — Na primeira série, comecei a me envolver em brigas, enquanto no jardim de infância brincava muito com meus brinquedos e no jardim. Foi quando passei para a primeira série que os professores começaram a me chamar de "criança problema" devido a minhas brigas.

— Bem, é isso que pode acontecer quando retiram os brinquedos e blocos — respondeu ela. — Crianças sem brinquedos acabam brigando com outras.

— Eu diria que isso ocorria em minha escola — eu disse. — Mas por que pessoas com fortes padrões de Seguidor se saem bem nesse período?

— Porque, nesse estágio de desenvolvimento, a disciplina e a ordem são necessárias. Agora, você se senta em filas retas em vez de ficar no chão ou em grupos ao redor de uma mesa. Em vez de incentivá-lo a se lambuzar de pinturas com os dedos, o professor começa a enfatizar uma caligrafia perfeita. Agora, querem que você comece a escrever nas linhas e não por toda a página. Os professores gostam de menininhas elegantes e enfeitadas e meninos que andam na linha e não se desarrumam. Não creio que você tenha sido um dos meninos que se vestiam para impressionar o professor, não é? — perguntou Kathy, sorrindo.

— Não, não fui. Morar em frente à escola era bom, pois muitas vezes me mandavam para casa coberto de lama. Sempre encontrava uma forma de escorregar e cair na lama.

— Você começou a se sentir diferente com relação à escola naquela época? — perguntou Kathy.

— Não na primeira série, mas me lembro de começar a perceber algumas diferenças na terceira série — respondi. — Comecei a perceber que havia dois meninos que eram os queridinhos dos professores. Havia uma menina e um menino em minha turma da terceira série que acabaram tornando-se líderes no ensino médio. Hoje, estão casados. Todos sabiam, na faculdade, que esses dois eram astros. Eram bonitos, inteligentes, bem-vestidos, populares e bons alunos.

— Parece que a escola foi feita sob medida para eles. E como ficaram? — perguntou Kathy. — Encontraram o sucesso que desejavam?

— Na verdade não sei. Acho que sim. Nunca saíram da cidade onde crescemos. São bem respeitados na comunidade e mais populares do que nunca, portanto, acredito que encontraram o sucesso.

— Para eles, isso parece ideal. Parece que tinham liberdade em suas vidas, no casamento, para serem eles mesmos — disse Kathy.

— O que acontece depois da terceira série? — perguntei. — Naquela época mágica dos nove anos?

— A partir da quarta série, qualquer um que tenha uma grande linha no padrão de Investigador se encaixa no molde. Nosso sistema educacional até o ensino médio foi projetado para o perfil de Investigador. Algumas crianças instintivamente concentram a atenção em nomes, lugares e datas. Essa abordagem de Investigador é bem recompensada. A sala de aula funciona bem para esse tipo de criança — disse. Kathy continuou a explicar que, desde os nove anos de idade, os alunos são medidos por uma série de "disparates". Você faz provas para as quais têm que soletrar palavras, decora a tabuada de multiplicação e conta o número de livros que lê e comprova recordando o que acontece neles.

Falei-lhe da teoria de Rudolph Steiner da mudança que ocorre aos nove anos de idade e como os professores sabem se uma criança será ou não bem-sucedida no sistema educacional. Eu disse:

— Aos nove anos, sabia que não seria um astro brilhante no sistema. Eles tiraram os blocos de montar para sempre.

Kathy riu.

— Sim, alguém como você, com suas necessidades de Implementador, sente falta dos blocos. Com o talento para Investigador, que simplifica em vez de memorizar os fatos e números complexos, você ficaria frustrado, portanto, seu Pioneiro contribuiria e experimentaria todos os tipos de formas únicas para evitar o que você considerava estupidez na escola.

— E os professores sabem disso — eu disse. — Por isso, muitas crianças são rotuladas de inteligentes, burras ou encrenqueiras tão cedo em sua carreira escolar.

Kathy concordou, com ar triste.

— A maior parte dos professores possui instintos de Investigador e/ou Seguidor. As pessoas tendem a rotular outras cujos instintos são similares aos seus como "inteligentes". Obviamente, a inteligência não tem qualquer relação com isso, porém, os educadores têm uma visão muito limitada com relação ao valor de seus instintos. Suas capacidades funcionam no ambiente escolar; portanto, eles se fixam nelas. O sistema educacional é seu lar natural. Eles o adoram.

— Portanto, o sistema educacional continua a se concentrar em apenas um estilo de aprendizado e continua a fazer distinções mais refinadas no motivo pelo qual as crianças não conseguem aprender. Por isso, talvez tenhamos identificado tantas incapacidades diferentes de aprendizado — resumiu Kathy.

— Isso não é muito inteligente — eu disse. — Não temos incapacidade de aprender! Temos um sistema educacional antiquado didaticamente incapaz! E eu detestava isso — acrescentei, ressentido.

— Mas você adora aprender, não é? — perguntou Kathy.

— Adoro aprender. Vou a seminários, leio livros e ouço fitas constantemente. Fico muito emocionado quando descubro algo novo e emocionante para aprender. Gosto de aprender sobre o que você tem pesquisado, porém, por algum motivo, simplesmente detestava a escola. Mas como você pode dizer que adoro aprender se eu detestava a escola?

Foi então que Kathy mostrou meu resultado no Kolbe.

— Está vendo isso aqui? — perguntou.

Depois de uma parte intitulada "Possíveis carreiras" havia a seguinte lista:

kolbe.com

home

resultsHome
< previous
resultsCareerPaths
next >
completeResults

Resultados do Índice Kolbe A™

Para: Robert Kiyosaki

MO: 2296

Forças Conotativas (Fatores de Impacto para cada Modo de Ação):
Simplificar (FF), Adaptar (FT), Improvisar (QS), Renovar (IM)

Possíveis caminhos para a carreira

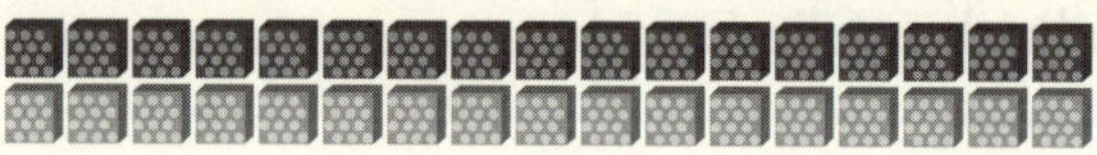

Você gera suas próprias oportunidades, que poderá não planejar nem articular como metas específicas. É necessário colocar-se em situações que exijam criatividade, pois seu sentido de realização se origina em obstáculos superáveis e soluções geradas contra as adversidades. Você tem um dom para a diversidade e um sentido aguçado do espaço a seu redor — portanto, o que quer que faça, não se feche mental nem fisicamente.

"Pioneiro" não é cargo, mas um modo de operação (MO). É uma abordagem ampla a sua maneira de resolver problemas e ao dom que você traz para uma tarefa. Você será bem-sucedido em funções que lhe permitam utilizar essa Vantagem Natural. A seguir, apresento possibilidades de carreiras não necessariamente recomendadas, mas uma lista parcial de funções, reveladas pelas pesquisas da Kolbe Corporation e que utilizam bem os instintos "Pioneiros":

ATOR	PROJETISTA DE PROTÓTIPOS
ARTESÃO	EMPREENDEDOR NO RAMO IMOBILIÁRIO
DEFENSOR DO MEIO AMBIENTE	MÉDICO DE AMBULATÓRIO
CIENTISTA FÍSICO	INVENTOR
DONO DE RESTAURANTE	PROJETISTA DE NOVOS PRODUTOS
DOUBLÉ	PRODUTOR DE EFEITOS ESPECIAIS AUDIOVISUAIS
EXPLORADOR DA VIDA SELVAGEM	PRODUTOR DE TELEVISÃO
PROMOTOR ESPORTIVO	ANUNCIANTE
EDUCADOR ALTERNATIVO	PROFESSOR — DESDE QUE ENVOLVA DESAFIOS FÍSICOS

Kathy estava apontando para a carreira chamada "educador alternativo".

— As pessoas que conheci que escolhem esse caminho em geral, são aprendizes bastante ativos. Simplesmente não prosperam na estrutura educacional tradicional.

— Isso é verdade — respondi. — Assisto seminários regularmente. Participo de seminários em vez de freqüentar uma faculdade regular porque não preciso do grau ou do certificado na conclusão do curso. Só quero as informações.

— Quantas dessas possíveis direções profissionais você consideraria? — perguntou Kathy.

Depois de examinar cuidadosamente a lista durante algum tempo, eu disse:

— Gostei de todas, exceto médico de ambulatório e dono de restaurantes.

— Algum motivo? — Kathy perguntou.

— Já tive muitas experiências nessas áreas. Vi sangue e traumatismos demais no Vietnã e meu pai rico era dono de restaurantes. Mas poderia facilmente ser um forte defensor do meio ambiente e tive uma empresa de educação alternativa durante quase dez anos. Adoro ensinar. Hoje, ainda desenvolvo protótipos, cuido de imóveis e já inventei e patenteei coisas. Na verdade, adoro desenvolver novos produtos. Adoro o campo da publicidade e da produção de anúncios para a televisão, portanto, diria que sua lista está repleta de coisas de meu interesse ou que já fiz.

Fiquei em silêncio durante algum tempo, pensando em tudo o que Kathy e eu havíamos conversado. Estava entusiasmado, pois adorava ensinar e gostei de descobrir por que não me adaptava à escola. Olhando novamente os resultados de meu índice Kolbe, perguntei:

— Portanto, quem se sai bem na escola depois da terceira série, com aproximadamente nove anos, são as pessoas com forte tendência a Investigador e Seguidor? — perguntei.

— Sim — Kathy disse. — E por isso você começou a ter problemas na escola, porque tiraram os brinquedos e blocos de montar e você não podia mais aprender jogando. Você pode ter tido desempenho físico na sala, mas seu pensamento estava longe e foi saindo pela janela.

— Estava longe — eu disse. — Ficava entediado e fiz apenas o suficiente para passar. Mal podia esperar minha formatura na escola para sair até o mundo real.

— É o Pioneiro em você — disse Kathy. — Devido à sua energia no Implementador e Pioneiro, você tem uma aptidão para desenvolver muito rápido coisas tangíveis, como seus jogos, livros e negócios. Por isso, a fabricação de carteiras de náilon, como você me contou, e seus muitos outros projetos o levaram ao sucesso. Você é um empreendedor natural com espírito pioneiro.

home

resultsHome
< previous
resultsCareerPaths
next >
completeResults

kolbe.com

Resultados do Índice Kolbe A™

Para: Robert Kiyosaki

MO: 2296

Forças Conotativas (Fatores de Impacto para cada Modo de Ação):
Simplificar (FF), Adaptar (FT), Improvisar (QS), Renovar (IM)

Quadro do Índice Kolbe A

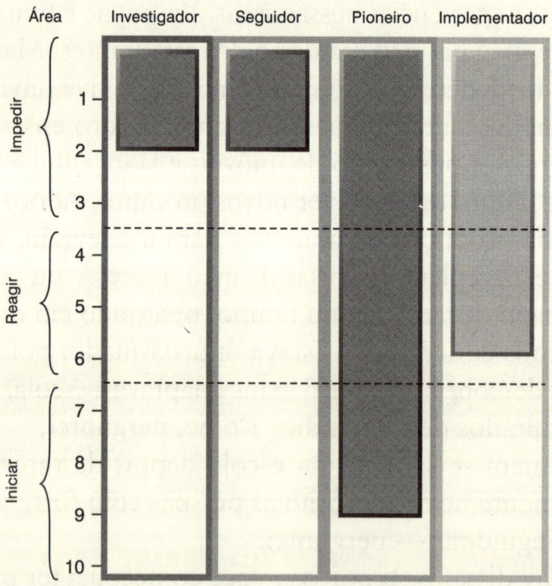

— Por que diz espírito pioneiro? — perguntei.

— Bem, é isso que me indicam os resultados de seu índice. Seu Implementador é um talento literalmente prático e seu lado de Pioneiro prospera na aventura. Você não é um empreendedor natural, no sentido tradicional de desenvolver negócios e produtos. Sua tendência é ser o primeiro a chegar.

— Então, por isso muitas vezes é difícil explicar o que estou fazendo, porque geralmente estou vários anos à frente no tempo. Estou criando produtos para um mercado que nem existe ainda.

— Sim — disse Kathy, apontando para a tabela.* — A perspectiva do Pioneiro é o futuro. A perspectiva do Investigador é o passado. O Implementador está no presente e a perspectiva dos Seguidores é inte-

Comparando os modos de ação do Kolbe

Conceitos básicos aplicáveis aos que se iniciam em cada Modo de Ação

Conceito	Investigador	Seguidor	Pioneiro	Implementador
Zona do tempo	Passado	Integração de passado, presente e futuro	Futuro	Presente
Utilização do tempo	Calcula o tempo de duração das coisas através da experiência e conhecimento; coloca os acontecimentos em uma perspectiva histórica.	Faz uma seqüência dos acontecimentos e dá continuidade, regula seu próprio ritmo; estabelece um ritmo para esforço e coordena com outros.	Prognostica e lida com os acontecimentos antes do tempo; focaliza o futuro, prevendo o que poderia ser; prevê mudanças.	Baseia-se no aqui e agora, querendo que o momento dure; gera produtos de qualidade com grande durabilidade.
Uso da comunicação	Palavras escritas	Tabelas e gráficos	Palavra oral	Acessórios, modelos e demonstrações
Armazenamento de informações	Por prioridade	Alfabeticamente	Por cor	Por qualidade
Necessidades de aprendizado	Estuda livros sobre o assunto para ver como foi feito no passado	Aprende a teoria da fórmula	Experimenta idéias radicais e inovações	Trabalha com modelos e protótipos
Concretização da meta	• Através do conhecimento • Estabelece planos complexos • Compara as opções	• Integra sistemas • Desenvolve cenários na pior das situações • Garante um sentido de qualidade	• Sentido de urgência e prazos curtos • Metas visionárias • Busca soluções que desafiem as probabilidades	• Necessita de metas concretas e demonstráveis com um valor durável • Utiliza materiais da mais alta qualidade e tecnologia

* Se você analisar este organograma, começará a notar as diferenças entre os possíveis resultados do índice do Kolbe. Em seus relatórios *Botton Lines*, Kathy Kolbe apresenta trinta páginas de quadros semelhantes e fornece informações que expõem mais essas diferenças.

grar passado, presente e futuro. Você está sempre focalizado o futuro, desenvolvendo negócios e produtos no presente para o futuro. Estará sempre à frente de seu tempo.

— Por isso, muitas vezes discuto com pessoas que são do tipo Investigador. Essas pessoas querem fatos e números e ainda não tenho coisa alguma para mostrá-los porque o futuro ainda não chegou aqui.

Kathy concordou e sorriu.

— Sim, diria que alguém com seu MO definitivamente não combinaria com alguém que busca detalhes, do tipo Investigador ou Seguidor. Como eu disse, você provavelmente teve problemas na escola porque a maior parte dos professores insiste nas explicações do perfil Investigador e na ordem do Seguidor, às quais você naturalmente resiste.

— Sabe, cada vez isso faz mais sentido para mim. Respeitei a maior parte de meus professores, mas sempre soube que não estávamos na mesma página do livro — eu disse. — Hoje, sei que não estávamos nem no mesmo livro.

Kathy riu e disse:

— Há uma charada que ouvi recentemente, em uma de minhas aulas. A pergunta é: "O que você chama de organização repleta de indivíduos com perfil de Investigador?" Resposta: "Uma universidade."

Dei um sorriso e depois acrescentei:

— E o que é uma organização cheia de Pioneiros e Implementadores? Resposta: "Um jardim de infância."

Kathy sorriu e disse:

— Ou uma empresa pontocom.

Ao escutar isso, dei uma gargalhada.

— E, por isso, muitas empresas pontocom fracassam. A maior parte delas é orientada por uma operação Pioneira sem qualquer fundamento básico, fato, lucro ou experiência do mundo real e possuem muito pouco de Seguidor. Sei porque foi assim quando entrei pela primeira vez para o mundo real. Por isso, meus primeiros negócios fracassaram. Tínhamos um bom negócio, mas nós três éramos do tipo Pioneiro, e não Seguidor. Quando comecei meus primeiros negócios, eram repletos de energia, subiram rapidamente e quebraram rapidamente. Não tínhamos fatos, números ou Seguidor.

— Por isso, decidi trabalhar com negócios — disse Kathy. — Agora que você está mais velho e sábio, o que acha das pessoas que se orientam da maneira dos indivíduos do padrão Investigador ou Seguidor?

— Eu as adoro. Agora sei que não sobreviveria sem elas.

— E esse é meu ponto de vista — disse Kathy. — É preciso respeitar os talentos e inteligências que cada um de nós traz para a mesa e para o mundo. Para sobreviver, cada equipe precisa das diferentes perspectivas de todos os quatro modos. Em vez de rotular e discriminar um ou outro, precisamos aprender a juntar nossos dons e a complementar nossas inteligências. Aposto que você detestava quando os professores rotulavam as crianças do tipo Investigador de inteligentes e as do tipo Pioneiras de menos inteligentes.

— Se eu não gostava? Achava insultante e humilhante.

— Então o que fez com essa raiva? — perguntou Kathy.

— Saí e fiz coisas a minha maneira. Queria provar que era inteligente. Detestava ser rotulado de burro e com menor chance de sucesso. Detestava quando os professores diziam: "Robert tem tanto potencial... mas simplesmente não se adapta. Se ele se preparasse e estudasse."

— E quanto mais eles tentassem enquadrá-lo, mais você ficava determinado ao sucesso? Você usou essa raiva para realizar o que queria em sua vida?

— Bem, tive um bom desempenho — respondi, com um pouco de vaidade. — Escrevi um best-seller e as crianças que tinham A em Gramática ainda não escreveram um. E ganho mais dinheiro do que a maior parte das crianças que tinham boas notas. — Agora, eu estava vangloriando-me por motivos justos, como o pavão da NBC com seu leque aberto, repleto de cores. Estava desabafando depois de segurar minha raiva e frustração durante anos.

— Então, você utilizou sua raiva para encontrar seu próprio caminho para fazer as coisas? Encontrou sua própria liberdade para ser quem é? — perguntou Kathy, com um sorriso amável.

— Sim, utilizei — eu disse, radiante. — Fiz a minha maneira e descobri a vida que desejava e vivo minha vida da forma que quero vivê-la. E não queria um emprego, não queria ter alguém me dizendo quanto poderia ganhar e não queria ficar enterrado em um escritório.

— Parabéns! Você alcançou o sucesso. É bem-sucedido por ter a liberdade para ser quem é.

Recostei-me e deixei seus votos de parabéns penetrarem enquanto meus anos de frustração contida da época da escola se dissipavam.

— Na verdade, nunca vi o sucesso dessa maneira. Quero dizer, não percebi quanto sucesso minha raiva e frustração me trouxeram.

— Que bom. E você consegue entender que existem outras pessoas que definem o sucesso de forma muito diferente das formas que você o define? Entende que existem pessoas que precisam pesquisar, buscar segurança no emprego e prosperar em um ambiente calmo e estável? Entende que, para algumas pessoas, apenas um carro e uma casa modesta já bastam?

— Sim, sei. Meus pais eram muito felizes com essas coisas. Eram bem-sucedidos a sua própria maneira. Eu sabia que essa maneira não funcionaria no meu caso, portanto, entendo que a vida é, na realidade, "Cada um tem seu talento".

— E agora que está mais velho e mais sábio, você gosta mais dos diferentes tipos de pessoas? Quero dizer, você aprecia as pessoas de seu escritório que são mais fortes nas categorias Seguidor ou Investigador?

— Agora, mais do que nunca. Adoro essas pessoas. Não poderia fazer o que faço sem elas. Sem elas, não teria sucesso.

Kathy sorriu e disse:

— Fico satisfeita em ouvir isso. — Dando uma breve pausa, ordenou os pensamentos, perguntando depois com cuidado:

— E você acredita que seria capaz de se relacionar melhor hoje com seus professores, até com aqueles que o derrotaram ou com os quais discutiu?

— Bem, não sei se chegaria a tanto — respondi, sem pensar.

— Você sabe que é o sistema educacional, não os professores, o culpado pelo que aconteceu a você? — perguntou Kathy.

Concordei.

— Sim, compreendo, mas ainda não gosto disso. Percebo que estavam fazendo o melhor que podiam com o que tinham.

— Então, deixe-me mostrá-lo por que talvez você tenha ficado tão aborrecido. Acredito que você tenha ficado muito aborrecido porque o sistema tentava esmagar sua inteligência e forçá-lo a se tornar um tipo de gênio que você não queria.

— Quer dizer minha inteligência no Pioneiro? Está dizendo que é porque eu era tão ativo?

— Bem, nessa área, bastante. Mas a inteligência da qual estou falando é sua inteligência na coluna Investigador.

— Investigador? — respondi, surpreendido. — A coluna Investigador é a minha coluna mais fraca. Como posso ter inteligência nessa coluna?

— Você tem um gênio escondido em cada categoria, até na Investigador — disse Kathy, novamente apontando para uma página de seu folheto.

Fatores de impacto do Kolbe
Forças positivas em cada modo de ação

Zona operacional	Modo de ação			
	Investigador	**Seguidor**	**Pioneiro**	**Implementador**
Impedir	Simplificar	Adaptar	Estabilizar	Imaginar
Responder	Refinar	Readaptar	Revisar	Renovar
Iniciar	Justificar	Organizar	Improvisar	Construir

Mostrando a palavra *simplificar* abaixo de Investigador, ela disse:

— Na categoria Investigador, essa é sua inteligência. Sua inteligência é a capacidade de simplificar os fatos. Acredito que seus livros vendem tanto porque você pega um assunto complexo, como o assunto do dinheiro, e o simplifica.

Começando a entender, eu disse:

— Bem. Meu pai rico era assim. Gostava de manter as coisas simples.

Kathy então mostrou a palavra *justificar* no modo Investigador e disse:

— E essa é provavelmente a inteligência de seu pai instruído. Por ser bom aluno e atingir o ambiente acadêmico, ele tinha uma inteligência para mexer com fatos e números. Aposto que seu pai instruído gostava de coletar dados, realizar pesquisas, buscar detalhes e definir objetivos. Portanto, a inteligência dele era de um tipo diferente do seu quanto ao modo Investigador, o que explica por que ele se saiu tão bem na escola e você não.

— Todos temos uma inteligência em todas as quatro colunas — eu disse baixinho, ao começar a entender mais o trabalho de Kathy.

Kathy concordou.

— Defini 12 tipos diferentes de inteligências. Cada um de nós tem quatro inteligências diferentes, uma de cada coluna.

— Doze tipos diferentes de inteligências... e cada um de nós tem quatro. Por isso, é melhor trabalharmos em equipe, pois cada um de vocês vem com uma perspectiva diferente sobre a resolução de problemas. Foi isso que seu trabalho descobriu? — perguntei.

Mais uma vez, Kathy concordou.

— Quanto mais você entender essas tabelas, mais distinções poderá fazer sobre quem é e quem são as pessoas a seu redor. Se entendermos melhor uns aos outros, podemos respeitar nossas diferenças e trabalhar e viver com mais harmonia. O trabalho de equipe pode resolver mais problemas e de forma mais eficiente do que o trabalho individual. Por isso, adoro trabalhar para desenvolver equipes mais eficazes. Divirta-se com as diferenças — seja no ambiente de trabalho ou em casa.

— E essa é sua inteligência ou seu talento. Você quer que as pessoas trabalhem juntas com maior respeito pelo dom e pela inteligência de cada um. E em quais categorias você é mais forte?

— Sou mais eficiente como Pioneiro e Seguidor. Por isso, explico com tabelas e gráficos. Precisava encaixar todo o repertório do comportamento humano em meu sistema antes de considerá-lo válido. Depois, necessitava dos Investigadores na equipe para fazer o que fazem melhor. Valorizo muito suas habilidades, que complementam meu dom de simplificar. Como você, direciono para a conclusão. Ao contrário de você, coloco meu trabalho em um sistema de software com algoritmos que produzem as conclusões em formatos de tabelas e gráficos. É mais gratificante quando posso usar meus dons criativos naturais para ajudar outras pessoas a descobrir a melhor carreira e ter a satisfação pessoal. Mas não poderia fazer tudo sozinha. É preciso uma equipe e todas as 12 inteligências para obter um negócio de sucesso, sobretudo nesse mundo competitivo. Realmente não sei como um líder de negócios autocrático pode ter sucesso. Ele tem, na melhor das hipóteses, apenas quatro inteligências, portanto, faço meu trabalho para tornar as pessoas e os negócios mais eficazes, mas também para garantir um senso de dignidade pessoal a todos da equipe. Em uma equipe, todos são importantes.

— Parabéns! Você alcançou sucesso na vida. Encontrou mesmo a liberdade para ser quem você realmente é.

Kathy concordou e sorriu.

— Agora, vamos examinar mais detalhadamente sua inteligência no Pioneiro.

Fatores de impacto do Kolbe

Forças positivas em cada modo de ação

Zona operacional	Modo de ação			
	Investigador	**Seguidor**	**Pioneiro**	**Implementador**
Impedir	Simplificar	Adaptar	Estabilizar	Imaginar
Responder	Refinar	Readaptar	Revisar	Renovar
Iniciar	Justificar	Organizar	Improvisar	Construir

— No Pioneiro, sua inteligência encontra-se na palavra *improvisar*. Isso significa que seu instinto é correr riscos, iniciar mudanças, promover experimentos, buscar desafios, desafiar desavenças, improvisar, agir intuitivamente.

Estremeci ao escutar Kathy descrever muitas de minhas tendências.

— Você chama isso de minha inteligência? Sempre pensei que fosse minha insanidade.

— Nunca subestime essa capacidade. Uma equipe — ou qualquer organização — precisa de sua inteligência. Conseguimos ter um rápido começo quando outras pessoas se reúnem e conversam durante horas, formando comitês e não fazendo coisa alguma. Portanto, ser uma pessoa que faz as coisas acontecerem, corre riscos e não teme o acaso é parte importante de sua inteligência.

— Gostaria que você contasse isso a meus professores — eu disse, tranqüilo. — Eles não consideravam isso inteligência. Chamavam de outra coisa.

Kathy deu uma risadinha e continuou.

— E seu pai instruído era provavelmente uma pessoa que não se manifestaria precipitadamente. Tinha que conhecer os fatos primeiro. Aparentemente não era impulsivo como você e não era ambíguo. Reunia os fatos. Não geraria caos e não operaria em um ambiente de crise. Calcularia os riscos e não iria contra eles.

— Está parecido com ele. E por isso se saiu bem na escola e acabou se tornando superintendente de todo o sistema educacional do estado.

Kathy concordou.

— Portanto, sua inteligência é pegar uma idéia e seguir o que diz o slogan da Nike, "*Just do it*". Seu Pioneiro e seu Implementador podem transformar uma idéia em um produto, empresa ou dinheiro muito rapidamente. Você tem o toque do alquimista. Aposto que consegue ganhar dinheiro do nada. Obviamente, uma linha longa de Pioneiro pode transformar pouco em muito rapidamente.

Concordei.

— Consigo fazer isso. Consigo pegar uma idéia e agir com bastante rapidez. Contudo, muitas vezes sou precipitado, mas é assim que aprendo. Pulo no fundo e me afogo um pouco, porém, depois que sobrevivo, sou muito mais esperto porque aprendi fisicamente. Aprendo exatamente da mesma forma que todos aprendemos a andar de bicicleta. E, como aprendo fisicamente, quando as pessoas me perguntam como fiz o que fiz, não consigo explicar. Não consigo porque aprendi com o corpo e não com a mente. É como tentar explicar a alguém como andar de bicicleta sem deixá-lo andar nela. Descobri que as pessoas que precisam dos fatos e estão com medo de correr riscos muitas vezes não fazem muito por não conseguirem aprender fisicamente. Passam o tempo apenas estudando e não simplesmente fazendo.

— E, alguém como seu pai, um homem que se concentra na linha do Investigador, pode ficar atolado no que chamamos comumente de "paralisia da análise". Você iria a uma cidade estranha e ficaria andando por ela durante dias, enquanto seu pai compraria um mapa e leria antes um livro guia sobre a cidade. Consegue entender a diferença entre vocês dois?

— Sim, consigo. Meu pai instruído precisava pesquisar os fatos sempre antes de fazer qualquer coisa. Não gosto de pesquisar, então simplesmente me jogo de cabeça e depois fico encrencado e começo a fazer a pesquisa que deveria ter feito no início.

— E é assim que você aprende. É assim que fica inteligente e seu pai foi bastante inteligente para reconhecê-lo.

— Por isso, nós dois só jogamos golfe algumas vezes. Ele media cada tacada. Ficava calculando sempre o vento e a distância do buraco. Media os declives da grama e até a direção dela. Eu andava e batia na bola e só depois calculava o que tinha feito de errado.

— Portanto, prefere esportes de equipe? — perguntou Kathy.

— Sim. Como você sabe? Adoro rúgbi e já fui capitão de minha equipe de remo na academia. Não gosto de esportes onde tenho que fazer tudo sozinho.

— Posso dizer, para que você tenha sucesso, que precisa de uma equipe a seu redor. Esse é um desejo ou preferência que reflete seu respeito por diversos talentos. Às vezes, as pessoas com uma linha longa tanto no Investigador quanto no Pioneiro acreditam mesmo que podem fazer tudo. (Consulte o diagrama na página 260.) Estabelecem as prioridades adequadas e depois pulam de cabeça e tentam fazer. São boas no início, mas exigem mais explicações para reconhecer tão rápido quanto você que precisam mais do que isso no longo prazo.

— Isso faz sentido. Muitos amigos meus que são bem-sucedidos acreditam que têm a capacidade de ser muito auto-suficientes, portanto, teriam um perfil de Pioneiro mais longo. Crio uma equipe para me dar uma ajuda.

— E isso é uma grande parte de sua sabedoria. Esse também é o motivo pelo qual você prefere um esporte de equipe a um jogo de golfe. Reconhecer que precisa da equipe a seu redor o ajudou a desenvolver um negócio maior do que alguém que tente ser mais auto-sufi-

home

kolbe.com

resultsHome
< previous
resultsCareerPaths
next >
completeResults

Resultados do Índice Kolbe A™

Para: John Doe

MO: 8274

Forças Conotativas (Fatores de Impacto para cada Modo de Ação):
Simplificar (FF), Adaptar (FT), Improvisar (QS), Renovar (IM)

Quadro do Índice Kolbe A

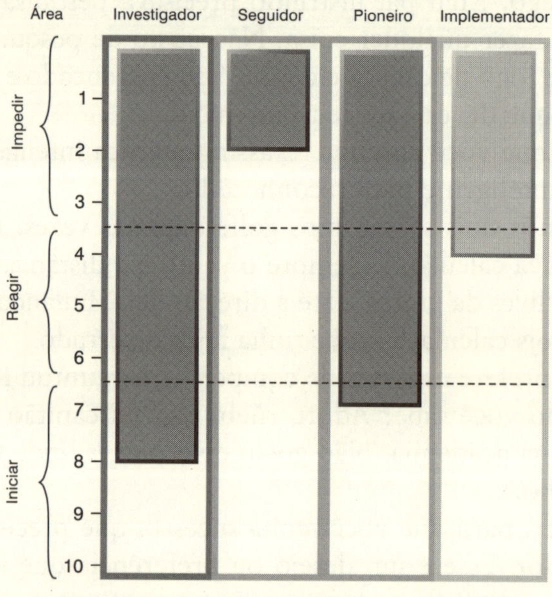

ciente. Além disso, uma pessoa que tem Pioneiro e Investigador tende a correr riscos mais calculados, enquanto você tende a correr riscos mais físicos. Isso não o deixa dentro do escritório com muita freqüência.

— Faz sentido. Não tenho esperanças sozinho. Gosto de ter muitas pessoas me ajudando.

— E talvez seja por isso que você não teve bons resultados nos testes da escola. Você precisa de uma equipe para fazer um *brainstorm* das respostas — mas os professores chamariam isso de "cola".

Rindo, respondi:

— Tem certeza de que você não se sentava atrás de mim na sala?

— Não tive necessidade disso. Minhas turmas estavam cheias de pessoas como você. Talvez não tenha tido bons resultados na sala de aula, mas tinha bom desempenho em esportes de equipe ou em qualquer coisa que necessitasse de uma equipe. Não faça as provas da vida sozinho.

— Por isso, sempre me sentei próximo aos meninos inteligentes na escola e ainda os quero em minha equipe quando trabalho. Meu pai rico costumava dizer "Os negócios são esportes de equipe". E por isso ele sempre tinha uma equipe de pessoas muito inteligentes a seu redor, ajudando-o com as finanças.

— Você é tão inteligente quanto eles, mas as inteligências deles eram de Investigadores. Quando isso é adicionado a seu talento, vocês cobrem uma maior parte das bases, ajudam-se mutuamente a completar o quebra-cabeça. Doze inteligências trabalhando juntas sempre têm um resultado excelente. Obviamente, isso também ajuda a ter a inteligência certa no lugar certo para resolver um problema específico.

— Portanto, meu pai lutava financeiramente porque operava sozinho, enquanto meu pai rico operava com uma equipe. Meu pai fazia o que havia aprendido na escola, que era fazer provas sozinho, e meu pai rico fazia seus testes financeiros com sua equipe. E isso faz um mundo de diferenças no mundo real.

Kathy apenas concordou com a cabeça.

— Com a combinação certa de instintos, você vencerá; e nenhuma pessoa abrange todos eles.

Nosso horário de almoço havia acabado e concordamos em nos encontrar novamente, dessa vez com toda a empresa. Enquanto partíamos, perguntei-lhe:

— Você tem o índice Kolbe para crianças?

Radiante, ela disse:

— Gostei da sua pergunta. Sim, temos instrumentos para crianças, começando no nível de leitura da quinta série. Na verdade, tenho um índice para mais jovens semelhante ao Índice A que você fez, assim como outros produtos que chamo de *Think-ercises*.* Ajudam crianças a confiar em seus instintos e usar suas inteligências.

— Seria excelente as crianças saberem quais seus pontos fortes de aprendizado e descobrirem onde estão suas inteligências. E o quanto antes, melhor. Pouparia anos tentando descobrir por tentativa e erro.

— Por isso faço esse trabalho — disse Kathy, ao entrar no carro e acenar, se despedindo.

---

* Algo como pensam-exercícios. (N.R.T.)

Quem é Kathy Kolbe

Em 1985, Kathy Kolbe foi escolhida pela revista *Time* como uma das sete personalidades americanas "pioneiros... com imaginação, ousadia, energia e uma determinação de ferro", típicos da "Personalidade do Ano". Foi também considerada uma das ilustres pessoas de pequenos negócios dos Estados Unidos e escolhida pela Casa Branca como um dos 50 americanos com espírito empreendedor. Faz seminários e palestras em todo o mundo. Entre seus best-sellers, estão *Conative Connection* e *Pure Instinct*. Kathy foi bastante influenciada por seu pai, E. F. Wonderlic, criador do Wonderlic Personnel Test. Ela fala a respeito dele com amor, mas descobriu que sua contribuição foi aprender como teria que fazer as coisas de maneira diferente da dele. Foi fundador do teste pessoal, com seu instrumento cognitivo. Kathy jamais acreditou que essa abordagem do tipo QI captasse a verdadeira inteligência ou a capacidade natural. Com o incentivo do pai, utilizou o conhecimento de desenvolvimento de testes que havia aprendido com ele para buscar a próxima geração de testes.

Se quiser saber mais sobre Kathy Kolbe e seus produtos, entre no site www.richdad.com/kolbe e encontre mais informações. Lidar com a organização de Kathy é um prazer. Pessoalmente, sinto que encontrei uma semelhança em seu trabalho, que traz mais dignidade e respeito para o aluno, para o mundo da educação. É uma das poucas pessoas que concordam comigo: cada um de nós possui dons e inteligências muitas vezes não reconhecidos pelo sistema educacional. Na atual Era da Informação, suas informações são renovadoras e esclarecedoras.

Incluímos o índice Kolbe para adultos, assim como para crianças, em nosso site da Web www.richdad.com/kolbe, se você quiser descobrir o perfil ou que seus filhos descubram o perfil deles. O índice jovem é chamado "Índice Kolbe Y". Como parte do perfil das crianças, ele analisa as seguintes três áreas:

Como fazer seu melhor trabalho escolar
Como ter seu melhor desempenho de forma recreativa
Como se comunicar melhor

(continua)

(continuação)

Achei muito válido saber quem sou instintivamente quando recebi meus resultados do Kolbe. Ele me mostrou imediatamente por que era rotulado de não adaptado ou burro pelos professores na escola. Se tivesse feito o índice Kolbe quando era jovem, poderia ser capaz de evitar, ou pelo menos compreender, muitos problemas que enfrentei na escola. Espero que você tenha a mesma impressão.

Grátis!

Download de arquivos de áudio

Em cada um de nossos livros gostamos de fornecer o áudio de uma entrevista como bônus, com *insights* adicionais. Como agradecimento por você ter lido este livro, você poderá entrar no site da Web www.richdad.com/richkid e baixar um áudio de meu debate com Kathy Kolbe denominado "Find out how your child learns best... because all children learn differently".

Obrigado por se interessar pela educação financeira de seu filho.

CAPÍTULO 16

O sucesso é a liberdade de ser quem somos

Quando eu era criança, meus professores diziam com freqüência: "Você precisa de uma boa educação para conseguir um bom emprego".

Meu pai rico, por outro lado, desenhava o Quadrante do Fluxo de Caixa (CASHFLOW Quadrant). Em vez de dizer para eu arrumar um emprego, que me limitaria ao quadrante E, de empregado, ele me oferecia uma opção entre os quadrantes.

Quando eu tinha problemas na escola, meu pai instruído me dava a opção de descobrir meu próprio estilo de aprendizado.

MAIS OPÇÕES OFERECEM MAIS OPORTUNIDADES DE SUCESSO

A maior variedade de opções do mundo moderno é o assunto deste capítulo. Sempre que surge um novo setor como o setor de linhas aéreas ou o de computadores, aumentam as opções de carreiras e interesses. Hoje em dia, um dos problemas que enfrentamos na educação das crianças é o excesso de opções, ou seja, distrações. No entanto, quanto mais escolhas tivermos, maiores serão nossas chances de sucesso.

Se os pais começam a não permitir que os filhos escolham, surgem conflitos em casa. Se, como pai, você diz: "Não faça isso" ou "Não faça aquilo", é provável que seus filhos façam o que você não quer, se ainda não o tiverem feito.

Quando eu era criança, uma das coisas que deu certo comigo foi o fato de meus pais não limitarem minhas escolhas, e sim me oferecerem mais opções. Isso não significa que eu não fosse castigado quando saía da linha, mas uma das coisas que meus dois pais fizeram foi me oferecer opções em vez de determinar o que eu podia ou não fazer.

Portanto, este capítulo espera dar aos pais mais escolhas para oferecer aos filhos, para que estes descubram o próprio caminho rumo ao sucesso. E como diz Kathy Kolbe: "O sucesso é a liberdade de ser quem somos."

O QUE VOCÊ QUER SER QUANDO CRESCER?

Em vez de me dizer apenas "Estude para conseguir um emprego", meu pai rico me oferecia as seguintes opções. É o Quadrante do Fluxo de Caixa, assunto de meu segundo livro dessa série.

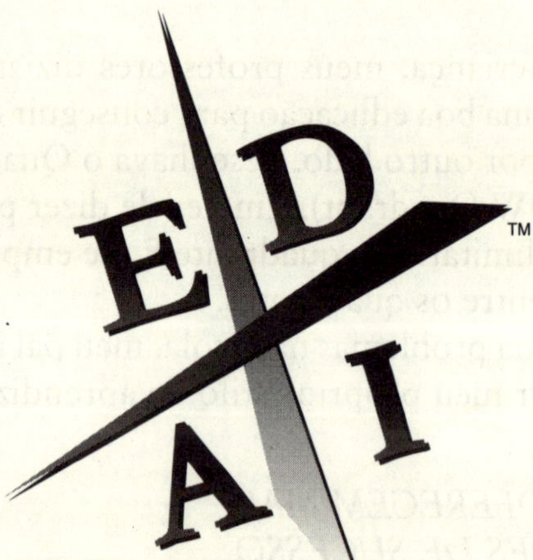

Para quem não leu o livro:

O E significa empregado.
O A significa autônomo.
O D significa dono.
O I significa investidor.

Tendo opções, senti que tinha mais controle sobre meu destino e sobre o que eu queria estudar. Com o passar do tempo, descobri também que as leis tributárias eram diferentes para cada um dos quadrantes e esse fato também me ajudou a traçar meu caminho para o futuro.

Como a maioria de nós, adultos, sabe, os impostos são, isoladamente, nossa maior despesa para a vida inteira. E, infelizmente, são os quadrantes E e A que pagam mais do que suas justas fatias dos impostos.

Talvez o melhor, ao conversar com seu filho, seja lhe oferecer uma opção entre os Quadrantes em vez de apenas dizer: "Estude para conseguir um bom emprego."

Por ter podido escolher, soube que o tipo de estudo que mais se adaptava a mim era aquele que me levaria aos quadrantes D e I. Sabia que era o queria ser quando crescesse. Hoje, estando nos quadrantes E, A ou D, todos nós precisamos ser investidores, ou estar no quadrante I. E talvez você não precise mais esperar que o governo ou a empresa onde trabalha sejam responsáveis por você depois da aposentadoria.

OPÇÕES E CONSEQÜÊNCIAS

Meu pai rico me proporcionou uma grande vantagem financeira na vida ao me ensinar as opções e conseqüências existentes em uma demonstração financeira.

Quando analisamos um demonstrativo financeiro completo, entendemos como esse aprendizado pode ser importante.

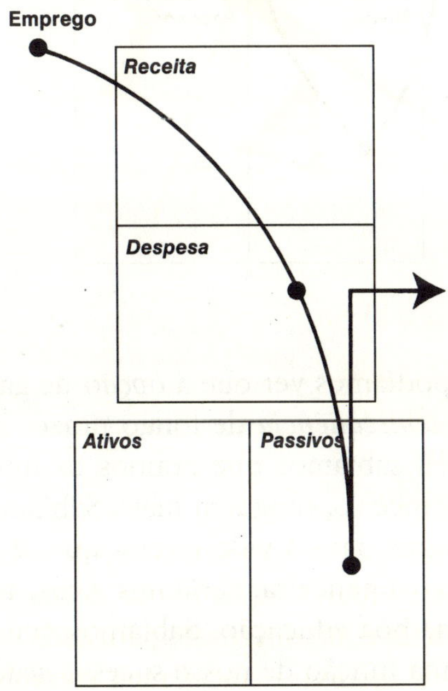

Fazendo nosso dever de casa financeiro, Mike e eu logo percebemos que a cada dólar que recebíamos tínhamos uma opção que estava presente na coluna das despesas. Logo percebemos que cada dólar que ganhávamos ou gastávamos provocava um efeito, ou uma conseqüência, que se espalhava, como as ondas de uma pedra jogada em um lago. Ao apanhar um dólar e comprar um passivo como um carro, sabíamos que a conseqüência de longo prazo seria ficarmos mais pobres, não mais ricos.

Tomando decisões de gastar, ou fazendo escolhas semelhantes à apresentada a seguir, as conseqüências de longo prazo eram diferentes.

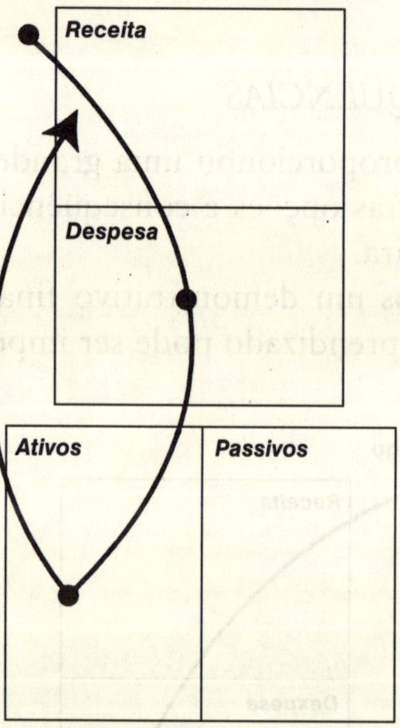

Como meninos, podíamos ver que a *opção* de gastar para investir em ativos tinha essa *conseqüência* de longo prazo. Já aos nove anos, tanto Mike quanto eu sabíamos que éramos os únicos responsáveis por nosso destino financeiro, ninguém mais. Sabíamos que se fizéssemos escolhas financeiras para a vida inteira que se assemelhassem à segunda demonstração financeira, seríamos ricos, tendo ou não um bom emprego ou uma boa educação. Sabíamos que nosso sucesso financeiro não seria uma função de nosso sucesso acadêmico.

Em seu último livro, *The Millionaire Mind*, Thomas Stanley, autor de *The Millionaire Next Door*, discute o fato de suas pesquisas não terem encontrado relação entre sucesso financeiro e sucesso acadêmico. Os dois não se relacionam. E isso é fácil de entender. Tudo que precisamos rever é o que foi discutido anteriormente, que é o fato de nosso sistema educacional concentrar-se principalmente nas habilidades acadêmicas e nas habilidades profissionais. O que falta em nosso sistema educacional é o ensino de habilidades que meu pai rico me ensinou, que são as habilidades financeiras.

Como declarei no início deste livro: "Na Era da Informação, a educação é mais importante do que nunca. E para preparar melhor seu filho para o futuro, as habilidades financeiras parecem ser de importância vital."

Ao ensinar seus filhos os fundamentos da educação financeira, que é a demonstração financeira, você lhes dá o poder de assumir o controle sobre seu destino financeiro. Eles terão esse poder independentemente da carreira que escolherem, de quanto dinheiro ganharem ou de como se saírem na escola. Como meu pai rico costumava dizer: "O dinheiro não nos torna necessariamente ricos. O maior erro que a maioria das pessoas comete é pensar que ganhando mais dinheiro ficará mais rica. Na maioria dos casos, quando as pessoas ganham dinheiro, elas se afundam em dívidas. É por isso que o dinheiro sozinho não nos torna ricos." E foi por isso que ele ensinou a mim e a Mike que a cada dólar que gastávamos tínhamos uma opção e que cada escolha resultava em uma conseqüência de longo prazo.

O PODER DO QUATRO

A maioria de nós já ouviu a frase: "O homem não é uma ilha." Ou "Duas cabeças pensam melhor do que uma".

Embora eu pessoalmente concorde com essas declarações, o sistema educacional tende a discordar com parte da sabedoria por trás delas. Em *Rich Dad's Guide to Investing*, discuto o poder de um tetraedro, isto é, uma pirâmide:

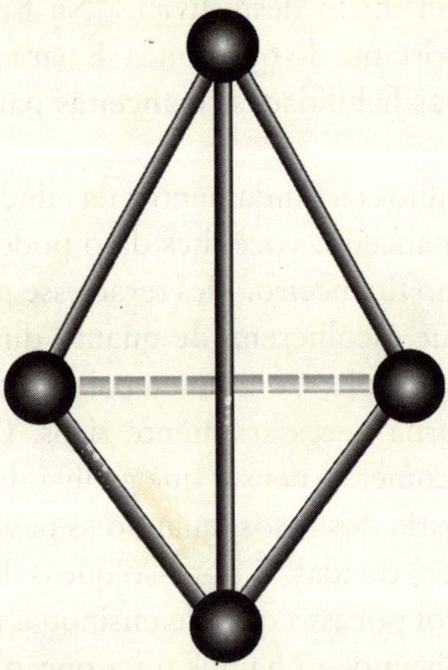

Em meu estudo sobre geometria sólida, descobri que o tetraedro é a estrutura sólida mínima e a mais estável de todas as estruturas, motivo pelo qual as pirâmides duraram tanto. O segredo é a mágica encontrada no número 4.

Quando estudamos astrologia, vemos que existem quatro elementos principais: terra, ar, água e fogo. Se colocarmos os quatro grupos básicos em uma forma, ela se assemelhará ao tetraedro:

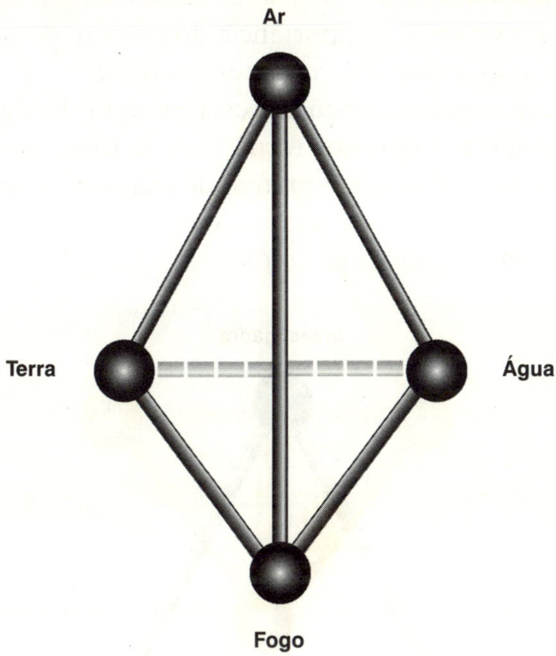

Os quatro elementos básicos formam o mundo que conhecemos.

Observando o mundo do dinheiro e dos negócios, descobrimos o Quadrante do Fluxo de Caixa. Mais uma vez, o mágico número 4. Os quatro lados são (E) empregado, (A) autônomo, (D) dono e (I) investidor. E novamente, pode-se construir um tetraedro.

Hipócrates (460-377 a.C), médico da Grécia Antiga, considerado por muitos o pai da medicina, também usava quatro tipos de personalidades diferentes para descrever pessoas diferentes. Ele usava os termos *colérico*, *sangüíneo*, *fleumático* e *melancólico*.

No século XX, o dr. Carl Jung também classificou os quatro tipos de personalidades usando os termos *racional*, *emocional*, *intuitivo* e *sensorial*.

Na década de 1950, Isabel Myers e sua mãe desenvolveram o indicador de tipos Myers-Briggs (MBTI). O MBTI define 16 tipos diferentes de pessoas, que, de maneira bem interessante, são reduzidos em seguida para quatro categorias principais: D para dominância; I para influência; A para apoio; e C para concordância.

Hoje em dia, há muitos desses instrumentos para a classificação dos tipos de personalidade disponíveis e muitas empresas os utilizam para garantir a colocação das pessoas certas nos cargos certos. A questão que desejo ressaltar é a importância do número 4.

Descobri várias coisas interessantes no trabalho de Kathy Kolbe que acrescentam outras distinções a essa procura de algo mais sobre nós mesmos e sobre o que nos torna únicos. Uma das coisas que o trabalho de Kathy distingue é o motivo de algumas crianças saírem-se bem na escola e outras não. Ao analisar o tetraedro, é fácil ver por que tantos jovens têm problemas na escola.

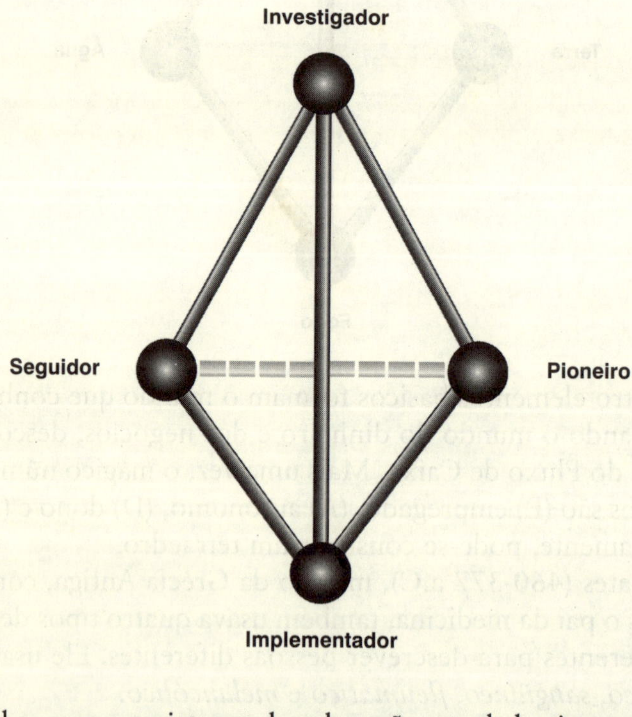

É fácil ver que o sistema de educação atual destina-se principalmente a alunos cujo ponto forte é a investigação. As outras três categorias muitas vezes lutam para sobreviver ao longo do processo. Em outras palavras, o mundo é feito de quatro tipos diferentes de aprendizado, mas o sistema educacional reconhece apenas um.

E O PODER DO 12

Sabemos que há 12 meses no ano e 12 signos no zodíaco. Ao longo do desenvolvimento da humanidade, os números 4 e 12 reapareceram constantemente como números importantes. Quando estudamos geometria sólida, entendemos por que essa relação ocorre várias vezes. É uma pena que nosso sistema educacional atual reconheça apenas um estilo de aprendizado e um tipo de talento. Este livro defende a importância dos pais se conscientizarem dos quatro estilos de aprendizado e da possibilidade de 12 tipos diferentes de talentos nos filhos. Como já declarei neste livro, a palavra *inteligência* significa a capacidade de fazer distinções mais refinadas e a palavra *educação* tem a mesma raiz que a palavra *eduzir*, que significa "extrair", não "introduzir".

Ao olhar nos olhos de seu filho, lembre-se sempre de que ali vive um pequeno "gênio". Pode não ser o mesmo que o sistema educacional procura, mas o talento de seu filho sem dúvida está ali. E embora o sistema educacional possa não procurar por ele, é importante que vocês, pais ou professores, o procurem, pois, sempre que olhamos nos olhos de uma criança e percebemos seu talento, o talento dessa criança está ali para nos lembrar de que também temos um talento dentro de nós. É esse talento dentro de todos nós que dá vida à magia de viver.

CONCLUSÃO

O trabalho mais importante do mundo

Meu pai instruído costumava dizer: "Há dois tipos de crianças. Aquelas que têm sucesso seguindo uma rota estabelecida e aquelas que odeiam seguir esse tipo de caminho e preferem abrir seu próprio caminho. Essas duas crianças convivem dentro de cada um de nós."

NÃO TOQUE NO FOGÃO

Essa era a maneira que meu pai instruído usava para me ensinar que estava certo eu procurar meu próprio caminho na vida, contanto que eu fosse honrado e íntegro nessa busca. E houve momentos em que me afastei da rota por um longo tempo. No entanto, independentemente de quanto tempo eu me desviava do caminho, meu pai mantinha a luz acessa e sempre me dava boas-vindas quando eu voltava.

Muitas vezes, ele não aprovava o que eu fazia e fazia questão que eu soubesse, mas não me impedia de agir. Dizia: "Uma criança só sabe o que significam as palavras *fogão quente* colocando a mão no fogão quente."

Lembro-me de ouvi-lo contando a história do fogão em uma palestra para a associação de pais e professores. Havia cerca de 150 pais na platéia ouvindo-o: "Nós adultos sabemos o que é fogão quente porque já colocamos a mão no fogão.

Todos nós colocamos a mão no fogão, embora nos tenham dito para não fazê-lo. E se algum de vocês ainda não colocou a mão em um fogão quente, aconselho que o façam logo. A vida só começa de fato depois de termos colocado a mão em um fogão quente."

Os pais e professores riram muito da observação. Foi então que uma mãe levantou a mão e perguntou:

— Você está dizendo que não devemos castigar nossos filhos?

— Não, eu não disse isso. Estou dizendo que nossos filhos aprendem através das experiências da vida. Estou dizendo que a única maneira de uma criança saber o que significam as palavras *fogão quente* é colocando a mão no fogão quente. Se lhe dissermos para não tocar no fogão, estaremos sendo ridículos. A criança vai colocar a mão no fogão. Foi assim que Deus quis que elas aprendessem. A criança aprende fazendo, cometendo erros e depois aprendendo. Nós, adultos, em nossa tentativa de educar nossos filhos, lhes dizemos para não cometerem erros e depois punindo por cometerem erros. Isso é um erro.

Eu tinha cerca de 14 anos, mas vi que muitos pais e professores não gostaram da mensagem de meu pai. Para muitos deles, evitar os erros é um meio de vida. Outra mãe levantou a mãe e disse:

— Então você está tentando dizer que cometer erros é natural. Que aprendemos cometendo erros.

— É exatamente o que estou dizendo — disse meu pai.

— Mas o sistema escolar pune nossos filhos por cometerem erros — disse a mesma mãe, que permanecera de pé.

— E é por isso que estou aqui hoje — disse meu pai. — Estou aqui porque nós, como professores, deixamos de corrigir e nos concentramos em procurar e punir os alunos por cometerem erros. Temo que, ao punir seus erros, em vez de ensinar nossas crianças a corrigi-los e aprender com eles, perderemos muito no que diz respeito à educação. Em vez de punir as crianças por cometerem erros, precisamos encorajá-las a cometer mais. Quanto mais erros elas cometem, aprendendo com eles, mais inteligentes ficam.

— Mas vocês, professores, também punem os alunos ruins que cometem erros demais — disse a mãe.

— É verdade, punimos. E essa é uma falha do sistema do qual faço parte e é por isso que estou aqui hoje.

Meu pai continuou, explicando que a curiosidade natural de uma criança é o que faz com que ela aprenda. Mas do mesmo modo que a curiosidade matou o gato, o excesso de curiosidade pode ser destrutivo para uma criança. Naquela noite, a mensagem de meu pai era a de que a tarefa de pais e professores era corrigir sem prejudicar a curiosidade natural da criança.

Então lhe perguntaram:

— Como corrigir sem prejudicar a curiosidade natural da criança?

Meu pai respondeu:

— Não sei a resposta. Creio que é uma arte, assim como um processo, que varia de caso para caso, portanto, pode não haver uma resposta. — Continuou: — Estou aqui apenas para lembrá-los de que todos nós aprendemos o que é um fogão quente, depois de colocarmos a mão nele. E colocamos a mão no fogão porque estávamos curiosos e queríamos aprender alguma coisa nova. Estou aqui representando a curiosidade natural e o desejo de aprender de seus filhos. As crianças já nascem curiosas e nosso trabalho é proteger essa curiosidade, ao mesmo tempo em que nos esforçamos para protegê-las. É importante proteger essa curiosidade porque é assim que aprendemos. Destruir essa curiosidade é destruir o futuro das crianças.

Outra mãe levantou a mão e disse:

— Sou mãe solteira. No momento meu filho está fora de controle. Ele fica fora até tarde e se recusa a me ouvir. Ele está andando com a turma errada. O que faço? Estimulo sua curiosidade ou espero que ele vá para a cadeia?

Meu pai então perguntou:

— Qual é a idade de seu filho?

— Acabou de fazer 16 — respondeu a mãe solteira.

Meu pai balançou a cabeça.

— Como eu disse, não sei *a* resposta. Quando se trata da educação dos filhos, não há uma resposta certa para todos os casos. — E continuou. com gentileza: — Talvez a polícia tenha a resposta que seu filho procura. Para o bem de seu filho, espero que não tenha.

Meu pai, então, continuou, contando a história dos dois tipos de criança, aquela que segue o caminho direto e reto e a outra que precisa criar seu próprio caminho. Meu pai ainda disse que todos nós, como pais, podemos manter a luz acesa e esperar que as crianças voltem ao caminho. Lembrou também aos pais que muitos deles já haviam se desviado do caminho. Lembrou que dentro de cada um de nós está uma pessoa que, às vezes, quer apenas encontrar o próprio caminho. Ele explicou mais, dizendo:

— Todos nós acreditamos que há um caminho certo e um caminho errado. Mas, às vezes, nosso caminho não é o mesmo caminho escolhido por nossos filhos.

Não satisfeita com a resposta, a jovem mãe se levantou mais uma vez e perguntou:

— Mas se ele vagar pela escuridão e nunca mais voltar? O que faço então?

Meu pai fez uma pausa e, com olhos que diziam que ele entendia a preocupação dela, disse calmamente:

— Basta manter a luz acesa. — Depois juntou suas anotações e desceu do palco. Parando, antes de deixar a sala silenciosa, meu pai virou-se e disse:

— O trabalho dos pais e dos professores é manter a luz acesa. É o trabalho mais importante do mundo.

Não podemos ensinar nada a uma pessoa, podemos apenas ajudá-la a encontrar a resposta dentro de si mesma.

— GALILEU

Apêndice A
Dar ou não dar mesada: uma antiga batalha

por Sharon Lechter, mãe

Dar ou não dar mesada, eis a eterna pergunta. O que os pais devem fazer? Não há uma resposta definitiva.

Muitos pais ficam tão confusos quando se trata da questão da "mesada" que se esquecem de ensinar aos filhos o que fazer com o dinheiro que recebem. Seja o dinheiro da mesada ou o pagamento pela realização de tarefas específicas, seus filhos precisam aprender a gerenciar o dinheiro com responsabilidade.

Recebendo-a ou não, a mesada *não* é a fórmula mágica para o futuro sucesso financeiro de seus filhos. Como dissemos no Capítulo 14, pai rico ensinou a Robert que o lado certo do quadrante do fluxo de caixa é o lado onde está a responsabilidade financeira. Os grandes empresários e os investidores de sucesso dominam a gestão do dinheiro e a demonstram com seu sucesso contínuo.

MESADA

A definição de mesada é: "uma quantia dada regularmente para gastos pessoais ou domésticos". Embora a mesada seja apropriada em muitos casos, a determinação da quantia da mesada e a forma como é comunicada aos filhos é de importância vital. Para a criança, a mesada é um "direito" ou uma recompensa merecida pelo cumprimento de tarefas ou responsabilidades previamente combinadas? Em um mundo onde a mentalidade do "tenho direito a" é um problema cada vez maior para os adultos, acreditamos que é muito importante que os pais não ensinem os filhos a pensarem que têm o direito a uma certa quantia toda semana. Por exemplo, observe a diferença entre essas duas afirmações:

"John, você fez 12 anos e já tem idade suficiente para ganhar mesada. Toda sexta-feira vou lhe dar US$10 para gastar como quiser."

"John, vemos você sempre ocupado com seus deveres de casa e atividades esportivas e queremos recompensar seus esforços e estimulálo nessas atividades. Enquanto você estiver envolvido com essas atividades, nós lhe daremos uma mesada de US$10 por semana para suas despesas."

REMUNERE SEUS FILHOS PELA REALIZAÇÃO DE TAREFAS ESPECÍFICAS

A discussão sobre dar uma mesada ou pagar pela realização de trabalhos específicos tem muitos lados. Não queremos ditar uma filosofia para os pais, mas esperamos oferecer alternativas para que eles possam desenvolver a própria de educação dos filhos. Embora a concessão de uma mesada possa desenvolver a idéia do "direito", "pagar pela realização de trabalhos específicos" também pode ter uma inferência negativa, pois cria na criança uma mentalidade de "funcionário". "Se você fizer isso, eu lhe pago US$10." Embora o pagamento pela realização de trabalhos ou tarefas específicas seja uma questão importante, é apenas um componente do ensino completo sobre a responsabilidade financeira.

QUANDO TODO O RESTO FALHAR, RECORRA AO SUBORNO

As crianças devem entender que precisam contribuir para o bem maior de sua família ou grupo social sem esperar recompensa financeira. Normalmente, os pais recorrem ao "suborno" na tentativa de obrigar os filhos a realizar as tarefas que deveriam fazer sem qualquer recompensa financeira. Posso falar sobre isso com grande conhecimento de causa. Quando perceber que está recorrendo ao suborno, veja isso como um aviso de alerta. Ao tentar suborná-los, você entrega o controle a seus filhos. Transfere o pátrio-poder para as mãos de seus filhos. Muitos pais disfarçam esse tipo de criação dos filhos através do "suborno", chamando-o de sistema de "recompensa".

UMA ESTRATÉGIA PARA A EDUCAÇÃO DOS FILHOS

Sem ditar uma filosofia sobre a educação dos filhos, desenvolvemos uma estratégia para educação dos filhos que pode ajudá-lo a determinar a política da mesada na sua família. Sugerimos que você desenvolva um programa composto de quatro fases. O mais importante: recomendamos que discuta essa política aberta e consistentemente com seus filhos.

Primeira fase: Responsabilidade Pessoal — determina alguns deveres ou tarefas que seus filhos precisam realizar em prol da própria saúde e desenvolvimento. (Por exemplo, escovar os dentes de manhã e de noite deve ser uma responsabilidade pessoal. Alguns pais podem incluir arrumar a cama ou tirar o prato da mesa depois do jantar.) *Não* deve haver recompensa financeira para a responsabilidade pessoal.

Segunda fase: Responsabilidade Familiar ou Social — determina alguns deveres ou tarefas que contribuam para o ambiente familiar ou social que *não* resultam em recompensa financeira. São ações que contribuem para o bem maior do ambiente da criança. (Colocar a mesa para o jantar, ler para um irmão mais novo ou ajudar uma senhora idosa com as compras são exemplos de responsabilidade familiar ou social.) Não deve haver recompensa financeira para a responsabilidade familiar ou social.

Terceira fase: Estabelecer mesada ou pagamento pela realização de tarefas específicas — opcional, baseada nas crenças individuais dos pais. Determina as normas que incluem que tarefas gerais ou deveres esperados resultarão no "pagamento" da mesada.

Empenhe-se em evitar que seus filhos desenvolvam uma atitude do tipo "tenho direito à mesada". Faça com que eles participem da determinação das tarefas esperadas. Talvez você queira que seus filhos "cobrem" a mesada de você, para deixá-los mais cientes das expectativas subjacentes. (Para alguns pais, lavar e limpar o carro uma vez por semana talvez não seja uma tarefa esperada que faça parte da segunda fase e poderia ser cogitado o pagamento de uma mesada semanal.) Algumas crianças estão tão ocupadas com atividades de atletismo e trabalhos escolares que recebem uma mesada dos pais pelo reconhecimento de seus esforços. O importante aqui é transmitir abertamente suas expectativas sobre a responsabilidade de seu filho.

Quarta fase: Encorajar o espírito empreendedor de seu filho — encoraje seu filho a pensar maneiras de ganhar dinheiro. Faça-os sugerir tarefas ou conte histórias de como outras crianças ganharam dinheiro, abrindo suas mentes para as oportunidades que se apresentarem. Encoraje-os a identificar as "tarefas" específicas que precisam ser feitas e estabeleça um pagamento fixo para cada tarefa realizada. Faça com que cobrem de você o trabalho feito.

É nesse ponto que a filosofia do pai rico sobre seu emprego versus seu negócio precisa ser transmitida. A quantia determinada para o pagamento de cada tarefa é a definição do "emprego" do seu filho. O que seus filhos fazem com o dinheiro é "negócio" deles. Quanto mais cedo as crianças entenderem a diferença entre trabalhar para os outros e trabalhar para si mesmos, maiores serão suas chances de sucesso financeiro. Explique a eles que o que faz durante o dia (de oito às cinco) é sua profissão, ou seu emprego, mas o que faz com o dinheiro (seu salário) é seu negócio.

RESPONSABILIDADE FINANCEIRA

Muitos pais ficam tão perdidos com a questão de determinar a "mesada" que esquecem de ensinar aos filhos o que fazer com o dinheiro que recebem. Seja o dinheiro da mesada, de presentes ou do pagamento por tarefas específicas, seus filhos precisam aprender responsabilidade financeira. Esta só se desenvolve depois que seu filho entende a alfabetização financeira. Além do mais, precisamos lutar contra a tendência atual em relação ao merecimento, educando nossos filhos sobre gratificação retardada e dívidas no cartão de crédito.

ALFABETIZAÇÃO FINANCEIRA

Ensine a seus filhos os conceitos de ativo e passivo; a diferença entre receita auferida, passiva e carteira de investimentos; a importância da receita passiva e da carteira de investimentos; e a definição de quinquilharias. Recorra aos desenhos simples encontrados neste livro e em *Pai rico, pai pobre* e use-os para ensinar seus filhos. Armados com esse tipo de educação financeira, seus filhos estarão mais bem preparados para desenvolverem responsabilidade financeira.

GRATIFICAÇÃO RETARDADA

A responsabilidade na gestão do dinheiro demonstra a alfabetização financeira assim como um entendimento da "gratificação retardada", que é discutida com mais detalhes em *Pai rico, pai pobre*. Um dos benefícios do estabelecimento de um programa de poupança para seus filhos é que ele ensina o poder desse conceito de gratificação retardada. Estabelecendo metas financeiras com seus filhos e ajudando-os a determinar um plano financeiro para atingir essas metas, você instila a fórmula para o sucesso. A auto-estima que é criada quando eles atingem essas metas não tem preço. No mundo atual de gratificação imediata, estamos roubando de nossos filhos o poder de sentir o sucesso que resulta do cumprimento de uma meta. Como? Dando-lhes as coisas sem deixar que eles as conquistem sozinhos.

Por exemplo, seu filho quer uma bicicleta nova. Comece com a filosofia apresentada em *Pai rico, pai pobre*, em que o pai pobre dizia: "Não posso comprar isso", mas o pai rico dizia: "Como vou comprar isso?" Ensine seu filho como dizer: "Como eu posso?" em vez de "Eu não posso". Ajude-o a elaborar um plano para ganhar o dinheiro para comprar a bicicleta. Encoraje seu filho a pensar em meios para ganhar dinheiro. Ajude-o, avaliando seu progresso ao longo do tempo e faça os ajustes necessários para se atingir a meta. Faça seu filho comprar a bicicleta como a última recompensa recebida por atingir sua meta. Reconheça o esforço e o sucesso final de seu filho.

DÍVIDAS E CARTÕES DE CRÉDITO

Hoje em dia, os cartões de crédito são as ferramentas da gratificação imediata. Infelizmente, o resultado final é um trauma retardado, quando as contas chegam. Uma mensagem muito melhor chega com o estabelecimento de uma meta financeira e com o exercício de gratificação retardada que a história da bicicleta acabou de descrever.

Não importa nossa opinião sobre os cartões de crédito, eles fazem parte da sociedade atual. Nossos filhos são bombardeados com mensagens de "Just charge it" veiculadas na televisão, no rádio e transmitida por outras pessoas. Os pais precisam completar o quadro para seus filhos, mostrando a eles o outro lado dos cartões de crédito. Faça com que o vejam pagando as contas. Explique o impacto multiplicador dos juros cobrados sobre o saldo devedor dos cartões de crédito. Mostre-lhes que há limites de crédito para cada cartão.

Explique que o uso do cartão também traz benefícios. Os cartões de crédito podem ser muito úteis para manter registros e fazer a verificação de como você está gastando seu dinheiro. Muitas pessoas usam os cartões de crédito sabiamente, pagando a fatura todo mês para que não haja juros.

Muitos pais têm dificuldade com as próprias dívidas no cartão de crédito e preocupam-se em criar medo nos filhos se compartilharem em demasia sua situação financeira. O que acontece com a dívida do cartão de crédito na "vida real" também pode estar acima no nível de compreensão de seu filho. Criamos o jogo CASHFLOW para Crianças, um jogo de tabuleiro patenteado sobre finanças, para auxiliar os pais na alfabetização financeira dos filhos. O jogo lida especificamente com o processo de tomar a decisão de "pagar à vista ou pagar com o cartão". Seus filhos conhecerão os dois lados do mundo dos cartões de crédito (gratificação imediata e trauma retardado quando chegam as contas) enquanto se diverte e usa dinheiro de mentira. Estarão muito mais bem preparados para enfrentar e evitar os perigos dos cartões de crédito quando ficarem adultos.

EMPREGOS DE MEIO EXPEDIENTE

Logo que seu filho tiver idade, é importante que ele aprenda sobre a responsabilidade de um emprego. Deixe que seus filhos trabalhem em empregos de meio período, se as tarefas escolares e atividades esportivas permitirem. Examine o primeiro pagamento com eles para que entendam o que fica para o governo em forma de impostos antes de receberem seu salário.

Quando eu estava na escola, meus pais pediam que eu economizasse ou investisse 50% de tudo que eu recebia em meus empregos de meio período. Tornou-se um hábito depositar, imediatamente, 50% do meu pagamento. Eu podia gastar os outros 50% da maneira que eu quisesse. Isso incutiu em mim, muito jovem, o conceito de "pague a você primeiro". Quando me formei tinha acumulado mais de US$20.000 em ativos de investimentos apenas poupando 50% da renda que juntei em empregos de meio período enquanto estudava.

Como mãe, usei a mesma regra com meus filhos quando eles começaram a trabalhar em empregos de meio período. Eles viram o conceito de "pague a você primeiro" em ação e passaram a reconhecer o benefício de longo prazo que ele pode proporcionar. Infelizmente, meu filho mais velho foi bombardeado pelos cartões de crédito quando foi para a faculdade. Sem o meu conhecimento e o do pai, ele afundou-se, sem perceber, em dívidas no cartão de crédito.

É nesse ponto que se vê que a visão retrospectiva é perfeita. Eu senti que a melhor maneira de ensinar meus filhos era através do exemplo. Meu marido e eu temos vários cartões de crédito, que usamos regularmente, inclusive aqueles que contam para milhagens de vôos. Os cartões de crédito nos servem como ótimas ferramentas de contabilidade e nos ajudam a controlar onde gastamos nosso dinheiro. Pagamos a fatura total a cada mês para não precisarmos pagar qualquer juro no cartão de crédito. Nosso filho, no entanto, foi dominado pela isca dos suaves pagamentos mensais. Ele teve uma gratificação imediata, mas teve um trauma quando seu limite de crédito foi atingido. Ele levou quatro anos para recuperar-se desse erro, mas aprendeu uma lição muito valiosa no processo. Hoje em dia, ele paga seus cartões de crédito mensalmente. Atualmente, ele aprendeu a pagar a si mesmo primeiro. Hoje em dia, ele tem responsabilidade financeira.

SUCESSO FINANCEIRO

Resumindo, só você pode resolver o antigo problema de dar ou não uma mesada a seu filho. Mas pergunte a si mesmo o que a política relacionada com as metas que você estabeleceu está ensinando a seu filho. Você está ensinando seu filho a ter:

- uma mente voltada para o merecimento?
- uma mente voltada para ser um empregado?
- uma mente voltada para ser um empresário?

A responsabilidade financeira combinada com o espírito empresarial pode ser uma força extremamente poderosa. Ajude seus filhos a desenvolverem os dois e depois sente-se e veja-os alcançarem um sucesso financeiro depois do outro.

O COMENTÁRIO DE ROBERT

Concordo com Sharon e gostaria de acrescentar uma distinção sutil que pode esclarecer ainda mais a lição.

Meu pai pobre prestava atenção a quanto dinheiro nós tínhamos. É por isso que sempre dizia: "Estude com afinco para conseguir um emprego com um bom salário."

Meu pai rico *não* prestava atenção a quanto dinheiro ele ganhava. Em vez disso, ele se preocupava com a quantidade de dinheiro que economizava. É por isso que dizia: "A quantidade de dinheiro que você economiza é muito mais importante do que a quantidade de dinheiro que você ganha." Também dizia: "As pessoas que só prestam atenção na quantidade de dinheiro que ganham *sempre* trabalham para pessoas que prestam atenção na quantidade de dinheiro que economizam."

Sobre a questão da mesada, é mais importante ensinar seu filho a se concentrar em *economizar* dinheiro mais do que em *ganhar* dinheiro. Meu pai rico diria que cada dólar em sua coluna de ativos era como um de seus empregados: trabalhava para ele. Quando um dólar entrava na coluna de ativos não a deixava mais. Se ele vendia um ativo, usava os lucros para comprar outro ativo. Os ativos comprados agora podem ser passados para a próxima geração.

Desenvolvendo essa filosofia e ensinando-a a seus filhos, você os ajuda a aprender o caminho para a independência financeira.

Apêndice B

Excursões financeiras: exercícios sobre dinheiro para pais e filhos

Sharon Letcher, C.P.A. e mãe

Os exercícios a seguir podem ajudá-lo a educar financeiramente seus filhos. Usando situações da vida real, você pode lhes mostrar automaticamente a aplicação prática das lições. Por exemplo, temos um exercício chamado "Excursão financeira a um banco". Depois de realizar essa excursão, seu filho se lembrará das lições que aprendeu durante a visita sempre que passar pelo banco. Esse tipo de aprendizado denomina-se "aprendizado experimental" e pode ser uma poderosa ferramenta para ensinar seu filho a lidar com dinheiro.

As excursões financeiras foram criadas como diálogos ou roteiros que você poderá utilizar para ensinar os conceitos financeiros básicos. Não há respostas certas ou erradas. São exercícios e observações simples que pretendem ajudá-lo a criar um diálogo com seu filho sobre problemas financeiros específicos e ampliar os conhecimentos de seu filho sobre o mundo financeiro em que vivemos. Mas é também uma oportunidade de diversão em família.

EXCURSÃO FINANCEIRA À MESA DE JANTAR

A. Pagamento das contas mensais

Chame seus filhos para ficar ao seu lado quando estiver pagando as contas do mês. Deixe que olhem cada conta e explique o que cada uma delas representa. Isso lhes dará melhor compreensão da vida. Você não precisa revelar tudo sobre suas finanças para seus filhos, mas comece com um simples esclarecimento do básico.

1. Remunere-se primeiro

Comece remunerando-se primeiro, mesmo se forem apenas alguns dólares. Depois de vê-lo remunerando-se várias vezes, com certeza seu filho seguirá seu exemplo quando começar a receber dinheiro.

2. Pague as despesas domésticas

Explique as contas das empresas de serviços básicos (luz, gás, etc.) e deixe seus filhos examinarem as contas. Isso lhes dará melhor avaliação de como o dinheiro é gasto. Entender que você paga separadamente as contas de luz, água, gás, a taxa de coleta de lixo e outros gastos com a manutenção doméstica abrirá a mente de seus filhos para a idéia de quantas empresas são necessárias para prover esses serviços. (Você pode descobrir um benefício adicional nesse exercício — ouvimos alguns pais dizerem que seus filhos começaram a desligar as luzes com mais freqüência e a tomar banhos mais rápidos depois dessa lição.)

3. Pague sua hipoteca imobiliária

Explique o pagamento da hipoteca a seus filhos com palavras simples. Explique como o banco o ajudou a comprar a casa, emprestando a maior parte do dinheiro e que depois você concordou em pagar sua dívida com o banco ao longo do tempo. E que, para poder fazer isso, você concordou em pagar ao banco alguns honorários ou juros, até que o total seja devolvido ao banco. Mostre a seus filhos o pagamento da hipoteca e como cada um inclui o pagamento de juros e o pagamento do principal.

4. Pague as contas dos cartões de crédito

Explique a seu filho a conta do cartão de crédito. Esse pode ser um exercício difícil para você se o débito no cartão for elevado. No entanto, é importante que seus filhos entendam tanto o lado negativo quanto o positivo do uso do cartão de crédito. Eis aqui algumas definições simples.

Cartões de crédito — "Os cartões de crédito são emitidos pelos bancos ou por outras instituições financeiras ou lojas para que possamos adquirir bens ou serviços. Recebemos os bens ou serviços imediatamente e o banco ou a loja paga os bens ou serviços em nosso lugar."

Fatura — "Mensalmente, as administradoras dos cartões de crédito nos enviam uma fatura, mostrando quanto gastamos naquele mês (quanto pagaram em nosso lugar) e a data que devemos pagar a quantia total devida a fim de evitar os juros."

Juros dos cartões de crédito — "Se o débito da fatura não for pago na data certa, serão cobrados juros sobre o valor a ser pago, com taxas muito superiores a outros tipos de empréstimos."

Pagamento mínimo — "Muitos bancos e lojas nos permitem fazer um 'pagamento mínimo', em vez do total devido. Os juros são então cobrados sobre o montante da dívida que sobrou. Na verdade, eles desencorajam o pagamento da fatura total de uma só vez. As administradoras de cartão de crédito acreditam que, como tiveram o maior trabalho para nos dar crédito, devemos parcelar o pagamento para que elas ganhem um pouco mais com os juros."

Importante: Este é um único aspecto dos cartões de crédito que cria as enormes dívidas que muitas pessoas enfrentam hoje em dia. Como isso acontece?

- Um mês você está com pouco dinheiro, por isso paga o valor mínimo permitido no cartão de crédito. A fatura do cartão continua a aumentar à medida que você faz outras compras.
- Pagar o mínimo é tão fácil que você o faz novamente no mês seguinte e no seguinte. Mas continua comprando.
- Como está fazendo o pagamento mínimo, seu crédito ainda está bom e outras empresas lhe enviam novos cartões de crédito. Logo você tem cinco cartões de crédito diferentes na carteira (de acordo com a CardWeb, a maioria dos lares americanos tem entre cinco e seis cartões de crédito de administradoras diferentes).
- Você continua a fazer o pagamento mínimo nos cinco cartões de crédito, mantendo, assim, uma boa classificação de risco mas agora a dívida total de sua fatura em todos os cartões é assombrosa.

(continua)

(continuação)

- Um dia você percebe que está pagando muito dinheiro em pagamentos mínimos, mas que sua fatura total continua crescendo a cada mês.
- É apenas quando percebe que não pode fazer nem mesmo os pagamentos mensais mínimos que sua classificação de risco de crédito é afetada.
- Então você descobre que ultrapassou o limite máximo dos cartões, que não pode conseguir novos cartões, pois seu crédito não é mais tão bom, já que você deixou de fazer alguns pagamentos e mal consegue fazer os pagamentos mínimos dos cartões que possui.

Infelizmente, esse é o círculo vicioso em que muitas pessoas se encontram hoje em dia. Embora pareça deprimente e não algo a que você queira submeter seus filhos, é melhor que eles comecem a entender esse problema quando ainda são bem jovens. Como explicar esse assunto tão complexo às crianças? Criamos o jogo CASHFLOW para crianças e incluímos esse problema no jogo. Seus filhos aprenderão que eles têm uma opção — pagar à vista ou pagar no cartão — e que cada opção tem uma conseqüência. No início, eles escolhem o cartão, já que é isso que costumam ouvir em casa. A conseqüência do uso do cartão é que eles devem aumentar suas despesas para honrar todos os pagamentos. Logo aprendem que é melhor pagar um pouco mais à vista do que aumentar suas despesas indefinidamente.

No livro *The CASHFLOW Quadrant,* incluímos uma seção sobre como acabar com as dívidas. Ali ensinamos uma fórmula para a liquidação das dívidas de cinco a sete anos.

5. Estimule a curiosidade de seus filhos

Estimule seu filho a fazer perguntas e responda as perguntas com a maior honestidade possível. Se seu filho fizer uma pergunta que não saiba responder, procure alguém que possa fazê-lo e aprenda junto com seu filho.

6. Mantenha registros

Deixe seu filho ajudá-lo a arquivar suas contas depois de pagas. Manter um bom registro é um hábito a ser aprendido.

B. Criação de um orçamento para as refeições de uma semana

Agora que seus filhos entendem melhor o pagamento das contas, é hora de apresentá-lo ao conceito de orçamento. Em vez de revelar toda sua vida financeira a seu filho, comece com apenas um pouco. Para esse exercício, vamos dizer que você lhe pede para planejar os cardápios da semana. A tarefa será alimentar sua família durante uma semana de acordo com um orçamento preestabelecido. Seu filho precisa deixar a família feliz, respeitando o orçamento. É importante que você permita que ele crie o cardápio, além de comprar a comida. Você pode ajudar na preparação dos pratos, já que cozinhar não faz parte da lição.

1. Defina um orçamento

Estime quanto você costuma gastar por semana em alimentação para a família. Para facilitar, inclua apenas o café da manhã e o jantar. Neste exercício, usaremos US$200 para sete cafés da manhã e sete jantares de uma família de quatro pessoas.

2. Peça a seus filhos para colocar em um quadro o planejamento das refeições

Peça que registrem qual será o cardápio para cada refeição. Uma boa idéia seria levá-los ao supermercado para que eles entendam os custos de alguns itens.

3. Faça seus filhos prepararem uma lista de compras

Depois que eles elaborarem os cardápios para a semana, faça com que seus filhos preparem uma lista de compras para que conheçam os alimentos que precisam ser comprados.

4. Faça seus filhos comprarem os alimentos

No mercado, observe seus filhos analisarem a lista de compras. Sugira que levem uma calculadora para verificar quanto gastarão. É importante que eles se mantenham dentro do orçamento estabelecido.

5. Faça seus filhos registrarem no quadro o que gastaram com cada refeição

Peça a seus filhos para registrar no quadro quanto gastaram com as compras para cada refeição.

Também é necessário que eles preencham no quadro em casa, pois devem existir impostos a ser incluídos na compra da refeição.

6. Prepare as refeições

Dependendo de seus filhos, talvez você precise auxiliar no preparo das refeições.

7. Analise os resultados

Primeiro verifique se a família está satisfeita com as refeições. Essa é uma parte muito importante do exercício; já que é importante haver feedback em tudo que se faz na vida.

Em seguida, peça a seus filhos para comparar as quantias calculadas no orçamento com a quantia real gasta no preparo de cada refeição. Calcule quanto ficou acima ou abaixo do orçamento em cada refeição e, em seguida, quanto ficou acima ou abaixo do orçamento para a semana inteira.

8. Analise o processo

Essa é a parte mais importante do exercício. Permita que seus filhos compartilhem suas experiências com você. O que aprenderam? Ouça suas observações. Talvez isso faça com que seus filhos apreciem ainda mais seu papel como pai ou mãe.

9. Aplique o processo

Agora discuta com seus filhos a necessidade de se fazer um orçamento para todas as despesas. Se preferir não revelar informações financeiras específicas, crie um orçamento básico para servir de amostra. Discuta a necessidade de se fazer um orçamento da renda doméstica e de como ela será dividida entre todas as despesas que precisam ser pagas. Se já tiverem realizado o exercício "Pague suas contas", seus filhos entenderão melhor que itens devem ser incluídos no planejamento.

Assim como eles têm que planejar os cardápios de acordo com um orçamento, você deve aprender a planejar sua vida dentro de um orçamento.

RECEITA

Salários
Aluguel de imóveis alugados
Juros ou dividendos
Outras fontes de renda

Menos

INVESTIMENTOS

Separe uma quantia regular para ser investida. Essa é a categoria do "remunere-se primeiro"

Menos

DESPESAS

Impostos
Pagamento da hipoteca ou do aluguel
Alimentação
Roupas
Seguro
Gasolina
Empresas de serviço público
Diversão
Juros dos cartões de crédito ou outras dívidas

QUANTIA RESTANTE DEPOIS DE SUBTRAÍDOS TODOS OS INVESTIMENTOS E DESPESAS

Agora, calcule o percentual investido de sua receita (mantenha como ativos) e o percentual gasto de sua receita. Há maneiras de você aumentar o percentual da receita investida (mantida como ativos) e reduzir o percentual da receita gasta?

Se puder aumentar seus ativos e, portanto, aumentar sua receita proveniente dos ativos, a maior parte de seu dinheiro trabalhará a seu favor. Seu contracheque representa que você trabalha pelo dinheiro.

10. Acompanhamento

Depois de mais ou menos uma semana, discuta o exercício com seus filhos novamente. O que eles lembram da experiência? Gostariam de repetir o exercício? Eles entendem o impacto de longo prazo de investir, comprar ativos, ou se remunerar primeiro?

EXCURSÃO FINANCEIRA AO BANCO

Exercício inicial: leve seu filho ao banco. Mostre-lhe os caixas e o pessoal de atendimento ao cliente sentado nas mesas. Se o banco não estiver cheio, peça aos caixas e ao pessoal de atendimento ao cliente para explicarem o que fazem. Faça seu filho perguntar qual é a taxa de juros paga pelo banco sobre o dinheiro depositado. Inclua contas de poupança, certificados de depósito e outros instrumentos financeiros disponíveis no banco. Instrua seu filho a fazer anotações.

Em seguida, mande seu filho perguntar qual é taxa de juros que o banco cobra por um empréstimo para a compra de um carro, ou por um empréstimo ao consumidor. Se o banco emite o próprio cartão de crédito, faça seu filho perguntar pelas taxas de juros sobre as faturas a pagar do cartão.

Saia do banco e vá a algum lugar calmo para completar a seguinte tabela:

O banco lhe paga juros sobre:		Você paga juros ao banco por:	
Contas de poupança	___%	Empréstimo para compra do carro	___%
Contas de investimento	___%	Empréstimo ao consumidor	___%
CDB (Certificado de depósito bancário)	___%	Cartão de crédito	___%
______________	___%	Hipoteca imobiliária	___%
______________	___%	______________	___%

Peça a seu filho para analisar a tabela e depois faça as seguintes perguntas:

1. Que coluna mostra as taxas mais elevadas? ________

2. Complete a seguinte frase:

"Então o banco me paga juros de (juros da poupança) pela minha conta de poupança, mas se eu quiser pedir dinheiro emprestado para comprar um carro terei que pagar ao banco (juros do empréstimo para compra de carro) pelo dinheiro que pedi emprestado. Pagarei (juros do empréstimo para compra do carro menos juros da poupança) a mais do que estou recebendo."

3. Agora revise o Capítulo 10: "Por que poupadores são perdedores", junto com seu filho. Explique que é sempre bom ter algum dinheiro na poupança e que é assim que começamos a aprender bons hábitos financeiros. Na verdade, recomenda-se que as pessoas tenham dinheiro suficiente em conta para cobrir de três a doze meses de despesas em caso de emergência. Não estamos recomendando que você corra e retire o dinheiro que tem na poupança. Estamos dizendo que as contas de poupança não são uma boa forma de investimento.
4. Em suma, pergunte a seu filho: "Se você estivesse na seguinte situação, estaria ganhando ou perdendo dinheiro?"

Você tem US$10.000 na poupança com juros de 4%.
Quanto de juros você ganharia por ano?
(US$10,000x4%) = ______ (A)

e

Você fez um empréstimo de US$10.000 sobre o qual paga juros apenas no primeiro ano a uma taxa de 9%.
Quanto de juros estaria pagando?
(US$10.000x9%) = ______ (B)

agora

Depois de um ano, você está ganhando ou perdendo dinheiro?
(A) menos (B) = ______ (C)

Depois de dez anos, quanto você ganhou ou perdeu?
(C) x 10 anos = ______ (D)

RESPOSTA:

A = US$400; o banco lhe pagará juros de US$400 sobre sua poupança.

B = US$900; você pagará ao banco juros de US$900 sobre seu empréstimo.

C = perdendo US$500 (ou -US$500), você terá perdido US$500.

D = perdendo US$5.000; depois de 10 anos você terá perdido US$5.000. Ainda terá US$10.000 na poupança e ainda terá direito a um empréstimo de US$10.000, mas terá pago US$5.000 a mais de juros do que o que recebeu durante dez anos.

EXERCÍCIO AVANÇADO

Revise os fatos anteriores e acrescente o impacto do imposto de renda ao caso. O governo cobra imposto de renda, mas não permite que você deduza os juros que paga.

Comece com a quantia líquida que calculou para a letra C anterior; lembre-se de que pode ser um número negativo.

(C) = __________

Pegue a quantia ganha com os juros na letra A

(A) = __________

Multiplique-a por um imposto de renda de 50% (o percentual de tributação varia de acordo com sua renda total).

(A) x 50% = __________ (E)

Agora subtraia (E) de (C) para determinar a quantia que ganhou ou perdeu depois de descontados os impostos.

(C) menos (E) = __________ (F)

Depois de dez anos, quanto você ganhou ou perdeu?

(F) x 10 anos = __________ (G)

RESPOSTA:

E = US$200; você pagará US$200 de imposto de renda sobre os juros que recebeu do banco, considerando-se um índice de tributação de 50%.

F = perdendo US$700 (ou -US$700); depois da incidência do imposto de renda, você estará perdendo US$700 por ano, ou pagando US$700 a mais de juros sobre seu empréstimo do que recebe sobre sua poupança, depois de descontados os impostos.

G = perdendo US$7.000; depois de dez anos você terá perdido US$7.000. Ainda terá US$10.000 na poupança e um empréstimo de US$10.000, mas terá pago US$7.000 a mais de juros e impostos do que recebeu sobre os dez anos de juros em sua poupança.

REVISÃO

Uma revisão rápida mostraria que o exemplo anterior não seria um plano de investimento inteligente; infelizmente, muitas pessoas seguem um plano exatamente igual sem perceber. Eis aqui algumas idéias para melhorar esse plano de investimento.

Fácil. Use os US$10.000 da poupança para pagar o empréstimo de US$10.000. Desse modo não perderá mais dinheiro. Não ganhará juros nem pagará juros.

Médio. Encontre um ativo para comprar com os US$10.000 da poupança que gere um fluxo de caixa suficiente para pagar o empréstimo. Será preciso encontrar um investimento que gere um fluxo de caixa de US$900 por ano. Isso pode ser visto de outra maneira: o rendimento dos US$900 sobre os US$10.000 é de 9% (US$900 divididos pelos US$10.000). Entender o rendimento sobre o retorno é essencial para qualquer investidor. Desse modo, seu ativo paga por seu passivo, o empréstimo. (O impacto do imposto de renda não está incluído nesse exemplo, já que a taxa relevante ao ativo comprado pode variar.)

Complexo. Compre o ativo com rendimento do dinheiro sobre o retorno de pelo menos 9%. Determine, então, como pode converter o empréstimo ao consumidor de US$10.000 em um empréstimo para seu negócio. Isso transformará os US$900 de juros pagos sobre o empréstimo dedutível para propósitos fiscais. Essa idéia é analisada mais detalhadamente no livro *Rich Dad's Guide to Investing*.

Não se esqueça de que esse exercício tem a intenção de mostrar a diferença entre poupar e pedir emprestado, assim como a diferença entre economia e investimento. Os componentes adicionais foram acrescentados para introduzir níveis mais elevados de complexidade. Comece explicando o exemplo inicial a seu filho e continue apenas se ele estiver interessado e mostrar que realmente entendeu os conceitos iniciais.

EXCURSÃO FINANCEIRA AO SUPERMERCADO

Criança aprende melhor através da experiência. Você pode começar a conversar com seus filhos sobre dinheiro desde cedo. Esse exercício pode ser feito antes do exercício sobre orçamento para ajudar seu filho em seus esforços de compra ao planejarem as refeições da família durante uma semana.

Sempre que vai ao supermercado, você precisa tomar decisões relacionadas com a qualidade e o preço. Em vez de pensar sobre elas, fale com seu filho sobre o processo. Muitas vezes, vejo pessoas dando um brinquedo ou jogo eletrônico aos filhos para mantê-los quietos. Faça-os participar do processo de compra. Mostre-lhes como as lojas fornecem o preço unitário dos itens e deixe que eles lhe digam que lata de ervilha está com o melhor preço.

Talvez seja importante também explicar por que escolheu comprar a lata mais cara, e não a mais barata. A qualidade do produto justifica a diferença no preço. Talvez você queira comprar as duas latas para mostrar a diferença para seus filhos em casa. Deixe-os pagar e contar o dinheiro e o troco que recebem. É muito importante que as crianças aprendam o conceito de valor e troco.

EXCURSÃO FINANCEIRA À CONCESSIONÁRIA OU À LOJA DE ELETRODOMÉSTICOS

Quando estiver pretendendo comprar um carro ou um eletrodoméstico, leve seu filho junto.

Discuta a decisão de pagar à vista ou financiar a compra. Se financiá-la, lembre-se de dizer a seu filho que agora deve incluir o novo pagamento no orçamento mensal da família.

Observando o processo financeiro, seu filho aprende sobre empréstimos e sobre a necessidade de se ter um bom crédito desde cedo. Peça ao agente do empréstimo para explicar a seu filho a importância de se ter um bom crédito. Em geral, os encarregados dos empréstimos têm prazer em compartilhar histórias sobre clientes em potencial que não se qualificaram para a concessão do crédito, assim como sobre outros clientes que tiveram classificações de risco de crédito espetaculares.

Através desse processo, seu filho começará a entender como sua demonstração financeira pessoal e seu bom crédito são seus boletins na vida real.

Essa pode ser uma visita rápida, mas só a exposição à situação abre a mente e a percepção de seu filho a respeito de dinheiro e empréstimo.

EXCURSÃO FINANCEIRA À CORRETORA

Depois de visitar o banco, leve seu filho a uma corretora. Peça ao corretor para explicar o trabalho dele a seu filho. (Talvez você queira combinar a visita com antecedência para encontrar um corretor com boa vontade.)

Se seu filho for adolescente, talvez você queira abrir uma conta na empresa. Faça seu filho ajudar com a documentação. Com sua ajuda e do corretor, permita que seu filho escolha os investimentos para abrir uma conta.

Peça ao corretor para explicar a seu filho os diferentes tipos de investimentos e seus rendimentos relativos. A maioria dos adultos não entende as diferenças entre as ações de empresas ou o funcionamento dos fundos mútuos. Seu filho terá uma ótima vantagem financeira ao entender os fundamentos básicos desses instrumentos de investimento.

A menos que seu filho entenda todos os conceitos que o corretor explicar, pode não ser a hora de se discutir conceitos mais técnicos e outros aspectos da análise fundamental e técnica. Discussões adicionais sobre esses tópicos podem ser encontradas no livro *Rich Dad's Guide to Investing*.

Alguns pais abrem contas para os filhos em corretoras on-line. A opção é sua. No entanto, nos estágios iniciais, talvez seja benéfico seus filhos visitarem pessoalmente a corretora. Seu filho pode estabelecer um relacionamento e ficar mais à vontade para fazer perguntas sobre o que não estiver entendendo.

Ensine seu filho a interpretar as informações do caderno de finanças do jornal. Se também não entende muito bem desse assunto, peça ao corretor para ensinar a vocês dois.

Vá aos poucos. Não deixe seu filho investir quantias altas. Sugerimos esse processo para ensinar seu filho sobre o mundo e o poder do dinheiro. O acesso a muito dinheiro permite que o poder do dinheiro controle seu filho, criando um monstro. É melhor começar aos poucos e aprender na prática. Quando há dinheiro envolvido, é muito mais fácil recuperar-se de um pequeno erro do que de um grande erro.

EXCURSÃO FINANCEIRA AO MCDONALD'S

Não deve ser difícil levar seu filho ao McDonald's. Dessa vez, no entanto, reserve tempo suficiente para incluir o exercício a seguir:

Enquanto estiver indo para o McDonald's mostre a seu filho:

- "Alguém é o dono do terreno onde está o McDonald's e recebe um aluguel para permitir que o McDonald's se instale em seu terreno. Os proprietários do terreno nem precisam estar presentes. Eles apenas recebem o aluguel todo mês."

- "A mesma pessoa também pode ser dona do prédio e receber aluguel por ele."
- "Alguém é dono da empresa que faz os arcos dourados para o McDonald's. Imagine uma fábrica cheia de arcos dourados. Talvez seja assim que o McDonald's garante que todos os arcos serão da mesma cor e terão a mesma aparência."

Depois de fazer seu pedido e comer, mostre o seguinte a seu filho:

- "Veja a funcionária atrás do balcão. Ela trabalha para o McDonald's. Recebe um X por hora para trabalhar e fazer esse trabalho. Se ela aparecer sempre para trabalhar e fizer o trabalho para o qual foi treinada, receberá seu salário. Quando receber seu salário, será paga apenas pelo tempo que estiver fisicamente presente no trabalho."
- Depois pergunte: "Você está vendo algum outro funcionário?"
- Depois resuma: "Portanto, são necessários muitos funcionários para fazer o McDonald's funcionar bem para atender os clientes."

Olhe em volta da lanchonete e mostre alguns dos itens a seguir:

- "Veja os copos que eles usam e o papel com que embrulham os sanduíches. Eles são feitos especialmente para o McDonald's por outras empresas. Essas empresas precisam garantir que os copos e os papéis estarão exatamente de acordo com o que o McDonald's pediu, ou não serão pagas. Alguém, também um funcionário, provavelmente no escritório do McDonald's localizado em outro lugar, é responsável pelo pedido desses itens e pela verificação da entrega em cada McDonald's antes que o estoque atual acabe."
- Depois pergunte: "Que outros itens você vê que poderiam ser feitos por outras empresas para o McDonald's?"
- Depois resuma: "Então são necessárias muitas empresas diferentes com diferentes áreas de especialização para fornecer produtos para que o McDonald's funcione com eficiência."

- "Observe o funcionário que faz a manutenção da máquina de refrigerantes (ou consertando as luzes, ou lavando as janelas). Ele, provavelmente, trabalha por conta própria ou é dono de um pequeno negócio. O gerente desse McDonald's o contrata para realizar uma tarefa específica, como consertar a máquina ou lavar as janelas. Custaria muito caro o gerente contratar um funcionário como essas habilidades em tempo integral, já que ele precisa de sua ajuda apenas quando alguma coisa quebra ou as janelas ficam sujas."
- Depois pergunte: "Que outros trabalhos ou tarefas você vê que o gerente poderia contratar outra empresa para fazer em vez de contratar um funcionário?"
- Depois resuma: "Portanto, são necessários muitos tipos de serviços de empresas para garantir o bom funcionamento dessa lanchonete. É uma oportunidade de pequenas empresas e pessoas com áreas específicas de especialização trabalharem para o McDonald's e ajudarem na realização de suas operações."
- "Você já notou que todo o McDonald's é parecido? A comida é sempre a mesma. Os funcionários são diferentes, mas em geral dizem as mesmas coisas. O catchup é sempre igual. Isso acontece porque o McDonald's desenvolveu o que se chama de 'regulamentos'. Toda loja tem políticas e procedimentos que devem ser seguidos para continuar sendo um McDonald's. Essas políticas e procedimentos descrevem os sistemas que devem ser seguidos. Eles têm regulamentos que abrangem todos os aspectos das operações. Há um sistema para a maneira de preencher ou limpar as máquinas de milk-shake ou para preparar a batata frita."
- Depois pergunte: "Que outros regulamentos você consegue identificar?"
- Depois resuma: "Os regulamentos em vigor nesse McDonald's e em todos os outros McDonald's do mundo fazem dele uma franquia de sucesso. Não seria ótimo ser o inventor desses regulamentos ou ajudar a criar regulamentos para sua própria empresa que tivessem tanto sucesso?"
- "Você já notou que nunca falei sobre o fato de o proprietário do McDonald's estar aqui? O proprietário contratou um gerente. O gerente é responsável pelas operações diárias da lanchonete. O gerente contrata e demite os funcionários, verifica se vai faltar

algum produto, se os clientes estão felizes e se tudo está correndo bem. O gerente entra em contato regularmente com o proprietário só para relatar o progresso da lanchonete, talvez com um telefonema semanal ou uma reunião mensal (realizada no escritório ou na casa do proprietário). O proprietário deseja esses telefonemas ou encontros para saber quanto o McDonald's está lhe rendendo. Ele é o dono dos regulamentos que fazem a lanchonete funcionar. Na verdade, o proprietário poderia estar naquele campo de golfe agora mesmo, jogando."

- Depois pergunte: "Quanto tempo você acha que o proprietário gasta nesse McDonald's?"
- Depois resuma: "Portanto, o proprietário tem seu ativo trabalhando para ele em vez de ele trabalhar para ganhar dinheiro! Como esse ativo gera fluxo de caixa para o proprietário, ele fica livre para gastar seu tempo reunindo mais ativos, ou no campo de golfe."

EXCURSÃO FINANCEIRA A UM EDIFÍCIO

Descubra um edifício perto de sua casa, de preferência um que seu filho reconheça ou possa ver sempre. Estacione o carro em frente ao edifício e faça os seguintes comentários:

- "Isso é um edifício. As pessoas que moram aqui são chamadas de 'locatários' e pagam algo que é chamado de 'aluguel'. O aluguel permite que elas vivam em um dos apartamentos, mas não são as proprietárias. É como se estivessem pagando pelo empréstimo do apartamento. Em geral, o aluguel também permite que elas usem as áreas comuns, como a piscina, a lavanderia, ou o pátio."
- Depois pergunte: "Quantos apartamentos você acha que há neste edifício?"
- Depois resuma: "Portanto, todos esses locatários estão pagando aluguel ao proprietário do edifício para usar esses apartamentos."
- "Portanto, o proprietário do edifício é o dono de todos os apartamentos. Em geral, o proprietário também pediu um dinheiro emprestado, denominado 'hipoteca' ou financiamento, para comprar o edifício e precisa pagar ao banco mensalmente uma quan-

tidade de juros e uma quantidade do dinheiro que pegou emprestado."

- Depois pergunte: "Se há __ unidades e cada locatário paga US$1.000 de aluguel por mês, então o proprietário do edifício está ganhando muito dinheiro com essas unidades, certo?"
- Depois resuma: "Portanto, se o proprietário receber mais aluguel por mês que a quantia que precisa pagar ao banco, ele terá um fluxo de caixa positivo."
- "Mas há outras despesas, como o trabalho externo, a manutenção da piscina, ou a pintura do edifício; o proprietário também tem que pagar para manter os apartamentos em bom estado para os locatários."
- Depois pergunte: "Você pode pensar em outras despesas que proprietário teria que pagar?"
- Depois resuma: "Portanto, o proprietário precisa juntar bastante aluguel por mês para ter certeza de que o aluguel dos apartamentos será maior do que as despesas para possuir o edifício e mantê-lo em boas condições."
- "Na maioria dos casos, o proprietário do edifício não mora em um dos apartamentos, portanto, o proprietário precisa de um regulamento para cobrar e receber os aluguéis e também de um sistema para notificar os locatários sobre quaisquer mudanças no imóvel."
- Depois pergunte: "Em sua opinião, que outros regulamentos o proprietário necessita para tornar os apartamentos um sucesso?" (Por exemplo: uma maneira de os locatários notificarem o proprietário acerca de problemas nos apartamentos e uma maneira de depositarem o dinheiro e pagar as contas relacionadas com o apartamento.)
- Depois resuma: "Portanto, é um caso parecido com o do McDonald's no que diz respeito à necessidade de regulamentos para funcionar com eficiência e sucesso. Este edifício de apartamentos é apenas outro negócio."
- "Talvez o proprietário não seja visto por aqui, já que não mora aqui. Pode haver um administrador para cuidar de todos os aluguéis, da manutenção do edifício e dos problemas dos locatários. Às vezes, o administrador pode morar em um dos apartamentos, mas não o tempo todo."

- Depois pergunte: "Portanto, se o proprietário nunca está por perto e se ele coordena tudo, é um caso parecido com o do proprietário do McDonald's?"
- Depois resuma: "Mais uma vez, o proprietário do edifício tem um ativo. Ele também é o proprietário do regulamento, coordenado, em geral, pelo administrador, que verifica se os apartamentos estão funcionando bem e de forma eficiente. O administrador se reporta ao proprietário regularmente para que este saiba quanto seu ativo está colocando em seu bolso. O proprietário tem o ativo trabalhando a seu favor em vez de ele trabalhar pelo dinheiro."

Resumindo, seu filho olhará para um edifício sob uma luz inteiramente nova depois dessa visita. Além disso, se você escolher um edifício perto de sua casa, sempre que seu filho passar por ele se lembrará do negócio de possuir um edifício de apartamentos.

Você também pode explicar que há muitas pessoas que são proprietárias e alugam casas para uma só família e de edifícios comerciais como forma de investimento aos quais essa análise também se aplica. O exemplo do complexo de apartamentos também foi usado por ser simples e conhecido das crianças. O conceito mais importante a ser aprendido é o poder do dinheiro. Você quer que seu dinheiro trabalhe a seu favor, em vez de você trabalhar pelo dinheiro.

Os Autores

Robert T. Kiyosaki

Nascido e criado no Havaí, Robert Kiyosaki faz parte da quarta geração de uma família nipo-americana. Concluída a faculdade, em Nova York, Robert entrou para a Marinha dos Estados Unidos, indo para o Vietnã como oficial e piloto de helicóptero de combate.

Voltando da guerra, Robert foi trabalhar para a Xerox Corporation e, em 1977, montou uma empresa que lançou no mercado a primeira carteira "para surfistas" de náilon e velcro. Em 1985, fundou uma empresa internacional de material educativo que opera em sete países, tendo ensinado negócios e investimentos a dezenas de milhares de alunos no mundo inteiro.

Em 1994, aos 47 anos, Robert vendeu a empresa e se aposentou. Durante sua breve aposentadoria, escreveu *Pai Rico, Pai Pobre* (publicado pela Editora Campus). Logo depois, escreveu *Independência Financeira* (também publicado pela Editora Campus). Atualmente, todos os três livros figuram na lista de best-sellers do *Wall Street Journal, Business Week, New York Times, E-Trade.com* e outros. Robert criou um jogo de tabuleiro chamado CASHFLOW, que ensina as mesmas estratégias financeiras que seu pai rico levou anos lhe ensinando... as mesmas estratégias financeiras que lhe permitiram se aposentar aos 47 anos.

Robert costuma dizer: "Freqüentamos a escola para aprender a trabalhar e ganhar dinheiro. Escrevo livros e crio produtos que ensinam as pessoas a fazerem com que o dinheiro trabalhe a seu favor... para que elas possam desfrutar dos luxos desse mundo maravilhoso em que vivemos."

Sharon L. Lechter

Esposa e mãe de três filhos, formada em contabilidade e empresária, Sharon Lechter dedicou seus esforços pessoais à educação.

Diplomou-se com louvor pela Florida State University. Foi uma das primeiras mulheres a entrar em uma das então oito maiores empresas de contabilidade dos Estados Unidos, chegando a ocupar cargos de gerência em empresas do setor de computação, seguradoras e editoras, enquanto prosseguia suas atividades como auditora pública.

Enquanto via seus filhos crescerem, envolveu-se ativamente em sua educação. Tornou-se ativista nas áreas de matemática, informática, leitura e redação.

Juntou-se ao inventor do primeiro "livro falante" eletrônico e ajudou a expandir o ramo dos livros eletrônicos, hoje um mercado internacional que movimenta milhões de dólares. Continua sendo pioneira no desenvolvimento de novas tecnologias que visam trazer o livro de volta à vida das crianças.

"Nosso sistema de ensino não tem conseguido acompanhar o ritmo das mudanças globais e tecnológicas do mundo atual. Temos de ensinar aos jovens as habilidades acadêmicas e financeiras de que precisarão não só para viver, mas também para se desenvolver no mundo que terão de enfrentar."

Para maiores informações sobre o Cashflow ou sobre o sistema de ensino do autor, escreva para:

Cashflow Technologies, Inc. 6611 N. 64th
Place Paradise Valley, Arizona 85253

Ou visite o site:
www.cashflowtech.com

Papel Chamois

A arte de ler

Impresso em papel Chamois Fine Dunas

Produzido pela RIPASA S.A. Celulose e Papel

... executados, a partir de filmes fornecidos,
nas oficinas gráficas da EDITORA SANTUÁRIO
Fone: (12) 565-2140 - fax: (12) 565-2141
http://www.redemptor.com.br - Aparecida - SP